1600 | ALFA | FİNANSAL GELİŞİM | 3

ZENGIN BABA YOKSUL BABA

Zengin Baba Yoksul Baba

Rich Dad Poor Dad

Rich Dad Operating Company, LLC ile yapılan anlaşmayla yayımlanmıştır.

Yayıncı ve Genel Yayın Yönetmeni M. Faruk Bayrak
Genel Müdür Vedat Bayrak
Yayın Yönetmeni Mustafa Küpüşoğlu
Editör Ferit Yılmaz Cinakli
Tasarım Alfa Grafik

ISBN 978-605-171-737-1

1. Basım: Ağustos 2005
82-91. Basım: Temmuz 2023

Baskı ve Cilt
Melisa Matbaacılık
Çiftehavuzlar Yolu Acar Sanayi Sitesi No: 8 Bayrampaşa-İstanbul
Tel: 0(212) 674 97 23 Faks: 0(212) 674 97 29
Sertifika no: 45099

Alfa Basım Yayım Dağıtım San. ve Tic. Ltd. Şti.
Alemdar Mahallesi Ticarethane Sokak No: 15 34110 Cağaloğlu-İstanbul
Tel: 0(212) 511 53 03 (pbx) Faks: 0(212) 519 33 00
www.alfakitap.com - info@alfakitap.com
Sertifika no: 43949

ZENGİN BABA YOKSUL BABA

GÜNÜMÜZ DÜNYASI İÇİN **GÜNCELLENMİŞTİR**
ve 9 YENİ **TARTIŞMA İÇERİR**

ROBERT T. KIYOSAKI

Çevirmen
DİLEK ŞENDİL

Güncelleme Çevirmeni
CANAN ÖZTARHAN

ALFA

Bir çocuğun ilk ve en önemli
öğretmeni olan, eğiten, etkileyen ve
örnek olarak yönlendiren tüm ebeveynlere

İçindekiler

Teşekkür

Onca kişiye nasıl teşekkür edilir? Öncelikle, bu kitap güçlü kişilik modelleri oluşturan iki babama, bana sevgiyi ve iyi kalpliliği öğreten anneme bir teşekkür niteliğindedir.
Bu kitabın meydana gelmesinde ki en büyük pay evlilikte, işte ve hayatta ortağım olan eşim Kim'e aittir. O, benim hayatımı tamamlıyor.

20 Yıl... 20/20

Önemini geç anladığım 20 faktör

20 yıl önceydi

Beatles Sgt. Pepper's Lonely Hearts Club Band albümünü 1 Haziran 1967'de piyasaya sundu. Bu albümün Birleşik Krallık albümler listesinin en başında 27 hafta ve Amerika Birleşik Devletleri'nde 15 hafta bir numarada kalması, bir anda ticari ve kritik öneme sahip bir başarı oldu. *Time* mecmuası *Sgt. Pepper'ı* "müziğin gelişiminde tarihi bir çıkış" olarak ilan etti. 1968'de dört Grammy Ödülünün yanı sıra Yılın Albümü ödülünü kazandı – o zamana kadar bu onura layık olan ilk rock albümüydü.

Zengin Baba Yoksul Baba 20 yıl önce, benim 50. doğum günüm olan 8 Nisan 1997'de satışa çıkarıldı. Beatles hikâyesinin aksine, kitap bir anda ticari başarıya ulaşamadı. Kritik öneme sahip bir başarı da değildi. Aslında, kitabın satışa çıkması ve bunu izleyen eleştirilerin ateşli fırtınası bunun tamamen zıttıydı.

Zengin Baba Yoksul Baba başlangıçta kişisel olarak yayınlandı, çünkü başvurduğumuz her yayıncı kitabımı geri çevirdi. Ret notlarının birkaçında, "Neden bahsettiğini bilmiyorsun" gibi yorumlar vardı. Birçok yayıncının, benim yüksek derecede eğitimli yoksul babamı, zengin babamdan daha çok beğendiğini öğrendim. Yayıncıların çoğu, zengin babamın para konusundaki düşüncelerine, yoksul babam gibi, katılmıyordu.

Yirmi Yıl Önce Bugün

1997'de *Zengin Baba Yoksul Baba* bir öğüt, gelecekle ilgili bir ders kitabıydı. Yirmi yıl sonra, dünya genelinde milyonlarca kişi zengin babamın gelecekle ilgili öğüt ve derslerinin daha da farkında. Önceki kitapta 20/20 göz önüne alınmamış faktör olduğu halde, birçok kişi derslerinin kehanet gibi olduğunu, tahminlerin gerçekleştiğini söylemişlerdi. Bunların birkaçı şöyledir:

Zengin Babanın 1. Dersi: "Zenginler para için çalışmaz"

Yirmi yıl önce birkaç yayıncı, zengin babanın bir numaralı dersini uygun bulmadıkları için kitabımı reddetti.

Bugün insanlar, zenginlerle diğer kişiler arasındaki gittikçe büyüyen bölünmenin daha da farkında. 1993 ve 2010 arasında Amerika Birleşik Devletleri'nde milli gelirdeki artışın yüzde 50'sinden fazlası en zengin yüzde bire gitti. O zamandan beri her şey giderek kötüleşti.

California Üniversitesindeki ekonomistler, 2009 ve 2012 arasındaki gelirinin yüzde 95'inin yine en zengin yüzde bire gittiği sonucuna vardı.

Ders: Gelirdeki artışlar, çalışanlara – para için çalışan insanlara değil, girişimcilere ve yatırımcılara gitmektedir.

Zengin Babanın Dersi: "Tasarruf edenler kaybedenlerdir"

Yirmi yıl önce birçok yayıncı zengin babanın bu dersine şiddetle karşıydı. Yoksul ve orta sınıf için "para biriktirmek," yoksulluktan parasal kurtuluş, zalim dünyadan koruyucu kutsal bir görevdir. Tasarruf edenleri kaybedenler diye adlandırmak, pek çok kişiye göre Tanrı'nın adını boşa saymaktır.

Ders: Bir resim 1000 sözcüğe bedeldir. Dow Jones'un 120 yıllık endüstriyel tablosuna bakın, tasarruf edenlerin neden ve nasıl kaybeden durumuna geldiklerini anlayacaksınız.

Tablo, bu yeni yüzyılın ilk 10 yılında borsada hisselerin büyük oranda düşmüş olduğunu gösteriyor. Bundan sonraki sayfada bulunan tablo, bu üç düşüşü açıklamaktadır.

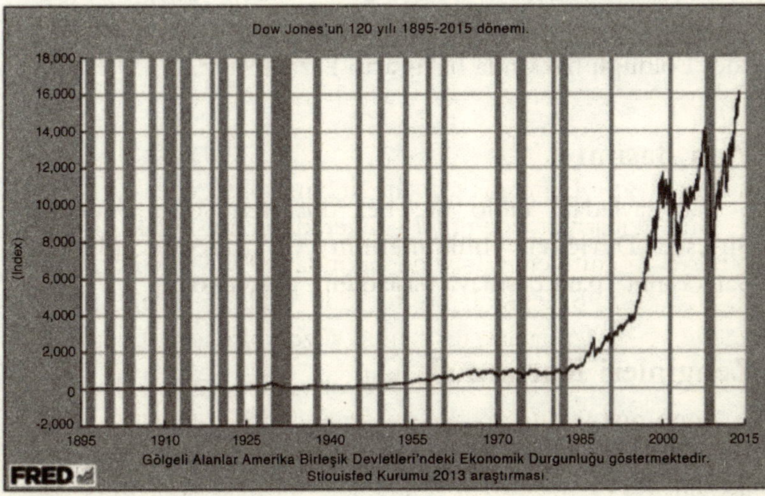

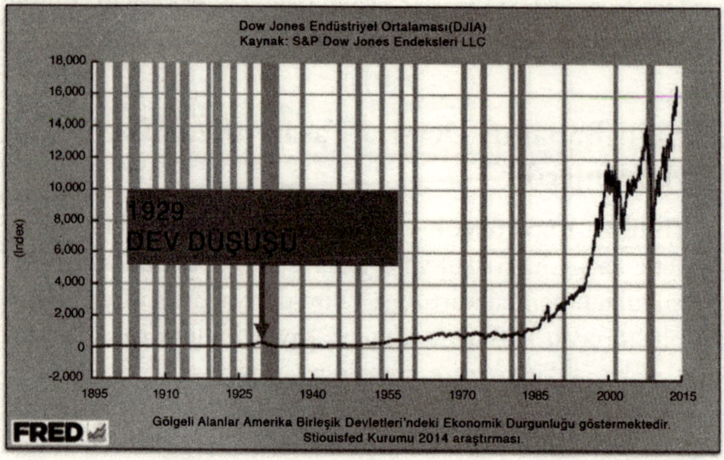

İlk düşüş 2000 yılı civarındaki internet şirketleriyle ilgili düşüştü. İkinci ve üçüncü düşüş, 2007'deki gayrimenkul düşüşleriydi, ki bunu 2008'deki bankalarla ilgili düşüş izledi.

1929'daki Dev Düşüş

21. Yüzyıldaki ilk üç düşüşü 1929'daki dev düşüşüyle karşılaştırdığınızda, bu yüzyıldaki üç düşüşün gerçekten nasıl "dev" olduğu hakkında bakış açısı kazanırsınız.

Para Basımı

Yan sayfadaki tablo da, her düşüşten sonra Amerika Birleşik Devletleri hükümetinin ve Amerika Merkez Bankasının "para basmaya başladığını gösteriyor."

Zenginleri Kurtarmak

2000-2016 yılları arasında dünya bankaları, ekonomiyi kurtarmak adına faiz oranlarını kesmeyi ve para basmayı sürdürdüler. Liderlerimiz, kendilerinin dünyayı kurtardıklarını

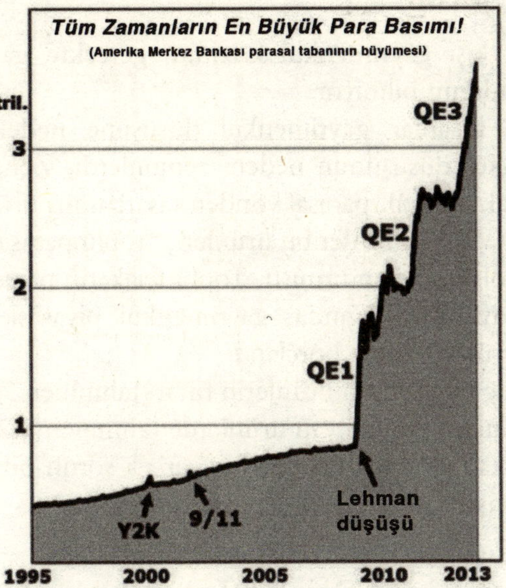

düşünmemizi isterken, gerçekte zenginler kendilerini kurtarıyordu, yoksulların ve orta sınıfın ezilmesine neden oldular.

Bugün tasarruf edenlerin kaybetmesinin nedeni, birçok ülkede faiz oranlarının sıfırın altında olmasıdır.

Zengin Babanın Dersi: "Eviniz paraya çevrilebilir bir aktif varlık değildir."

Yirmi yıl önce 1997'de, bana ret notu gönderen her yayıncı, zengin babanın "eviniz paraya çevrilebilir bir aktif varlık değildir" dersini eleştirdi.

On yıl sonra, 2007'de yüksek faizle borçlananlar, yüksek faizli konut kredilerini ödeyemeyince dünya gayrimenkul piyasası sabun köpüğü gibi söndü ve milyonlarca ev sahibi bu dersteki gerçeği zor yoldan öğrendi: "Evleri paraya çevrilebilir bir aktif varlık değildi."

Gerçek Sorun

Birçok kişi gayrimenkul krizinin, gerçekte gayrimenkul krizi olmadığını bilmiyor.

Yoksul insanlar gayrimenkul düşüşüne neden olmadı. Gayrimenkul düşüşünün nedeni zenginlerdi. Zenginler yan ürün olarak bilinen, parasal yönden tasarlanmış ürünler oluşturdular – Warren Buffet bu ürünleri, "toplu parasal felaketin silahları" olarak adlandırmıştı. Toplu felaketin parasal silahları patlamaya başladığında, gayrimenkul piyasası düştü ve yoksullar yüksek faizle borçlandı.

2007'de parasal yan ürünlerin tutarı tahminen 700 trilyon dolardı. Bugün parasal yan ürünlerde tahminen 1,2 katrilyon bulunmaktadır. Diğer bir deyişle, gerçek sorun büyümüştür, düzelmemiştir.

Zengin Babanın Dersi: "Zenginler neden daha az vergi öder"

Yirmi yıl önce, birkaç yayıncı *Zengin Baba Yoksul Baba*'yı zenginlerin nasıl ve neden daha az vergi ödediğini açıkladığı için eleştirdi. Birisi, bu dersin yasaya aykırı olduğunu belirtti.

On yıl sonra 2007'de Başkan Barack Obama, eski Vali Mitt Romney'e karşı, yeniden seçilebilmek için adaylığını koyuyordu. Başkan Obama'nın gelirinin yaklaşık %30'unu, Mitt Romney'in ise %13'ten azını vergi olarak ödediği açıklandığında, Mitt Romney yokuş aşağı yuvarlanmaya başladı ki, bu ona seçimi kaybettirecekti. 2016 yılındaki başkanlık seçimlerinde vergiler tekrar odak noktasıydı.

Yoksul ve orta sınıf, Mitt Romney ve Başkan Donald Trump gibi kişilerin *yasal olarak* nasıl daha az vergi ödediklerini öğrenmek yerine, öfkelenmeyi tercih etti.

Başkan Trump yoksul ve orta sınıf için vergileri azaltacağına söz verse de gerçek şu ki, zenginler her zaman daha az vergi ödeyecek. Zenginlerin daha az vergi ödemelerinin nedeni, zengin babanın bir numaralı dersine geri dönerek bulunur: "Zenginler para için çalışmaz." İnsanlar para için çalıştığı sürece vergi ödeyeceklerdir.

Başkan adayı Hillary Clinton zenginlerin ödedikleri vergileri artıracağı sözünü verdiği zaman bile, yüksek geliri olan kesimin vergilerini artıracağı sözünü vermekteydi- doktorlar, aktörler, avukatlar gibi kişilerin, gerçek zenginlerin değil.

Yirmi Yıl Önce

Zengin Baba Yoksul Baba anlık bir başarı olmadığı halde, 2000 yılı itibariyle Beatles'ın *Sgt. Pepper's* albümü gibi *The New York Times* çok satanlar listesinde başarıya ulaştı ve bu listede neredeyse yedi yıl kaldı. Aynı zamanda 2000 yılında, Oprah Winfrey aradı. Oprah ile bir saat boyunca onun programındaydım ve söyledikleri gibi "geriye kalan tarihtir."

Zengin Baba Yoksul Baba geçmişte, "Zengin Baba" kitap dizileriyle birlikte yaklaşık 40 milyon adet satışla, bir numaralı kişisel finans kitabı olmuştu.

Gerçekten Zengin Bir Baba Var mıydı?

Milyonlarca kişi sormuştu, "Gerçekten zengin bir baba var mıydı?" Bu sorunun cevabını almak için zengin babanın oğlu Mike'ı Zengin Baba Radyo Programında, Richdadradio.com adresine ulaşarak dinleyebilirsiniz.

Zengin Baba Lisansüstü Bölümü

Zengin Baba Yoksul Baba olabildiğince basit yazılmıştı, böylece hemen hemen herkes zengin babamın derslerini anlayabilecekti.

Daha fazla öğrenmek isteyenler için, 20. yıl kutlamasının bir parçası olarak *Zenginler Neden Daha Fazla Zenginleşiyorlar-Parasal Eğitim Gerçekte Nedir?* adındaki kitapları yazdım.

Zenginler Neden Daha Fazla Zenginleşiyorlar zengin babanın oğluna ve bana, para ve yatırım konusunda gerçekten öğrettiği daha geniş, daha belirgin ayrıntıları içerir.

Zenginler Neden Daha Fazla Zenginleşiyorlar lisansüstü öğrencileri içindir... Zengin Baba öğrencileri için, lisansüstü bölümüdür.

Bir uyarı... ve bir davet

Ben, *Zenginler Neden Daha Fazla Zenginleşiyorlar*'ı olabildiğince basit tutmak için elimden gelenin en iyisini yapmaya çalışırken, aslında zenginlerin yaptıkları kolay değildir. Ya da açıklamak kolay değildir. Zenginlerin aslında yaptıkları, bizim okullarımızda öğretilmeyen gerçek parasal eğitimi gerektirir.

İlk önce *Zengin Baba Yoksul Babayı* okumanızı öneriyorum, ondan sonra eğer daha fazla öğrenmek isterseniz, *Zenginler Neden Daha Fazla Zenginleşiyorlar* size uygun olabilir.

20 Harika Yıl için Teşekkür Ederim

Geçmiş, şimdiki ve gelecekteki tüm okuyucularımıza.....
Zengin Baba Şirketinde bulunan herkes, hepimiz "20 harika yıl için teşekkür ederiz."
Misyonumuz, *İnsanlığın parasal refahını artırmaktır*.....
ve bu her defasında, bir hayat ve bir kişiyle başlar.

Zengin Baba
Yoksul Baba

Robert Kiyosaki'nin Anlatımıyla

İki babaya sahip olmak bana, karşıt bakış açılarını seçebilme fırsatı sundu: biri zengin adamın, diğeri yoksul adamın bakış açısı.

İki babam vardı benim: Biri zengin, biri yoksul. Biri mürekkep yalayıp yutmuş, zekiydi; doktora yapmış, dört yıllık üniversiteyi iki yılda bitirmişti. Sonra akademik araştırma yapmak için tam burslu olarak Stanford Üniversitesine, Chicago Üniversitesine ve Northwestern Üniversitesine gitmişti. Diğer babam ise sekizinci sınıfı bile bitirmemişti.

Her ikisi de mesleğinde başarılıydı, yaşamları boyunca sıkı çalışmışlardı. İkisinin de kazançları azımsanmayacak ölçüdeydi. Yine de biri ömrü boyunca maddi yönden sıkıntı çekmişti. Ötekiyse Hawaii'nin en zenginlerinden biri oluvermişti. Biri öldüğünde ailesine on milyonlarca dolar, vakıflar ve kurduğu kiliseyi bıraktı. Diğeriyse ödenmemiş faturalar...

İkisi de güçlü, karizma sahibi ve nüfuzluydu. İkisi de bana öğütler verirdi, gelgelelim öğütleri aynı değildi. İki babam da öğrenime büyük önem verirdi, ancak önerdikleri öğrenim yolları birbirinden farklıydı.

Bir babam olsaydı, onun fikirlerini kabul etmek ya da reddetmek arasında bir seçim yapardım. Ne var ki, iki babamın olması çelişkili bakış açıları edinmemi sağladı; biri zengin biri yoksul olan iki ayrı adamdan...

İkisinden birini yalnızca reddetmek ya da benimsemek yerine, enine boyuna kafa yordum, karşılaştırma yaptım ve kendi adıma bir karara vardım.

Sorun şuydu: Zengin adam henüz zengin değil, yoksul adam da henüz yoksul değildi. İkisi de kariyerine yeni başlamıştı, ikisi de para ve aile savaşı veriyordu. Ama para konusunda bakış açıları bambaşkaydı.

Örneğin bir babam, "Para aşkı cehennemin kapısını açar," derken öteki babam, "Parasızlık bütün kötülüklerin anahtarıdır," derdi.

Delikanlılık yıllarımda beni etki altına alan iki babamın olması hiç de kolay değildi. İyi bir evlat olmak ve onlara kulak vermek istiyordum, ancak iki babamın söyledikleri farklı şeylerdi. Özellikle de parayla ilgili konularda bakış açılarındaki aykırılık öyle büyüktü ki merakımı uyandırıyor, beni çelişkiye sürüklüyordu. Uzun yıllar onların ne dediğine kafa yorup durdum.

Kendime ayırdığım zamanın çoğunda şu soruların yanıtını arardım: "Neden böyle söylüyor acaba?" Sonra aynı soruyu öteki babamın dedikleri için sorardım. Kısa yoldan, "Doğru söylüyor, aynı fikirdeyim," demek daha kolay olurdu elbet. Belki de "Moruk ne dediğini bilmiyor," diyerek kestirip atabilirdim. Ama öyle yapmayıp beni düşünmeye teşvik etmelerinden hoşlandığım iki babam sayesinde kendi fikirlerimi geliştirdim. Zaman gösterdi ki, herhangi bir görüşü sorgulamadan reddetmek ya da benimsemek yerine kendi adıma düşünmek en değerli varlığım oldu.

Zenginlerin daha da zenginleşmesinin, yoksulların daha yoksullaşmasının, orta sınıftakilerin de borç içinde çabalamasının nedenlerinden biri para dersini okulda değil evde öğrenmeleri. Çoğumuz para konusunu ana-babamızdan öğreniriz. Peki ya yoksul ana-baba, çocuğuna parayla ilgili ne söyleyebilir? "Okulda kal, çok çalış!" derler, o kadar. Çocuk yüksek notlarla okuldan mezun olur, ama beynine işlenen finans programı ve düşünce biçimi yoksulluk kökenlidir. Henüz küçük bir çocukken öğrenilmiştir bu.

Ne yazık ki, para okullarda öğretilmez. Okullar skolastik ve mesleki becerilere odaklanır, mali becerilere yer vermez. Bu da okulda çok başarılı olan bankacıların, doktorların ve muhasebecilerin yaşamları boyunca maddi sıkıntılar içinde boğuşmasını açıklamaktadır. Ülkemizin cari işlemler açığının kısmi sorumluları, para konusunda çok sınırlı bilgiye sahip ya da hiç bilgisiz oldukları halde finansla ilgili kararlar alan eğitimli politikacılarla devlet memurlarıdır.

20 YIL ÖNCE BUGÜN...
BORÇ SAATİ

Hızla 20 yıl ileriye sarın. Amerika Birleşik Devletleri'nin milli borcu sendelemenin ötesindedir. Sıkışık zamanlarda, 20 trilyon dolara yaklaşmaktadır. Trilyon, t ile.

Yeni bin yıla baktığımda maddi ve tıbbi yardıma gerek duyan milyonlarca insanın ne olacağını merak ediyorum. Ya ailelerinin eline bakacaklar ya da devletin... Peki ya resmi sağlık hizmetleri ve sosyal sigortanın parası bitince ne olacak? Parayla ilgili konuları öğretmek çoğu yoksul olan ya da yoksullaşan ailenin sorumluluğuna bırakıldığı sürece bir ulus nasıl ayakta kalabilir?

Etkili iki babam olduğu için, her ikisinden de çok şey öğrendim. Her ikisinin de öğütlerini gözden geçirmek zorundaydım; böylece kişinin kendi yaşamıyla ilgili kendi fikirleri olmasının gücünü ve etkisini kavrayabildim. Örneğin babalarımdan biri, "Bedelini karşılayamam..." sözünü dilinden düşürmezdi. Öteki babamsa bu tür sözcüklerin kullanılmasını yasaklamıştı. Onun yerine şöyle dememde ısrar ederdi: "Bedelini nasıl karşılayabilirim?" İlki bir önermeydi, ikincisi soru. Biri sorunu kestirip atar, diğeri düşünmeye zorlardı. Yakında zengin olacak babam, "Bedelini karşılayamam," cümlesini kurunca insanın beyninin durduğunu savunurdu. Oysa, "Bedelini nasıl karşılayabilirim?" diye sorarak beynini ister istemez çalıştırırsın. Babamın sözünü ettiği şey her istediğini almak değildi elbette. Dünyanın en güçlü bilgisayarı olan beyni çalıştırmaya, fikir jimnastiği yapmaya çok önem verirdi. "Beynim her geçen gün daha da gelişiyor, çünkü sürekli alıştırma yapıyorum. O geliştikçe daha çok para kazanabilirim," derdi. Hiç düşünmeden, "Bedelini karşılayamam," yanıtını vermenin zihinsel tembellik olduğuna inanırdı.

Her iki babam da çok çalışırdı, ancak para söz konusu olduğunda biri beynini durdururken, ötekinin beynini çalıştırma alışkanlığı vardı. Bunun uzun vadeli sonucu olarak, bir babam maddi yönden günden güne güçlenirken, öbür babam güçsüzleşiyordu. Düzenli olarak spor salonuna gidip vücudunu çalıştıran bir kimseyle televizyonun karşısından kalkmayan birini karşılaştırdığımızda karşımıza çıkan farka benzetebiliriz bunu. Doğru bedensel egzersiz sağlıklı bir yaşam sürme şansımızı artırır, doğru fikir jimnastiğiyse servetimizi artırma şansımızı yükseltir.

Babalarımın düşünsel yaklaşımları birbirine tümüyle zıttı. Bir babam bana zenginlerin daha çok vergi vermesi, dolayısıyla daha az şanslı olanlara bakmaları gerektiğini öğretmişti. Öbür babamsa "Vergiler, üreten kesime ceza, üretmeyen kesime ödüldür," derdi.

Bir babamın öğüdü, "Çok çalış ki iyi bir şirkette iş bulabilesin," iken öbürünün tavsiyesi, "Sıkı çalış da satın alacak iyi bir şirket bulabilesin," olurdu.

Babalarımdan biri, "Zengin değilim, çünkü sizler varsınız," derdi. Öteki, "Zengin olmam gerek, çünkü sizler varsınız," derdi.

Biri yemek masasında para ve iş hakkında konuşmayı özendirirdi. Diğeri yemek sırasında paradan söz açılmasını yasaklamıştı.

Biri, "Para söz konusu olduğunda, risk alma," diye öğütlerdi. Öteki, "Risk yönetimini öğren," derdi.

Biri, evimizin en büyük yatırım ve en değerli varlığımız olduğuna inanırdı. Öbür babam, "Evim yükümlülüğümdür; eğer evin en büyük yatırımınsa, başın dertte demektir," diye savunurdu.

Her iki babam da faturalarını zamanında öderdi, ancak biri ödemeyi daha ilk gününde yapar, öbürü son günü beklerdi.

Babalarımdan biri, kişinin bakımını ve gereksinimlerini karşılamak üzere çalıştığı şirkete ya da hükümete güvenmesi gerektiğine inanırdı. Maaş zamları, sosyal sigorta primlerinin ödenmesi, sağlık hizmetleri, hastalık izinleri, yıllık izinler ve benzeri konulara kafa yormaktan vazgeçmezdi. Ordu mensubu olan iki amcasının yirmi yıl aktif görev yaptıktan sonra, emeklilik hakkı ve yaşam boyu emekli aylığı alma şansı yakalaması onu çok etkilemişti. Ücretsiz sağlık hizmetlerinden yararlanma ve ordunun emeklilere tanıdığı indirimli ordu mağazalarından alışveriş etme hakkına gıpta ederdi. Üniversitedeki

20 YIL ÖNCE BUGÜN...
EVİNİZ PARAYA ÇEVRİLEBİLİR AKTİF VARLIK DEĞİLDİR

2008 yılında konut piyasasındaki kriz, özel konutunuzun paraya çevrilebilir bir aktif varlık olmadığıyla ilgili açık bir mesajdı. Yalnızca cebinize para koymadığı için değil, aynı zamanda değer kazanacağı belli olmadığı için. 2017'de hâlâ, 2007'deki değerinin altında pek çok ev vardır.

işinde kalabilme hakkına da hayrandı. Yaşam boyu iş güvencesi ve bunun sağladığı haklar sanki işin kendisinden daha önemliydi. Sık sık, "Devlet için çok çalıştım, bütün bunları hak ettim," derdi.

Öbür babam kişinin maddi yönden tamamen kendine güvenmesi gerektiğine inanırdı. 'Hak etme' mantığına tümüyle karşıydı, bunun güçsüz ve maddi bakımdan muhtaç kimseler yarattığını savunurdu. Maddi yetkinliğe çok önem verirdi.

Bir babam birkaç dolar biriktirmek için çabalar, öteki yatırım alanları yaratırdı.

Babalarımdan biri bana iyi bir iş bulmama yardımcı olabilecek etkileyici bir özgeçmiş yazmayı öğretmişti. Oysa öbürü iş alanları yaratabileyim diye sıkı işletme ve finans programları yapmayı öğretmekle yetindi.

İki güçlü kişilikli babanın oğlu olmak farklı düşüncelerin insan yaşamındaki etkisini gözleme olanağı tanımıştı bana. İnsanların düşünceleri doğrultusunda yaşamlarını biçimlendirdiğini fark ettim.

Örneğin yoksul babam her zaman, "Asla zengin olmayacağım," derdi. Zaten bu öngörüsü de gerçekleşti. Zengin babamsa kendini zenginlerden sayardı. "Ben zengin bir adamım, zengin kimseler böyle yapmaz," gibi sözler ederdi. İflas edip de meteliksiz kaldıktan sonra bile kendini zengin diye görmekten vazgeçmemişti. "Yoksul olmakla iflas etmek arasında fark var," diye savunurdu kendini. "İflas geçicidir, yoksulluk sonsuz."

Yoksul babam, "Benim parayla işim olmaz!" ya da "Paranın ne önemi var?" derken, zengin babam şunu hep tekrarlardı: "Para güç demektir."

Düşüncelerimizin gücü hiçbir zaman ölçülemeyebilir ya da değer görmeyebilir, ancak daha küçük bir çocukken düşüncelerimin bilincinde olmayı ve kendimi nasıl ifade ettiğime önem vermeyi öğrenmiştim. Yoksul babam az kazandığı için yoksul değildi, düşünceleri ve attığı adımlar yüzünden yoksul kalmıştı. Daha küçükken iki babam sayesinde, kendime göre fikirler benimserken dikkatli olmam gerektiğini kavramıştım. Hangi babamın sözüne kulak verecektim? Zengin olanın mı, yoksa yoksul babamın mı?

Her ikisi de eğitim ve öğrenime büyük önem verirdi, fakat öğrenilecek konuların önemi noktasında ayrılırlardı. Biri benim çok çalışmamı, iyi bir derece almamı, para kazanmak için kendime iyi bir iş bulmamı isterdi. Avukat ya da muhasebeci olmalı, bir dalda uzman olmak üzere okumalıydım ya da lisansüstü öğrenim görmek üzere işletme fakültesine devam etmeliydim. Öbür babam zengin olmak, paranın nasıl işlediğini anlamak ve parayı kendi adıma çalıştırmayı öğrenmek üzere okumamı salık verirdi. "Ben para için çalışmam!" demeden edemezdi. "Para benim için çalışır!"

İflas etmekle yoksul olmak arasında fark vardır. İflas geçicidir, yoksulluk sonsuz.

Dokuz yaşındayken parayla ilgili konularda zengin babama kulak vermeye karar verdim. Böyle yapmakla üniversite diplomalarına rağmen yoksul babamı dinlememeyi seçmiş oluyordum.

Robert Frost'tan Alınacak Ders

Robert Frost en beğendiğim şairdir. Birçok şiirini severim, ancak en beğendiğim "Gidilmemiş Yol"dur. Ondan alınacak dersi hemen her gün dile getiririm:

Gidilmemiş Yol

Yollar sarı bir ormana ayrıldı
İkisine birden gidemedim ne yazık ki
Bir yolcu olarak, uzun süre dikildim
Ufukta gözümün alabildiği noktaya baktım
İlerideki kıvrıma dek

Sonra ötekinin başında durdum
Daha güzel bir yoldu sanki
Çimenlikti, henüz çiğnenmeyen yerleri vardı
Ancak oradan geçenler için
Aynı anda çiğnenmiş oluyordu

İşte o sabah orada bir de
Düşen yapraklara hiç ayak basmamıştı
Ah, ben bunu başka bir güne sakladım
Gidecek onca yol varken
Acaba geri gelmeli miydim?

Ah çeksem yeridir
Bu yer yıllar, yıllar ötede;
İki yol ormana girmiş ve
Ben en az gidilmişi seçmiştim
İşte bu fark yarattı.

Robert Frost (1916)

İşte farkı yaratan buydu.

Yıllardır Robert Frost'un bu şiirini sık sık düşünürüm. Yükseköğrenimli babamın öğütlerine kulak vermemeyi ve paraya yönelik tutumunu elimin tersiyle itmeyi seçmek sancılı bir karardı benim için; ne var ki yaşamımın geri kalan kısmını biçimlendirecek bir karardı.

Kime kulak vereceğime karar verdikten sonra para konusundaki eğitimim başlamış oldu. Zengin babam, ben otuz dokuz yaşına gelene dek, otuz yıl boyunca bana öğretmenlik yaptı. O kalın kafama sokmaya çalıştıklarını tamamen anladığıma ikna olana kadar durmadı.

Para bir tür güçtür. Ama ondan da güçlüsü finans eğitimidir. Para gelir ve gider, ancak paranın nasıl çalıştığını bilirseniz üstünlüğü ele geçirir, servet yapabilirsiniz. Olumlu düşüncenin tek başına işe yaramamasının nedeni, çoğu insanın okula gidip paranın nasıl işlediğini bilemeden ömrünün sonuna kadar para kazanmak uğruna hayatını tüketmesidir.

Başladığımızda yaşım henüz dokuz olduğundan zengin babamın bana verdiği dersler basitti. Bütün dersleri ele aldıktan sonra gelecek otuz yıl boyunca tekrarlanan altı ana ders vardı. Bu kitap o altı dersi içeriyor; tıpkı zengin babamın bana ilk anlattığı gibi basit bir dille anlatılıyor. Dersler soruların yanıtı değil de yol göstericisi niteliğinde. Giderek değişen ve belirsizleşen dünyada, ne olursa olsun hem size hem de çocuklarınıza servet edinmenizde yardımcı olacak bir kılavuz...

Bölüm 1

Ders 1: Zenginler Para İçin Çalışmaz

Yoksul ve orta sınıf para için çalışır.
Zenginler parayı çalıştırır.

"Baba, nasıl zengin olunur, bana anlatabilir misin?"

Babam elindeki akşam baskısı gazeteyi indirdi. "Neden zengin olmak istiyorsun evlat?"

"Çünkü bugün Jimmy'nin annesi yeni Cadillac arabalarıyla geldi, hafta sonu tatilini sahildeki evlerinde geçireceklermiş. Üç arkadaşını yanlarında götürdüler, ama Mike'la beni davet etmediler. 'Yoksul çocuklar' olduğumuz için bizi davet etmediklerini söylediler."

"Öyle mi söylediler?" diye sordu inanmayarak.

"Evet, öyle dediler," diye yanıt verirken ses tonum acıklı çıkmıştı.

Babam sessizce başını salladı, gözlüğünü burnunun kemerine doğru itti, sonra yeniden gazetesine döndü. Yanıt versin diye orada öylece dikilerek bekledim.

Yıl 1956'ydı. Dokuz yaşındaydım. Kaderin bir cilvesi, zengin insanların çocuklarını gönderdikleri okula yazılmıştım.

Oturduğumuz kasabada şekerpancarı üretimi yapılıyordu. Pancar çiftliğinin yöneticileri ve kasabanın diğer ileri gelenleri, örneğin doktorlar, şirket sahipleri, bankacılar çocuklarını altıncı sınıfa kadar bu okula gönderirdi. Sonra çocuklar çoğunlukla özel okullara gönderilirdi. Bizim oturduğumuz ev de caddenin aynı yakasında yer aldığından ben de aynı okula kaydolmuştum. Eğer caddenin karşı tarafında oturmuş olsaydık, benimkine benzeyen ailelerin çocuklarıyla birlikte okuyacağım farklı bir okula gidecektim. Altıncı sınıftan sonra ben de o çocuklarla birlikte kasabanın ortaokulu ve lisesine devam edecektim. Bizlere göre özel bir okul yoktu.

Babam sonunda gazetesini indirdi. Düşündüğünü fark etmiştim.

"Peki oğlum," diye tane tane konuşmaya koyuldu. "Eğer zengin olmak istiyorsan nasıl para kazanacağını öğrenmelisin."

"Nasıl para kazanacağım?" diye sordum.

"İşte, kafanı kullan oğlum," dedi gülümseyerek. Bunun anlamı, "Bütün söyleyeceğim bu" ya da "Yanıtını ben de bilmiyorum, beni mahcup duruma düşürme" oluyordu.

Bir Ortaklık Kuruluyor

Ertesi sabah en yakın arkadaşım Mike'a, babamın dediklerini aktardım. Anladığım kadarıyla okulda Mike ve benden başka yoksul çocuk yoktu. Mike'ın bu okula gitmesi de benimki gibi, kaderin bir cilvesiydi. Birisi okul bölgesini sınırlamak için araya bir çizgi çekmiş, biz de bu sayede kendimizi zengin çocukların okulunda bulmuştuk. Aslında yoksul değildik, ama bize öyle geliyordu, çünkü öteki çocukların her şeyleri yeniydi; yeni beyzbol eldivenleri, yeni bisikletleri vardı.

Annem ve babam bize temel ihtiyaçlar sağlıyordu, yiyecek, barınak, giysi gibi. Ama bu kadardı işte. Babam şöyle derdi: "Bir şey istiyorsan onun için çalışman gerekir." Bizim de isteklerimiz vardı; gelgelelim dokuz yaşındaki çocukların çalışabileceği pek iş yoktu.

Mike, "Güzel, ama parayı nereden bulacağız?" diye sordu.

"Bilmem," dedim. "Ama benimle ortak olmak ister misin?"

Kabul etti. Böylece o cumartesi sabahı Mike'la ilk iş ortaklığımı kurmuş oldum. Öğlene kadar nasıl para kazanacağımızla ilgili pek çok fikir ürettik. Arada da Jimmy'lerin yazlık evine giden 'sıkı çocukların' nasıl eğlendiklerinden konuştuk. Kalbimiz kırılmıştı, fakat bu iyiydi, bizi para kazanmanın yollarını düşünmeye yöneltiyordu. Sonunda, öğleden sonra kafamızda şimşek çaktı. Fikrin kaynağı Mike'ın okuduğu bir fen kitabıydı. Heyecanla el sıkıştık, ortaklığımız artık bir işe atılıyordu.

Sonraki birkaç hafta Mike'la birlikte bütün mahalleyi dolaştık, evlerin kapılarını tek tek çaldık, diş macunu tüplerini atmayıp bizim için saklamalarını rica ettik. Konuştuğumuz yetişkinler şaşkın gözlerle bakıp gülümseyerek karşılık verdiler. Bazıları onlarla ne yapacağımızı sordu. "Söyleyemeyiz," dedik. "Meslek sırrı bu."

Haftalar geçtikçe annemin canı sıkılmaya başlamıştı. Çamaşır makinesinin yanındaki boş alana hammaddelerimizi istifliyorduk. Kahverengi mukavva bir ketçap kutusuna doldurduğumuz diş macunu tüpleri artık kutudan taşıyordu.

Sonunda annem duruma el koydu. Komşulardan gelen eğri büğrü diş macunu tüpleri sinirine dokunuyordu. "Çocuklar sizin amacınız ne?" diye sordu. "Bunun meslek sırrı olduğu masalını okumayın bana. Ya bu çöpü buradan kaldırın ya da ben hepsini atacağım."

Mike'la birlikte yalvardık, çok dil döktük, çok yakında tüplerin sayısının yeterli olacağını, böylece üretime geçebileceğimizi anlattık. Birkaç komşunun daha diş macunlarını bitirip tüpleri bize vermesini beklediğimizi belirttik. Annem bize bir hafta süre tanıdı.

Üretim tarihi ertelendi. Gerginlik doruktaydı. Kurduğum ilk ortaklık, annemin depomuzu kapatma tehdidiyle sarsılmak üzereydi. Komşulara gidip diş macunlarını bir an önce bitirmelerini, zaten diş doktorunun dişlerimizi sık sık fırçalamamızı istediğini söyleme görevi Mike'a düşmüştü. Ben de ürünle ilgili son hazırlıklarla ilgilenmeye başladım.

Bir gün babam yanında bir arkadaşıyla birlikte, dokuz yaşında iki çocuğun son hızla üretim yaptığı garaj yolu üstündeki imalathaneyi görmek için arabayla yanaştı. Her taraf bembeyaz tozdu. Uzun bir masaya okuldan alınma küçük süt kutuları dizilmişti, ayrıca bizim evin ızgarası kor olmuş kömürlerin yaydığı ısıyla kıpkırmızı kesmişti.

Babam arabayı yolun aşağısına park etmek zorunda kaldıktan sonra ağır adımlarla yürüdü. Arkadaşıyla birlikte yanımıza yaklaşınca, kömürlerin üstünde çelik bir tencere gördüler; içinde diş macunu tüpleri eriyordu. O günlerde diş macunu tüpleri plastikten yapılmıyordu. Kurşundan imal ediliyorlardı. Dolayısıyla üzerlerindeki boyayı yakarak siliyor, tüpleri tencereye atıyor, sıvılaşana kadar erimeye bırakıyorduk; sonra da annemin tutacakları yardımıyla tencereyi kaldırarak içindeki kurşun eriyiği süt kutularının tepelerindeki küçük delikten aşağı boşaltıyorduk.

Süt kartonları alçı tozuyla doluydu. Dört bir yanı kaplayan beyazlık alçının suyla karışmadan önceki toz haliydi. Telaştan torbayı elimden düşürmüş, her tarafı beyaza bulamıştım. Süt kartonlarından alçı kalıbı yapmıştık.

Biz eriyen kurşunu özenle küçük deliklerden aşağı boşaltırken babamla arkadaşı dikkatle seyrettiler.

Babam, "Dikkat," diye uyardı.

Yukarı bakmadan kafa salladım.

Boşaltma işi bitince çelik tencereyi yere bırakıp babama gülümsedim.

"Siz ne yapıyorsunuz çocuklar?" diye sorarken yüzünde ihtiyatlı bir gülümseme vardı.

"Bana söylediğini yapıyoruz. Zengin olacağız," dedim.

"Ev-vet," diyerek Mike da beni tasdik etti, bir yandan da sırıtıyor, kafa sallıyordu. "Biz ortağız."

"Peki şu alçı kalıplarının içinde ne var?"

"İzle," dedim. "Güzel bir mal göreceksin."

Küçük bir çekiçle küpün birleşme çizgisine vurdum. Üstteki alçı kalıbı usulca çıkardım. Ortaya kurşun bir beşlik çıktı.

Babam, "Aman Tanrım," diye bağırdı. "Kurşundan beşlik döküyorsunuz."

Mike atıldı, "Doğru. Aynen sizin dediğiniz gibi. Para yapıyoruz."

Babamın arkadaşı kahkahalarla gülüyordu. Babam gülerek başını iki yana salladı. Ateşin başında, bir kutu bitmiş diş macunu tüpüyle birlikte bembeyaz toza bulanmış iki çocuk ağızları kulaklarına varırcasına sırıtıyordu.

Her şeyi bırakıp onunla birlikte evin önündeki basamaklara gelmemizi söyledi. Gülümseyerek 'kalpazanlığın' ne anlama geldiğini kibarca anlattı.

Düşlerimiz suya düşmüştü. Mike, "Yani şimdi bu yasadışı mı?" diye sorarken sesi titriyordu.

Babamın arkadaşı, "Bırak yapsınlar," dedi. "Doğuştan gelen yeteneklerini geliştiriyorlar."

Babam parlayan gözlerini arkadaşına dikti.

"Tastamam öyle, yasadışı," diye sakince yanıtladı. "Ama siz, ikiniz büyük bir yaratıcılık ve özgün bir düşünce örneği gösterdiniz. Pes etmeyin. Sizinle gurur duyuyorum!"

Hayal kırıklığına uğramıştık, dağınıklığımızı toparlamaya girişmeden önce Mike ile yirmi dakika kadar sessizce oturduk. İşimiz başladığı gün bitmişti. Tozları süpürürken Mike'a baktım, "Jimmy ve arkadaşları haklı galiba. Biz yoksuluz," dedim.

Babam tam gidecekken söylemiştim bunu. "Çocuklar," dedi, "eğer pes ederseniz yoksulsunuz demektir. En önemlisi bir şey yapmış olmanız. Pek çok kimse lafını edip zengin olmanın hayalini kurmakla yetinir. Oysa siz bir şeyler yapmayı denediniz. İkinizle de gurur duyuyorum. Bakın, yeniden söylüyorum. Arayışlarınızı sürdürün. Peşini bırakmayın."

Çıt çıkarmadan öylece kalakalmıştık. Güzel sözler ediyordu, ama biz hâlâ ne yapacağımızı bulmuş değildik.

"Peki öyleyse sen neden zengin olmadın baba?" diye sordum.

"Çünkü ben okul öğretmeni olmayı seçtim. Öğretmenler zengin olmakla pek ilgilenmez. Bizler öğreterek mutlu oluruz. Keşke size yardım edebilseydim, ama nasıl para kazanılacağını ben de bilmiyorum."

Mike'la yeniden temizliğe koyulduk.

"Biliyorum," diye sürdürdü babam. "Siz çocuklar nasıl zengin olacağınızı öğrenmek istiyorsanız bana sormayın. Mike, neden babana danışmıyorsun?"

"Babam?" dedi Mike, yüzünü buruşturarak.

Babam gülümsedi. "Elbette, babana. Babanla aynı bankayla çalışıyoruz. O bankacı babanı hep över. Kim bilir kaç kez söylemiştir para kazanma konusunda babanın parlak fikirleri olduğunu."

Mike kulaklarına inanamamış gibiydi. "Benim babamın mı? Madem öyle neden bizim de okuldaki diğer çocukların aileleri gibi güzel bir arabamız, güzel bir evimiz yok?"

Babam, "Güzel bir araban ve güzel bir evin olması, zenginsin ya da nasıl para kazanılacağını biliyorsun anlamına gelmez," diye anlatmaya başladı. "Jimmy'nin babası şekerpancarı çiftliğinde çalışıyor. Onun durumu da benimkinden farklı sayılmaz. O bir şirket için çalışıyor, bense devlet için. Şirket ona araba alıyor. Şeker ortaklığı mali yönden sıkıntıda, bundan dolayı Jimmy'nin babası yakında meteliksiz kalabilir. Ama senin baban farklı. O bir imparatorluk kurma yolunda, sanırım birkaç yıla kalmaz zengin bir adam olur."

Bunun üzerine, Mike'la ben yeniden heyecanlandık. Başlamadan bitmeye yüz tutan ilk işimizden geriye kalan dağınıklığı toplamak üzere şevkle işe koyulduk. Bir yandan temizlik yaparken, bir yandan da Mike'ın babasıyla ne zaman ve nasıl konuşacağımızı tasarlıyorduk. Sorun, Mike'ın babasının işten çok geç gelmesiydi. Ardiyeleri, bir inşaat şirketi, mağazalar zinciri ve üç lokantası vardı. İşte o lokantalar yüzünden eve geç dönerdi.

Temizlik faslı bittikten sonra Mike otobüse atlayıp evinin yolunu tuttu. O akşam babası eve geldiğinde onunla konuşacak, nasıl zengin olacağımızı bize öğretebilir mi diye soracaktı. Babasıyla konuşur konuşmaz, vakit ne olursa olsun bana telefon edeceğine söz verdi.

Saat sekiz buçukta telefon çaldı.

"Tamam," dedim. "Haftaya cumartesi." Ahizeyi yerine koydum. Mike'ın babası benimle ve Mike'la görüşmeyi kabul etmişti.

Cumartesi sabahı 7.30 otobüsüyle kasabanın yoksul kesimine doğru yola koyuldum.

Dersler Başlıyor

Sabah saat sekizde babasıyla buluştuk. O çoktan işe gitmiş, bir saattir çalışıyordu. Ben onun basit, ufak ve muntazam evine girerken şantiye şefi pikabıyla oradan ayrılıyordu. Mike beni kapıda karşıladı.

"Babam telefonda, birazdan taraçaya çıkacağını söyledi."

Yaşlanmış evin eşiğini adımlarken ahşap döşemeler gıcırdıyordu. Kapının hemen girişinde ucuz bir yaygı vardı. Belli ki, yıllardır üzerine basan ayak izlerini örtmek için serilmişti. Temizdi temiz olmasına, ancak yenilenmesinin zamanı gelmişti.

Bugün antika değerinde olabilecek küflenmiş eski mobilyayla dolu daracık oturma odasına girince içim karardı.

Kanepede, annemden belki birkaç yaş büyük iki kadın oturuyordu. Onların karşısında, işçi tulumu giymiş bir adam. Haki pantolonuyla haki gömleği kolalanıp ütülenmişti, ayağındaki iş ayakkabıları cilalıydı. Babamdan on yaş daha büyüktü, herhalde kırk beşindeydi. Mike'la yan yana, önlerinden geçip arka bahçeye bakan taraçaya çıkmak üzere mutfağa doğru ilerlerken bize gülümsediler. Utana sıkıla gülümseyerek karşılık verdim.

"Onlar kim?" diye sordum.

"Ah, onlar mı, babamın yanında çalışıyorlar. Yaşlı adam ardiyelerden sorumlu, kadınlar da lokantaların yöneticileri. Şantiye şefini gördün, buradan seksen kilometre ilerideki yol inşaatında çalışıyor. Bir şantiye şefi daha var, o da konut projesiyle ilgileniyor; sen gelmeden az önce çıktı."

"Bu her zaman böyle mi olur?" diye sordum.

Yanıma oturmak için bir sandalye çekerken, "Her zaman sayılmaz, ama çoğu zaman," dedi gülümseyerek. "Babama bize nasıl para kazanılacağını öğretip öğretmeyeceğini sordum."

"Ee, peki ne dedi?" Meraklanmıştım.

"Pekâlâ, önce alay edercesine yüzüme baktı, sonra da bize bir teklifi olabileceğinden söz etti."

"Ya?" derken sandalyemde kaykılarak arkamdaki duvara dayandım, sandalyenin iki arka bacağı üstünde oturuyordum.

Mike da aynısını yaptı.

"Ne teklif edeceğini biliyor musun?" diye sordum.

"Hayır, ama az sonra öğreneceğiz."

Birdenbire Mike'ın babası paravana benzeyen kapıdan çıkıp taraçaya geldi. İkimiz de ayağa fırladık; saygıda kusur etmemek için değil, ürktüğümüzden.

Mike'ın babası kendine bir sandalye çekerken, "Hazır mısınız çocuklar?" diye sordu.

Sandalyelerimizi yasladığımız duvardan çekip ona doğru yaklaşırken başımızı salladık.

İriyarı bir adamdı, boyu yaklaşık iki metre, ağırlığı yüz kilo vardı. Babam ondan daha uzundu, aşağı yukarı aynı kiloda, hem de ondan beş yaş daha büyüktü. Aynı etnik kökenden değillerdi ama birbirlerine benziyorlardı da. Belki de yaydıkları enerji yüzünden bana öyle gelmişti.

"Mike para kazanmanın yollarını öğrenmek istediğinizi söyledi. Öyle mi Robert?"

Hızlıca kafa salladım, doğrusu biraz çekinmiştim. Sözlerinin ve gülümsemesinin ardında güçlü bir etki uyandırıyordu.

"Pekâlâ, işte teklifim. Size bunu öğretirim, ancak bu sınıftaki gibi olmaz. Benim yanımda çalışın, öğreteyim. Çalışmazsanız size hiçbir şey öğretmem. Çalışırsanız daha çabuk öğretebilirim; ama okuldaki gibi oturup dinlemekle yetinirseniz, ben de zamanımı boşa harcamış olurum. İşte benim teklifim. İster kabul edin, ister etmeyin."

"Şey... önce bir soru sorabilir miyim?"

"Hayır. İster kabul et, ister etme. Zamanımı boşa harcayamayacak kadar çok işim var. Eğer kararlı değilseniz para kazanmayı zaten öğrenemezsiniz. Fırsatlar gelir, gider. Çabuk kararlar alabilmek önemlidir. Siz aradığınız bir fırsatı yakaladınız. Ders ya başlar ya da on saniyede biter." Mike'ın babası alaylı bir gülümseme takınmıştı.

20 YIL ÖNCE BUGÜN...
KARARLI OLMAK

Dünya her geçen gün hızlanmaktadır Borsa alım satımları milisaniye içinde yapılmaktadır. Anlaşmalar internette, birkaç dakika içinde gidip gelmekte, gitgide daha fazla insan iyi anlaşmalar için rekabet etmektedir. Bu nedenle ne kadar çabuk karar verebilirseniz fırsatları başkalarından evvel yakalayabilme olasılığınız o kadar artar.

"Kabul," dedim.

Mike da "Kabul," dedi.

"Güzel," dedi Mike'ın babası. "Bayan Martin on dakika içinde burada olur. Onunla işim bittikten sonra onunla birlikte markete gidersiniz ve hemen işe başlarsınız. Size saatte 10 sent veririm, cumartesileri üç saat çalışırsınız."

"Ama bugün benim maçım var," diyecek oldum.

Mike'ın babasının ses tonu sertleşti: "Kabul et ya da etme."

"Kabul ediyorum," diye yanıtladım, top oynamak yerine çalışmayı seçmiştim.

30 Sent Sonrası

Güzelim bir cumartesi sabahı saat 9'da, Mike'la birlikte Bayan Martin'in yanında çalışmaya başladık. Kibar ve sabırlı bir kadındı. Büyüyüp yuvadan uçan iki oğlunu hatırlattığımızı söylerdi hep. Kibar olmasına rağmen çok çalışmaya önem verirdi, bize nefes bile aldırmazdı. İş vermekte ustaydı. Üç saat boyunca konserveleri raflardan alır, kaztüyüyle tozlarını iyice siler, sonra yeniden raflara dizerdik. Acayip sıkıcı bir işti.

Zengin babam dediğim Mike'ın babasının böyle dokuz tane marketi, her birinde de geniş park yerleri vardı. 7-11 Yok-Yok mağazalarının atalarıydı bunlar. Semt sakinlerinin süt, ekmek, tereyağı, sigara gibi öteberisini temin ettiği küçük dükkânlar... Ancak bir sorun vardı, Hawaii'ye henüz klimanın gelmediği yıllardı, sıcaktan dükkânların kapıları kapanmazdı. Dükkânın yola ve park yerine açılan her iki kapısı da arkasına dek açık tutulurdu. Yoldan bir araba geçtiğinde ya da park yerine yanaştığında içerisi toza bulanırdı.

Bu nedenle klima gelene dek işimiz garantiydi.

Mike'la birlikte üç hafta boyunca cumartesi günlerimizi Bayan Martin'in gözetiminde üç saat çalışarak geçirdik. Öğle olup da işimiz bittiğinde elimize üçer onluk sıkıştırırdı. 1950'lerin ortalarında dokuz yaşında bir çocuk için bile 30 sent önemsiz bir miktardı. Karikatür dergileri bile 10 sente satılıyordu; ben de kazandığımı onlara yatırır, evin yolunu tutardım.

Dördüncü haftada, daha çarşamba gününden işi bırakmaya hazırdım. Sırf Mike'ın babasından para kazanmasını öğreneyim diye kabul etmiştim çalışmayı, ama saati 10 sente köle olup çıkmıştım. Üstüne üstlük onu görmeye gittiğimiz ilk cumartesiden bu yana Mike'ın babasını da görmüş değildim.

Öğle tatilinde kararımı Mike'a açtım: "İşi bırakıyorum." Okulda verilen öğle yemeği berbattı. Okul sıkıcıydı. Bu da yetmezmiş gibi iple çektiğim cumartesi günlerim de kalmamıştı. Ama bana en çok dokunan 30 sentti.

Bu kez gülümseyen Mike oldu.

Öfkeden deliye dönmüş bir halde, "Gülecek ne var?" diye sordum.

"Babam bunun olacağını söylemişti. İşi bırakmaya kalktığında seninle görüşmek istedi."

"Ne?" diye atıldım. "Canıma tak etmesini mi bekliyormuş?"

"Öyle sayılır," dedi Mike. "Babam ilginç bir adamdır. Öğretme tarzı senin babanınkinden biraz farklı. Senin annenle baban daha çok nutuk çekiyor. Benim babam ağzını pek açmaz, çok az konuşur. Cumartesiyi bekle. Ona hazır olduğunu ileteceğim."

"Tuzağa mı düştüm ben yani?"

"Hayır pek sayılmaz, ama belki de. Cumartesi olsun, babam sana anlatır."

Cumartesi Kuyrukta Beklerken

Onunla karşı karşıya gelmeye hazırdım; hazırlanmıştım. Gerçek babam bile öfkeden köpürmüştü. Yoksulun biri dediğim gerçek babam, zengin babamın çocuk haklarını ihlal ettiğini, soruşturmaya tabi tutulması gerektiğini söylüyordu.

Eğitimli yoksul babam hakkımı aramamı öğütledi. Bari saatte 25 sent alsaydım. Ayrıca yoksul babam, zam almazsam işi derhal bırakmamı söyledi.

"Nasıl olursa olsun, o berbat işe senin zaten ihtiyacın yok," demişti.

Cumartesi sabahı sekizde aynı gıcırtılı kapıdan Mike'ın evine girdim.

Ben içeri girer girmez, Mike'ın babası, "Bir yer bul otur, sıranı bekle," dedi. Sonra arkasını dönüp yatak odasının yanındaki küçük çalışma odasına doğru gözden kayboldu.

Sağıma soluma baktım; Mike görünürlerde yoktu. Kendimi tuhaf hissettim, dört hafta önce oraya ilk geldiğimde gördüğüm iki kadının yanına usulca iliştim. Gülümseyerek kanepede bana da yer açtılar.

Kırk beş dakika geçti, burnumdan soluyordum. Yanımdaki iki kadın Mike'ın babasıyla görüşüp gideli yarım saat olmuştu bile. İhtiyar bir adam yirmi dakika içeride kalmış, sonra o da gitmişti.

Evde kimse kalmamıştı, güzel, pırıl pırıl bir Hawaii gününde küflü karanlık bir oturma odasında, çocuk emeğini sömüren bir üçkâğıtçıyla görüşmek üzere bekliyordum. Çalışma odasından sesi geliyordu, telefonla konuşuyordu; ben umurunda bile değildim. Aslında her an kapıdan çıkıp gidebilirdim de, nedense kaldım.

Sonunda, on beş dakika sonra, saat tam dokuzda zengin baba ofisinden dışarı çıktı, ağzını açıp tek kelime etmeden eliyle loş ofisine girmemi işaret etti.

Oturduğu koltukta dönerken, "Anladığım kadarıyla zam istiyorsun, yoksa işi bırakacaksın," dedi.

"Şey, verdiğiniz sözü yerine getirmiyorsunuz," diye gevelerken gözyaşlarımı zor tutuyordum. Dokuz yaşında bir çocuğun yetişkin birine kafa tutması tedirgin ediciydi.

"Sizin yanınızda çalışırsam bana öğreteceğinizi söylediniz. İşte, sizin için çalışıyorum. Sıkı çalışıyorum. Çalışmak için beyzbol oynamayı bile bıraktım. Ama siz sözünüzü tutmuyorsunuz. Bana hiçbir şey öğretmiş değilsiniz. Kasabada herkesin dediği doğruymuş meğer, siz palavracının tekisiniz. Açgözlüsünüz. Kazancın tümünü kendinize istiyorsunuz, yanınızda çalışanlara aldırdığınız yok. Beni bekletiyor, hiç saygı göstermiyorsunuz. Oysa ben küçük bir çocuğum, daha iyi muamele görmeyi hak ediyorum."

Zengin baba döner koltuğunu geriye kaydırdı, ellerini çenesine dayayıp gözlerini bana dikti. Sanki beni inceler gibiydi.

"Hiç fena sayılmaz," dedi. "Daha bir ay olmadı, yanımda çalışanların çoğundan farklı değilsin."

"Ne?" diye sordum. Dediğinin tek kelimesini anlamış değildim. Bozuk çalmayı sürdürdüm: "Anlaşmamızda üstünüze düşeni yerine getirip bana öğreteceğinize inanmıştım. Sizse bana işkence etmek istiyorsunuz. Bu zalimce. Gerçekten zalimce."

"Öğretiyorum ya," dedi usulca.

"Bana ne öğrettiniz? Hiç!" diye haykırdım. "Çerez parasına çalışmayı kabul ettiğimden beri benimle konuşmadınız bile. Saati on sent. Hah! Sizi yetkililere şikâyet etsem yeridir. Çocukişçi yasaları var, biliyorsunuz. Babam da devlet memuru."

"Bak sen!" dedi. "İşte şimdi eskiden yanımda çalışmış kimseler gibi konuştun. İşten çıkardığım ya da işi bırakanlar gibi."

"Söyleyeceğiniz bir şey yok mu?" diye direttim, küçük bir çocuk için fazla atılgan davranıyordum. "Bana yalan söylediniz. Ben sizin için çalıştım, siz sözünüzü tutmadınız. Bana hiçbir şey öğretmediniz."

Zengin baba sakinliğini bozmadan, "Sana hiçbir şey öğretmediğimi nereden biliyorsun?" diye sordu.

"Beni karşınıza alıp kısacık bir süre olsun konuşmadınız. Üç haftadır çalışıyorum, tek bir şey olsun öğretmediniz," derken suratımı iyice asmıştım.

Zengin baba sordu: "Öğretmek için ille de konuşmak ya da nutuk çekmek mi gerekir?"

"Evet, elbette," dedim.

"Bu yöntemi okulda kullanırlar," dedi gülümseyerek. "Oysa hayat öyle öğretmez; şunu da belirteyim, hayat en iyi öğretmendir. Hayat seninle konuşmaz. Adamı oradan oraya sürükler. Her sürüklediğinde bir şey söylüyordur. 'Silkin ve uyan. Öğrenmen gereken bir şey var,' diyordur."

'Bu adam neden söz ediyor?' diye geçirdim içimden. 'Hayatın beni oradan oraya sürüklemesi benimle konuşması anlamına mı geliyor yani?' Artık hiç kuşkum kalmamıştı, işi bırakmaktan başka çıkar yol yoktu. Kilit altına alınması gereken biriyle konuşuyordum.

20 YIL ÖNCE BUGÜN... ÖĞRENME KONİSİ

Edgar Dale, gerçek bir iş ya da simülasyon yaparak, davranış yoluyla en iyi şekilde öğrendiğimizi fark etmemizde bize yardım ettiği için beğeni toplamaktadır. Bu bazen deneysel öğrenme olarak adlandırılır. Dale ve öğrenme konisi bize, okuma ve ders dinleme yollarının öğrenmede en az etkili yollar olduğunu anlatmaktadır. Oysaki birçok okulun nasıl öğrettiğini biliyoruz: okuma ve ders anlatma youyla.

"Hayat derslerini öğrenirsen başarılı olursun. Yoksa hayat seni oradan oraya atmayı sürdürür. İnsanlar iki yoldan gider. Bazısı kendini hayatın akışına bırakır. Diğerleri öfkelenir, ona dur der. Onlar patronuna dur der ya da işine, çocuklarına, eşine. Dur dediklerinin hayat olduğunu bilmezler."

Neden bahsettiği hakkında en ufak bir fikrim yoktu.

"Hayat bizi sağa sola sürükler. Bazısı pes eder. Diğerleri savaşır. Dersini alıp yoluna devam edenler birkaç kişidir. On-

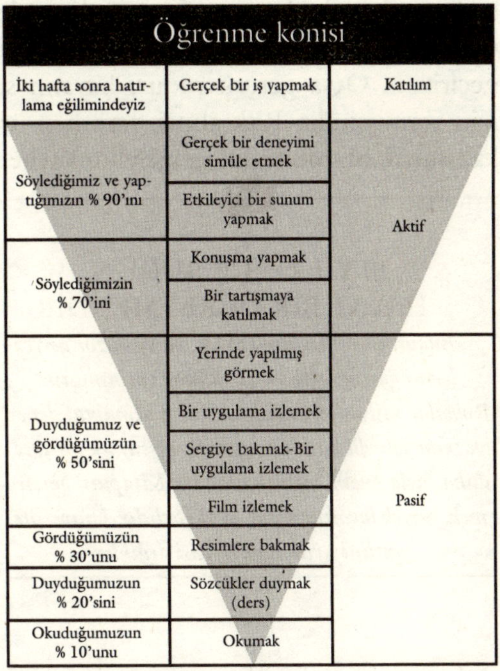

lar hayatın kendilerini sürüklemesine izin verir. Bu birkaç kişi bir şeyler öğrenmeye gerek duyar ve bunu isterler. Öğrendikçe yollarına devam ederler. Çoğu pes eder, senin gibi birkaç kişi savaşır."

Zengin baba ayağa kalktı, tamir edilmesi gereken pencereyi gıcırtıyla kapadı. "Bu dersi öğrenirsen akıllı, varlıklı ve mutlu bir genç olursun. Yok öğrenmezsen hayatını suçu birilerine atarak geçirirsin; işine, düşük maaşına, patronuna. Ömrün boyunca bütün maddi sıkıntılarına çözüm olacak o büyük günü bekler durursun."

Dediklerini hâlâ dinliyor muyum diye, zengin baba gözlerini bana dikmişti. Göz göze geldik. Bakışlarımızla birbirimize çok şey anlatmıştık. Sonunda vermeye çalıştığı mesajı alana dek çekmedim bakışlarımı. Haklıydı elbette. Suçu ona atıyordum, öğrenmek isteyen bendim. Savaşıyordum.

Zengin babanın diyecekleri bitmemişti: "Ya da yüreksiz biriysen, hayatın seni her sürüklediğinde pes edersin. Öyle biriysen hayatın boyunca işini sağlam kazığa bağlar, doğru şeyler yapar, asla başına gelmeyecek bir şeye karşı kendini korursun. Sonra da sıkıcı bir ihtiyar olarak ölüp gidersin. Seni seven pek çok dostun olur, çünkü çalışkan, iyi birisindir. Ömrünü güvenli adımlar atmakla, doğru şeyler yapmakla geçirirsin. Oysa gerçek şudur: hayatın seni teslim almasına izin vermişsindir. Risk almak seni hep ürkütmüştür. Aslında kazanmak istemişsindir, gelgelelim kaybetme korkusu kazanma heyecanından baskın çıkmıştır. Bunu bir tek sen bilirsin. Sağlam adımlar atmayı seçmişsindir."

Yeniden göz göze geldik.

"Beni sağa sola mı sürüklüyordunuz?" diye sordum.

> **20 YIL ÖNCE BUGÜN...**
> **HAYAT BİR ÖĞRETMENDİR**
>
> *Bugünün milenyum kuşağı, hayatın zor gerçeklerini öğrenmektedir. İş bulmak zorlaşmıştır. Robotlar milyonlarca işçinin yerini almakta, deney ve hata yoluyla hatalar yaparak öğrenmek gittikçe daha fazla önem kazanmaktadır. Kitaptan öğrenmek, gerçek hayatta daha az yararlıdır. Üniversite eğitimi artık iş garantisi değildir.*

Gülümseyerek, "Kimilerine göre öyle denebilir," dedi. "Bana göreyse sana hayatın tadını koklattım."

"Hayatın tadı nedir?" Kızgınlığım hâlâ geçmemişti, ama meraklanmıştım da. Öğrenmeye hazırdım.

"Siz ikiniz benden para kazanmasını öğrenmek isteyen ilk kişilersiniz. 150'den fazla işçim var, ama bir tanesi bile asla para hakkında ne bildiğimi sormadı. Dolayısıyla çoğu yaşantısının en güzel yıllarını ne için çalıştıklarını pek anlamadan para için çalışmakla geçirecek."

Can kulağıyla dinliyordum.

"Mike gelip de nasıl para kazanılacağını öğrenmek istediğinizi söylediğinde, gerçek yaşama çok benzeyen bir kurs programı hazırladım. Soluğum tükenene kadar konuşup anlatabilirdim de, ama bana kulak vermezdiniz. Bu yüzden bana kulak veresiniz diye hayatın sizi birazcık sağa sola sürüklemesine karar verdim. Saatine 10 sent ödememin nedeni de bu."

"Peki saati 10 sent kazanmakla ne öğrenmiş oluyorum? Sizin beş para etmez, işçilerini sömüren biri olduğunuzu mu?"

Zengin baba geriye kaykılıp kahkahalara boğuldu. Gülmesi bittikten sonra, "Bakış açını değiştirsen iyi olur. Beni suçlamayı, sorunun benden kaynaklandığını düşünmeyi bırak. Sorun bensem o zaman beni değiştirmen gerek. Eğer sorunun kendinden kaynaklandığını anlarsan ancak o zaman kendini değiştirebilir, bir şey öğrenip akıllanırsın. Bak ne diyeceğim, kendini değiştirmek başkasını değiştirmekten çok daha kolaydır."

20 YIL ÖNCE BUGÜN... DEĞİŞTİREBİLDİĞİNİ DEĞİŞTİR

Zengin babamın sözlerindeki gerçeği ve bilgeliği öğrenmiştim. Hayatımızın büyük bir kısmı kontrolümüz dışındadır. Kontrolünü sağlayabileceğim şeye odaklanmayı öğrendim: kendime. Eğer bir şeyler değişmeliyse, önce ben değişmeliyim.

"Anlamadım," dedim.

"Kendi sorunların için beni suçlama," derken artık sabrı tükenmeye başlamıştı.

"Ama saatine yalnızca 10 sent ödüyorsunuz."

"Peki bu sana ne öğretir?" Gülümsüyordu.

"Ucuzcu olduğunuzu," dedim sinsi bir sırıtışla.

"Bak, sorunun ben olduğumu düşünüyorsun."

"Ama öyle."

"Peki, bu tavrını koru ve hiçbir şey öğrenmemekte diret. Sorunu bende arama tavrını sürdür, elinde başka ne seçenek kalıyor?"

"Şey, eğer zam yapmaz, bana biraz daha saygılı davranmaz ve öğretmezseniz işi bırakacağım."

"Güzel söyledin," dedi zengin baba. "Çoğu kimse böyle yapar. İşi bırakır gider, başka iş, daha iyi firsatlar, daha yüksek ücret ararlar, yeni bir iş ya da daha yüksek ücret sorunlarını çözecek zannederler. Oysa çoğu zaman çözmez."

"Öyleyse sorunu ne çözer peki? Saati 10 sentten hesaplanan ücreti kabul edip gülümsemek mi?"

Zengin baba gülümsedi. "Başkaları böyle yapar. Hem kendilerinin hem de ailelerinin mali sıkıntı çekeceğini bile bile maaş çeklerini alırlar. Ama daha fazlasını yapmaz, daha çok para kazanırlarsa, sorunları çözülür umuduyla zam yapılmasını beklerler. Çoğu bunu yapar, bazısı da ek iş bulur, daha çok çalışır, ama karşılığında yine düşük ücret vardır."

Gözlerimi yere dikip oturdum, zengin babanın anlatmaya çalıştığı dersi anlamaya başlamıştım. Hayatın tadı olduğunu hissedebiliyordum. Sonunda başımı kaldırıp az önceki sorumu yineledim: "Sorunu ne çözer peki?"

"Bu," diyerek başımı yavaşça okşadı. "İki kulağının arasındakiler."

İşte o an zengin baba kendini çalışanlarından ve yoksul babamdan ayıran –ve de yüksek öğrenimli, ama yoksul babam ömründe hep darlık içinde boğuşurken, zengin babamı er ya da geç Hawaii'nin en zengin adamı yapacak olan– temel yaklaşımını benimle paylaşıyordu. Ömür boyu fark yaratacak tek bir görüş açısıydı bu.

Zengin baba bu görüş açısını defalarca tekrarladı ve ben buna Ders 1 adını verdim:

(*Yoksullar ve Orta Sınıf Para İçin Çalışır. Zenginler Parayı Çalıştırır.*)

O pırıl pırıl cumartesi sabahı, yoksul babamın bana öğrettiğinden bambaşka bir bakış açısını öğreniyordum. Henüz dokuz yaşında olmama rağmen her iki babamın da öğrenmemi istediğini daha iyi anlamıştım. Her ikisi de okumamı salık veriyor, fakat farklı konulara öncelik tanıyordu.

Yükseköğrenimli babam onun izinden gitmemi söylüyordu. "Evlat, çok çalışmanı, iyi notlar almanı istiyorum, böylece büyük bir şirkette sağlam, güvenceli bir iş bulabilirsin. Ek gelirlerinin de mükemmel olmasına dikkat et." Zengin babamsa paranın nasıl çalıştırılacağını öğrenmemi, böylelikle parayı kendi adıma çalıştırmamı öğütlüyordu. Bu dersleri hayatım boyunca öğrenecektim, ama sınıfta değil onun rehberliğinde.

20 YIL ÖNCE BUGÜN... YATIRIMLAR GELİRDEN ÜSTÜNDÜR

Nakit akışı getiren varlıklar satın almak ya da oluşturmak paranızın sizin için çalışmasıdır. Yüksek ödemeli işlerin iki anlamı vardır: Para için çalışmaktasınızdır ve ödediğiniz vergiler muhtemelen artacaktır. Paramı, kendim için çalıştırmayı ve maaş çekinden gelmeyen, gelir üretmekten doğan vergi ayrıcalıklarının keyfine varmayı öğrenmiştim.

Zengin babam ilk dersi şöyle sürdürmüştü: "Saatte 10 sente öfkelenmene sevindim. Eğer öfkelenmeyip güle oynaya kabul etseydin sana bir şey öğretemeyeceğimi söylemek zorunda kalırdım. Unutma, öğrenmek enerji, tutku, sönmeyen bir arzu gerektirir. Öfke de bu formülün vazgeçilmez bir parçası, çünkü tutku, öfkeyle sevginin bileşimidir. Para söz konusu olduğunda pek çokları sağlam ve güvenli adım atmak ister. Onları yönlendiren de tutku değil, korku olur."

"Yani düşük ücretli işlerde çalışmayı kabul etmelerinin nedeni bu mu?"

"Evet," diyerek şöyle anlattı zengin babam: "Bazı insanlar işçilerime şekerpancarı çiftliği ya da hükümet kadar ücret vermemekle onları sömürdüğümü savunur. Ben de onlar kendi kendilerini sömürüyor derim. Bunun sebebi, benim değil onların korkularıdır."

"Peki, ama daha çok ücret vermeniz gerektiğini düşünmüyor musunuz?"

"Düşünmem gerekmiyor. Üstelik daha çok para alsalar da sorunlarını çözemeyecekler. Babanı ele alalım. Kazancı hiç de fena değil, yine de faturalarını ödemekte zorlanıyor. Çoğu kimse, daha çok kazandıkça daha çok borca girer."

"Yani saatte 10 sent vermenizin sebebi bu.?" dedim gülerek. "Bu da dersin bir parçasıydı?"

"Doğru. Bak baban okudu, olağanüstü bir öğrenim gördü; amacı yüksek ücretli bir iş bulmaktı. Buldu da. Buna rağmen maddi sorunlarını aşamadı, çünkü okulda ona parayla ilgili hiçbir şey öğretmediler. Bunun yanı sıra para için çalışmak gerektiğine inanıyor."

20 YIL ÖNCE BUGÜN... OKULA GİTMEK?

Eğitimin ve ömür boyu öğrenmenin büyük bir destekçisi olduğum halde, okula, özellikle üniversiteye gitmek finansal bir kabus haline gelmişti. Öğrenci borçlanma durumu, 44 milyon Amerikalının 1,3 trilyon borçlanmasıyla rekor seviyedeydi. Tekrar: trilyon...T ile.

"Siz inanmıyor musunuz?"

"Hayır," diyordu zengin baba. "Eğer para için çalışmayı öğrenmek istersen okulda kalırsın; hele bir de paradan söz açıldığında en baskın duygun korkuysa."

Kaşlarımı çatarak, "Anlamıyorum," dedim.

"Şimdilik kaygılanmana gerek yok. Çoğu kimsenin işinden ayrılmamasının nedeninin korku olduğunu bil yeter. Faturalarını ödeyememe korkusu. İşten atılma korkusu. Yeterince parası olmama korkusu. Her şeye yeni baştan başlama korkusu. Bir meslek ya da ticaret öğrenmek üzere okumanın bedeli bu, para için çalışmak. Pek çokları paranın kölesi olur çıkar, sonra da patronlarına öfkelenir."

"Parayı kendin için çalıştırmayı öğrenmek tümüyle farklı bir öğrenme dalı mı?"

"Kesinlikle," dedi zengin baba, "kesinlikle öyle."

O güzelim parıltılı Hawaii'nin bu güzel cumartesi sabahında sessizce oturduk. Arkadaşlarım Küçükler Ligi beyzbol maçına başlamak üzereydi herhalde. Ama nedense ben, saati 10 sente çalışmaya karar verdiğime şükrediyordum. Arkadaşlarımın okulda öğrenmedikleri bir şeyler öğreneceğimi seziyordum.

Zengin baba, "Öğrenmeye hazır mısın?" diye sordu.

"Kesinlikle," derken yüzümde güller açmıştı.

"Ben sözümü tuttum. Sana pek çok şey öğretmiş bulunuyorum," diye belitti. "Dokuz yaşında para için çalışmanın tadını aldın. Geçirdiğin son bir ayı elli yılla çarparsan pek çok kimsenin yaşamını nasıl harcadığını anlarsın."

"Anlamıyorum."

"Beni görmek için kuyrukta beklemek nasıl bir duyguydu? Önce işe alınmak için bekledin, sonra da zam istemek için."

"Berbattı," dedim.

"İşte, eğer para için çalışırsan, diğer insanlar gibi hayat da sana böyle gelir. Peki ya Bayan Martin üç saatlik emeğinin sonucunda avucuna üç onluk koyduğunda kendini nasıl hissettin?"

"Yeterli olmadığını düşündüm. Bedava çalıştığımı düşündüm. Hayal kırıklığına uğradım."

"Çalışanların çoğu maaş çekini aldığında aynı şeyleri hisseder. Hele vergi kesintisi ve diğer harçlar düştükten sonra. Sen hiç olmazsa ücretinin tamamını aldın."

"Yani işçilerin çoğu ücretlerinin tamamını almazlar mı?" diye şaşkınlıkla geveledim.

"Elbette hayır!" oldu zengin babanın yanıtı. "Önce devlet kendi payını alır."

"Nasıl yapar bunu?"

"Vergilerle. Kazancından vergi verirsin. Harcadığından vergi ödersin. Biriktirdiğinden vergi kesilir. Ölünce de kurtulmazsın vergiden."

"Toplum devletin bunu yapmasına neden göz yumar?"

"Zenginler izin vermez," diye gülümseyerek sürdürdü açıklamasını. "Yoksullarla orta sınıftakilerse buna göz yumar. Babandan daha çok kazandığıma kalıbımı basarım, ama onun ödediği vergi benimkinden fazladır."

"Nasıl olur bu?" diye sordum. Dokuz yaşında bir çocuk olarak kafam almamıştı bunu. "İnsan devletin bunu yapmasına nasıl izin verir?"

20 YIL ÖNCE BUGÜN... VERGİLER...VERGİLER... VERGİLER

Devletler geliştikçe daha fazla paraya ihtiyaç duyarlar. Bu ihtiyacı karşılamanın tek yeri orta sınıftır. Bunun anlamı işçilerdir. Şu anda her devlet profesyonel yatırımcıları ve iş sahiplerini onurlandırmaktadır. İşçiler vergi öder; yatırımcılar ve iş sahipleri eğer vergi kanununu istenildiği gibi kullanırlarsa, ekonomiyi destekleme aracı olarak, çok az vergi öderler.

Zengin baba sessiz kaldı. Sanırım ağzımı açmadan dinlememi istiyordu.

Sonunda sakinleştim. Duyduklarım hoşuma gitmemişti. Babam durmadan ödediği vergilerin artmasından yakınırdı, ama bunu durdurmak için bir şey yapmazdı. Yoksa hayat onu da bir sağa bir sola mı sürüklüyordu?

Zengin baba koltuğunda bir ileri bir geri yavaşça sallanıyor, beni süzüyordu.

"Öğrenmeye hazır mısın?" diye bir kez daha sordu.

Usulca kafa salladım.

"Dediğim gibi öğrenecek çok şey var. Parayı kendin için çalıştırmayı öğrenmek yaşam boyu okunacak bir ders. Çoğu kimse dört yıllık yüksekokullara gider ve öğrenimleri sona erer. Oysa ben para dersinin ömrüm boyunca sona ermeyeceğini biliyorum; çünkü öğrendikçe, bilmem gereken daha çok şey olduğunu anlıyorum. Bu konuyu araştırmaya kalkan çok azdır. İşe gider, maaşlarını alır, faturaları öderler o kadar. Daha çok paranın maddi sorunlarını çözeceğine inanırlar. Sorunun finans bilgileri olmayışından kaynaklandığını anlayan yalnızca birkaçıdır."

Kafam karışmıştı, "Öyleyse babamın vergi problemi aslında onun parayı tanımamasıyla mı ilgili?" diye sordum.

"Bak," dedi zengin baba. "Parayı kendin için çalıştırmayı öğrenmede vergilerin yeri çok sınırlıdır. Bugün para hakkındakileri öğrenmeye hâlâ hevesli olup olmadığını bilmek istedim. Pek çokları bundan yoksundur. Okula gidip bir meslek edinmek, işlerinde eğlenmek ve çok para kazanmak isterler. Bir gün uyandıklarında kendilerini büyük mali sıkıntılar içinde bulurlar, bu yüzden de işi bırakamazlar. Parayı nasıl çalıştıracağını öğrenmek yerine para için çalışmanın bedelidir bu. Söyle bakalım hâlâ öğrenmeye hevesli misin?"

Kafamı salladım.

"Güzel," dedi zengin baba. "Şimdi işinin başına dön. Bu sefer sana hiçbir şey ödemeyeceğim."

Şaşkınlık içinde, "Ne?" diyebildim.

"Dediğimi duydun. Hiçbir şey. Her cumartesi üç saat çalışmaya devam edeceksin, ama saatine 10 sent almayacaksın. Para için çalışmamanın anlamını öğrenmek istediğini söyledin, öyleyse sana hiç para vermeyeceğim."

Kulaklarıma inanamamıştım.

"Aynı konuyu Mike'la çoktan görüştük. O işe gitti bile konservelerin tozunu alıp raflara diziyor, ücretsiz. Hadi sen de elini çabuk tut da işinin başına git."

"Bu hiç adil değil," diye bağırdım. "Ücret vermeniz gerek."

"Öğrenmek istediğini söyledin. Bunu şimdi öğrenmezsen senin de sonun, oturma odasında gördüğün iki kadınla yaşlı adamınkinden farklı olmaz, seni işten çıkarmayayım diye dua edersin. Ya da baban gibi, çok para kazanır, ama gırtlağına kadar borç içinde yüzer, daha fazla para bulsam da sorunu çözsem diye umut edersin. İstediğin buysa, saatte 10 sent uygulamasına geri dönelim. İstersen yetişkinlerin çoğunu örnek de alabilirsin. Yeterli ücret verilmediğinden yakınır, işi bırakır, kendine başka iş ararsın."

"Peki, ama ne yapacağım?"

Zengin baba başıma usulca vurdu. "Bunu kullan," dedi. "İyi kullanırsan, çok geçmeden sana böyle bir fırsat tanıdığım için bana teşekkür edeceksin, zengin bir adam olma yolunda ilerleyeceksin."

Önüme konan seçeneğe hâlâ inanamıyordum, olduğum yerde bir süre daha kalakaldım. Buraya zam istemeye gelmiş, sonra da bedavaya çalışma teklifiyle karşı karşıya kalmıştım.

Zengin baba bir kez daha hafifçe dokundu başıma. "Bunu kullan. Hadi şimdi çek git, işinin başına dön."

Ders I

Zenginler Para İçin Çalışmaz

Parasız çalıştığımı yoksul babama söylemedim. Anlamazdı zaten, ayrıca tam olarak kavrayamadığım bir şeyi ona anlatma zahmetine girmek de işime gelmiyordu.

Üç hafta daha, Mike'la birlikte her cumartesi üç saat boyunca karşılıksız çalıştık. Beni rahatsız eden çalışmak değildi, işin tekdüze temposuna da alışmıştım. Benim derdim beyzbol maçlarını kaçırmak ve bayıldığım karikatür dergilerini alacak param olmamasıydı.

Üçüncü haftanın sonunda öğle saati, zengin baba çalıştığımız yere çıkageldi. Kamyonetinin park yerine yaklaştığını, motoru stop ederken patırtısını duymuştuk. Mağazaya girince Bayan Martin'le kucaklaştı. İşlerin nasıl gittiği hakkında bilgi aldıktan sonra dondurma dolabına yönelip içinden iki çubuk dondurma çıkardı, parasını ödedi, Mike'la bana işaret etti.

"Hadi gelin çocuklar, şöyle bir dolaşalım."

Birkaç arabanın arasından süzülüp caddeyi geçtik, birkaç yetişkin insanın softbol* oynadıkları çimenlik bir alana yöneldik. Onlardan uzakta bir piknik masasına oturduktan sonra elindeki dondurma çubuklarını Mike'la bana uzattı.

"Nasıl gidiyor çocuklar?"

"Fena değil," dedi Mike.

Ben de başımla onayladım.

"Bir şeyler öğrendiniz mi bari?" diye sordu.

Mike'la bakıştık, omuz silktik, aynı anda başımızı salladık.

Hayatın En Büyük Tuzaklarından Birinden Sakınma

"Pekâlâ, ikiniz de artık biraz kafa yormaya başlasanız iyi olur. Hayatın en büyük derslerinden birindesiniz. Dersinizi bellerseniz, yaşam boyu özgürlüğün ve güvencenin tadına varırsınız. Dersi almazsanız, Bayan Martin'den ya da şurada top oynayanlardan farkınız kalmaz. Onlar çok çalışır, az para kazanır, iş güvencesine takılıp kalır, her yıl aldıkları üç haftalık yıllık izni ve kırk beş yıllık çalışmanın ardından ellerine geçecek sınırlı ikramiyeyi iple çekerler. Bu size heyecan veriyorsa, size saatte 25 sent verebilirim."

"Ama bunlar iyi yürekli çalışkan insanlar," diye çıkıştım. "Sizse onlarla alay ediyorsunuz."

Zengin babanın yüzüne sıcak bir gülümseme yayıldı.

"Bayan Martin, benim için bir anneden farksız. O kadar zalim olamam. Size zalimce gelebilir çünkü ben ikinize de bir şeyler göstermek için çabalıyorum. Bakış açınız genişlesin ki bir şeyler görebilesiniz. Dar görüşlü olduklarından pek çok kimsenin görme şansını bulamadığı bir şeyleri görün. Pek çokları içine düştükleri tuzağı göremez."

---

* Bir çeşit beyzbol.

Verilmek istenen mesajı anladığımızdan kuşkulu, Mike'la oracıkta öylece oturduk. Dedikleri acımasızdı, ancak bize bir şeyler göstermeye can attığı belliydi.

Zengin baba gülümseyerek sürdürdü: "Saati 25 sent kulağa hoş gelmiyor mu? Duyunca kalp atışlarınız hızlanmadı mı?"

'Hayır' dercesine başımı kaldırdım, oysa doğru söylüyordu. Saatte 25 sent benim için büyük paraydı.

"Pekâlâ, saati 1 dolara ne dersiniz?"

İşte şimdi kalbim deli gibi çarpıyordu. Beynimde bir ses çığlık çığlığa bağırıyordu: 'Al. Kabul et.' Ama yine sesim çıkmadı.

"Tamam, saatine 2 dolar."

Dokuz yaşındaki ufak beynim ve kalbim patlamak üzereydi. 1956'da saatte 2 dolar kazanmak beni dünyanın en zengin çocuğu yapardı. O kadar para kazanmayı hayal bile edemezdim. İçimden 'evet' demek geldi. Anlaşalım istiyordum. Gözümün önünden yeni bir bisiklet, yeni bir beyzbol eldiveni ve cebimden para çıkardığımda arkadaşlarıma nasıl hava atacağım geçiyordu. Jimmy ve zengin arkadaşları bana bir daha 'yoksul' diye çamur atamayacaktı. Ama sesimi çıkarmadım her nedense.

Belki de beynim fazla ısınmış, sigorta atmıştı. Aslında saati 2 dolarlık ücreti fena halde istiyordum.

Dondurma erimiş, parmaklarımdan aşağı akıyordu. Dondurma çubuğunda bir şey kalmamıştı, yerde gezen karıncalar vanilya ve çikolata karışımının tadını çıkarıyordu. Zengin baba gözlerini ondan ayırmayan iki çocuğa bakıyordu, çocukların gözleri fal taşı gibi açık, kafaları bomboştu. Bizi sınava çekiyordu, bir yanımızın anlaşmaya hazır olduğunu biliyordu. Herkesin ruhunda güçsüz, satın alınmaya hazır aç bir parça olduğunun farkındaydı. Tek sorun hangi parçanın daha güçlü olduğuydu. Ömrü boyunca binlerce kişinin ruhunu sınava tutmuştu. Ne zaman işe başvuran biriyle görüşecek olsa onu da aynı sınavdan geçirirdi.

"Tamam, saati 5 dolar."

Kanımın birden donduğunu hissettim. Bir şeyler değişmişti. Teklifi oldukça büyüktü ve gülünç kaçıyordu. 1956 yılında büyüklerin çoğu bile saatte 5 dolar kazanmazdı. Heyecanım silinmişti; sakinleşmiştim. Yavaşça soluma dönüp Mike'a baktım. O da bana. Ruhumun güçsüz ve aç olan parçası susturulmuştu. Satın alınamayacak olan parçam baskın çıkmıştı. Para konusunda beynim ve ruhum yatışmış, berraklaşmıştı. Mike'ın da aynı noktaya geldiğini biliyordum.

İnsan hayatı sonsuza kadar korku ve hırs duyguları tarafından yönetilir.

Zengin baba usulca konuştu: "Güzel. Çoğu kimsenin bir fiyatı vardır. Korku ve hırs denen insani duygulardır bu fiyatı belirleyen. Öncelikle bizi çok çalışmaya iten parasız kalma korkusudur, maaşımızı alır almaz hırs ya da arzu paranın satın alabileceği onca güzel şeyi düşündürür bize. Düzen böyle kurulur."

"Hangi düzen?" diye sordum.

"Yataktan kalk, işe git, faturaları öde, kalk, işe git, faturaları öde... Onların yaşamlarını çekip çeviren bu iki duygudur, korku ve hırs. Daha çok para teklif etmeye gör, harcamalarını artırarak aynı döngüyü sürdürür giderler. İşte ben buna 'fare yarışı' derim."

"Başka yolu var mı ki?" diye sordu Mike.

"Evet," dedi zengin baba. "Ama bunu bulan çok az kişi var."

Mike bir daha sordu. "Peki o hangi yol?"

"İkiniz çalışıp benimle birlikte araştırarak bunu bulursunuz diye umut ediyorum. Size ücret vermeme kararımın nedeni de bu."

Mike sabırsızlanmıştı anlaşılan. "İpucu vermeyecek misin? Çok çalışmaktan epey yorulduk da, hele bir de karşılığında hiç para alamayınca."

"Pekâlâ, ilk adım doğruyu söylemek," dedi zengin baba.

"Biz yalan söylemiyoruz ki."

"Yalan söylüyorsunuz demedim. Doğruyu söyleyin dedim."

"Neyle ilgili doğruyu?"

"Neler hissettiğinizle ilgili. Kimseye bir şey demeniz gerekmiyor. Kendinize söyleyin yeter."

"Yani bu parkta bulunanlar, sizin için çalışanlar, Bayan Martin böyle yapmıyorlar mı?"

"Sanmam," dedi. "Onlar yalnızca parasız kalmaktan korkar. Korkuyla yüzleşmez, düşünmeden tepki gösterirler. Kafalarını kullanmak yerine duygusal tepki gösterirler." Bunları söylerken ikimizin de başını okşadı. "Sonra ellerine birkaç dolar geçer, neşe, arzu ve hırs yeniden sahneye çıkar, düşünmek yerine yeniden tepki gösterirler."

Mike'ın yorumu, "Demek ki, düşüncelerinin yerini duygular alıyor," oldu.

Zengin baba, "Doğru," diyerek sürdürdü, "neler hissettikleriyle ilgili doğruyu söylemek yerine, tepki verir, düşünmeyi ihmal ederler. Korkuyu içlerinde duyar, işe gider, paranın korkuyu yatıştırmasını umut ederler, ama olmaz. Eski korkuları hortlar, yeniden işlerine döner, bir kez daha paradan medet umarlar, yine olmaz. Bu çalışma, para kazanma, çalışma, para kazanma tuzağında, yok olacağını umut ettikleri korku onları ele geçirmiştir. Oysa her sabah uyandıklarında eski korkularıyla baş

20 YIL ÖNCE BUGÜN... KORKU

Dünya nüfusu yaşlandıkça ve daha çok kişi emekliliğe yaklaştıkça, korkunun paraya bağlı olduğu rapor edilmiştir. Korku gözlenen kişilerin %50'si, "altın yıllarında" paralarının bitmesinden ve parasız olarak çok yaşamaktan korktuklarını belirtmişlerdir.

başadırlar. Milyonlarca insanın gözüne gece uyku girmez, altüst olur, kaygılanırlar. Bu halde yataklarından kalkar, işe gider, maaşlarını aldıklarında ruhlarını kemiren korkudan kurtulmayı dilerler. Yaşamlarını idare eden paradır, bu konuda doğruyu söylemeye yanaşmazlar. Para duygularının, dolayısıyla ruhlarının denetimini ele geçirmiştir."

Zengin baba sustu, dediklerinin iyice özümsenmesini bekliyor gibiydi. Mike da ben de hepsini iyice duymuştuk, fakat tam olarak neden söz ettiğini anlamış sayılmazdık. Benim tek bildiğim yetişkin insanların koşar adım işe gittikleriydi. Bana hiç de eğlenceli görünmezdi, zaten onlar da keyifli görünmezlerdi; yine de onları işyerlerine çeken bir güç vardı.

Söylediklerini iyice düşünmemize yeterince zaman tanıdığına inandıktan sonra zengin baba kaldığı yerden devam etti: "Sizin bu tuzaktan uzak durmanızı istiyorum. Size asıl öğretmek istediğim bu. Yalnızca zengin olmak yeterli değil, çünkü zengin olmak sorunu çözmez."

"Çözmez mi?" diye sordum şaşkınlıkla.

"Hayır, çözmez. Bırak da öteki duyguyu da anlatayım, o da arzu. Kimi buna hırs der, ama ben arzu demeyi yeğlerim. Daha iyiyi, daha güzeli, daha eğlenceli ya da daha heyecanlıyı istemek gayet doğal. Dolayısıyla insanlar arzularına ulaşmak amacıyla para kazanmak için çalışırlar. Satın alabileceği keyfe ulaşmak adına daha çok para kazanmak isterler. Ne var ki, paranın getirdiği keyif kısa ömürlüdür, çok geçmeden daha çok keyif, daha çok zevk, daha çok rahat, daha çok güvence için daha çok para isterler. Böylece daha çok çalışır, korku ve arzunun rahatsız ettiği ruhlarını parayla sakinleştirebileceklerini düşünürler. Ama para bunu yapamaz."

"Zenginler bile mi?" diye sordu Mike.

"Zenginler de dahil. Doğrusunu istersen pek çok zenginin zengin olma nedeni arzuları değil, korkularıdır. Onlar paranın, parasız kalma ve yoksul olma korkusunu silip götüreceğini düşünür, bundan dolayı da onca para istiflemelerinin sonucunda korkunun daha da beter olduğunu anlamaktan başka bir sonuca varamazlar. Şimdiki korkuları parayı kaybetmektir. Çok parası olup da çok çalışmayı sürdüren pek çok arkadaşım var. Milyonlara sahip, bugün yoksul oldukları günlerden daha çok korku duyan insanlar tanıyorum. Bütün paralarını kaybetme korkusu sarar içlerini. Zenginleştikçe korkuları da artar. Ruhlarının zayıf ve iradesiz parçası çığlık çığlığadır artık. Sahip oldukları kocaman evleri, arabaları, paranın onlar için satın aldığı lüks yaşantıyı kaybetmek istemezler. Paralarından olurlarsa, dostları ne der diye tasalanırlar. Çoğu duygusal açıdan umutsuzluğa düşer, nevroza girer, oysa dış görünüşte zengindirler, paraları vardır."

"Öyleyse yoksullar daha mı mutlu?"

"Hayır, sanmam," oldu zengin babanın yanıtı. "Paradan kaçınma en az paraya bağlı olmak kadar ruhsal hastalıklıdır."

Bir işaret verirmişçesine, kasabanın kimsesizi oturduğumuz masanın yakınına geldi, dev çöp kutusunun başına gidip içini karıştırmaya başladı. Üçümüz birden ilgiyle onu izledik, oysa eskiden olsa hepimiz onu görmezden gelirdik herhalde.

Zengin baba cüzdanından bir dolar çıkararak ihtiyara uzattı. Parayı görür görmez bize doğru seğirten yalnız adam doları aldı, yerlere kadar eğilerek zengin babaya teşekkür etti ve sevinçle oradan uzaklaştı.

"Onun da yanımda çalışanların çoğundan pek farkı yok. 'Benim parayla işim olmaz,' diyen o kadar çok kimseyle karşılaştım. Yine de günde sekiz saat çalışmadan edemezler. Bu gerçeği reddetmektir. Eğer parayla işleri olmasaydı çalışırlar mıydı? Böyleleri parayı istifleyenlere göre daha da ruhsal hastalıklıdır."

"Parayla ilgilenmiyorum" diyen pek çok kişi, buna rağmen günde sekiz saat bir işte çalışacaktır.

Zengin babanın anlattıklarını dinlerken, zihnimden kendi babamın hiç dilinden düşürmediği sözler geçiyordu: 'Ben paraya önem vermem.' Sık söylerdi bunları. Bir de şunu yinelerdi durmadan: 'İşimi sevdiğim için çalışıyorum.'

"Öyleyse ne yapmamız gerek?" diye sordum zengin babaya. "Korku ve hırstan kurtulana dek para kazanmadan mı çalışacağız?"

"Hayır," dedi. "Bu da boşa zaman kaybı olur. İnsanı insan yapan duygularıdır. Bizi gerçek kılarlar. Duygu demek olan 'emosyon' sözcüğünün anlamı mosyonda, yani hareketteki enerjidir. Duygularınızı saklamayın, aklınızı ve duygularınızı kendi yararınız için kullanın, zararınıza değil."

"O da ne?"

"Demin dediklerimi kafanıza takmayın. Yıllar geçtikçe daha iyi kavrayacaksınız. Şimdilik duygularınızı gözlemleyin, onlara tepki vermeyin. Çoğu kimse düşüncelerinin duygularından kaynaklandığını bilmez. Duygularınız sizin duygularınızdır, ama kendi adınıza düşünmeyi de öğrenmelisiniz."

Meraklanmıştım. "Bana bir örnek verebilir misiniz?"

"Elbette," dedi zengin baba. "Kişi, 'İş bulmam gerek,' dediğinde bu, düşünceden çok duygudur. Parasız kalma korkusudur bu düşüncenin kaynağı."

Mike, "Anlamadım," dedi.

"Örneğin" diye başladı zengin baba, "eğer parasız kalma korkusu kendini hissettirmeye başlarsa, korkuyu bastırmak için hemen koşup birkaç dolar kazanacak bir iş bulmak yerine, kişinin kendine şunu sorması gerekir: 'İş bulmak uzun vadede en iyi çözüm müdür?' Kanımca bu sorunun yanıtı, 'hayır.' Hele bir de o kişinin yaşantısına bakarsanız. İş bulmak uzun vadeli bir soruna kısa vadeli çözüm bulmaktır."

"Ama babam her zaman der ki: 'Okulda kal, iyi notlar al, sağlam, güvenli bir iş bulasın.'" Kafam allak bullaktı, bu ses tonuma da yansıyordu.

"Evet, öyle demesini anlıyorum," dedi zengin baba gülümseyerek. "Gelgelelim böyle önerilerin kaynağı yine korkudur."

"Size göre babamın öyle demesinin nedeni korkması mı?"

"Evet. Para kazanamayacaksın, topluma giremeyeceksin diye korkuyor. Yanlış anlama beni. Seni çok seviyor ve senin için en iyisini istiyor. Bu da korkusunu haklı kılıyor. Öğrenim ve iş bulmak önemlidir. Ancak korkunu yenmene yetmez. Dinle, senin okumana bunca önem vermesine yol açan korkuyla birkaç dolar kazanmak uğruna sabahları kalkıp işe gitmesine neden olan aynı korku."

20 YIL ÖNCE BUGÜN...
PARAYI USTACA YÖNETMEK

Parasal yan ürünlerle ve karmaşıklığı giderek artan ekonomiyle parayı ustaca yönetmek, dünya ekonomisi içinde hayatta kalmak için önemli olmuştu. Faiz oranları düşük ve borsa belirsizken, tasarruf etme ve yatırım yapmayla ilgili özdeyişler uzun dönemde anlamsız kalır.

"Öyleyse ne öneriyorsunuz?"

"Benim istediğim size paranın gücünü ele geçirmeyi öğretmek. Ondan korkmamanızı sağlamak. Bunu okulda öğretmezler adama. Öğrenmeyecek olursanız paranın kölesi olursunuz."

Sonunda dedikleri daha anlaşılır olmaya başlamıştı. Görüş alanımızı genişletmemizi istiyordu. Bayan Martin'in, yanında çalışanların ya da babamın göremediğini görmemizi. Verdiği örnekler o zaman kulağa acımasız gelmişti, ancak hepsi dün gibi aklımda. O gün ufkum genişlemişti, pek çok insanı bekleyen tuzağı görmeye başlamıştım.

"Bakın, hepimiz eninde sonunda işçileriz. Yalnızca konumlarımız farklı. Ben ikinizin de tuzağa düşmeme şansını yakalamanızı istiyorum. İnsanı tuzağa düşüren iki duygu var: Korku ve arzu. Onları kendi çıkarınıza kullanın, size zarar vermelerine izin vermeyin. Öğretmem gereken bu işte. Destelerce para kazanmayı öğretmekle ilgilenmiyorum. Bu ne korkunuzu ne de arzunuzu denetim altına alır. Önce korkuyla arzuyu ele almazsanız, zengin olsanız bile yüksek ücretli köle olmaktan kurtulamazsınız."

"Peki, ama tuzaktan nasıl kurtulacağız?"

"Yoksulluğun ya da maddi darlığın en temel nedeni korku ve cehalettir. Ekonomi, devlet ya da zenginler değil. İnsanı tuzağa düşüren kendi yarattığı korku ve cahilliktir. Dolayısıyla siz çocuklar okula gidip yükseköğrenim diploması almalısınız. Ben de size nasıl tuzağa düşmeyeceğinizi öğreteceğim."

Taşlar yerine oturmaya başlamıştı. Yükseköğrenimli babam iyi eğitim görmüş ve iyi bir meslek sahibiydi. Oysa okulda ona parayı ya da korkularını nasıl denetim altına alacağı öğretilmemişti. Demek ki iki babadan da farklı ve önemli dersler alabilirdim.

Mike, "Öyleyse senin sözünü ettiğin parasız kalma korkusu oluyor. Para arzusu düşüncemizi nasıl etkiliyor peki?" diye atıldı.

"Saat ücretinizi artırma önerisinde bulunduğumda kendinizi nasıl hissettiniz? Arzunuzun kabardığını hissetmediniz mi?"

Kafa salladık.

"Duygularınıza teslim olmayarak tepkinizi ve düşüncenizi geciktirebildiniz. En önemlisi bu. Korku ve hırs gibi duygularımız hep olacak. Buradan yola çıkarak, o duyguları kendi yararınıza ve uzun süreli kullanmanız, duygularınızın, düşünme yetinizi denetim altına almasına izin vermemeniz önemlidir. Çoğu kimse korkuyla hırsı kendi zararına kullanır. İşte cahillik bu noktada başlar. Pek çok insan maaş gününü, zam almayı iple çeker ve iş güvencesine önem verir, çünkü arzu ve korku hissini sonu nereye varacak diye sorgulamaz. Yük arabası çeken bir eşek resmini getirin gözünüzün önüne, eşeğin sahibi elindeki havucu hayvanın burnuna tutuyordur. Eşek sahibi yoluna gidiyordur belki, ama eşek bir hayal peşinde ilerliyordur. Ertesi gün eşek başka bir havucun peşi sıra ilerleyecektir."

"Gözümün önüne gelen yeni beyzbol eldiveni, şeker ve oyuncaklar eşeğe gösterilen havuçtan farklı değil, öyle mi?"

Zengin baba, Mike'ın sorusuna, "Evet," diye karşılık verdi. "Hem insan büyüdükçe, oyuncakları daha da pahalı olur. Korku sizi kapıdan dışarı çıkarır, arzu çağırır. Kayalara doğru gidersiniz ardından. İşte tuzak budur."

"Peki ya çözüm?"

"Korkuyu ve arzuyu besleyen cehalettir. Çok parası olan zenginlerin, zenginleştikçe daha da korkması da bundan. Para havuçtur, hayali görüntü. Eğer eşek bütün resmi görebilseydi, havucu izleme kararını yeniden gözden geçirebilirdi."

Zengin baba daha sonra insan yaşamının cehaletle aydınlık arasındaki mücadele olduğundan söz etti.

"Kişi, bilme ve kendini tanıma çabasını bıraktığında cehalet çıkar sahneye. Mücadele anlık kararlarla yürür, zihnini açmayı ya da kapamayı öğrenmektir bu.

"Unutmayın, okul çok çok önemlidir. Okula bir beceri ya da meslek öğrenmek, toplumun katılımcı bir üyesi olmak üzere gidersiniz. Her kültürün öğretmenlere, doktorlara, tamircilere, sanatçılara, aşçılara, işadamlarına, polis memurlarına, itfaiyecilere, askerlere ihtiyacı vardır. Onlar okullarda eğitilir ki kültürümüz büyüsün, serpilsin. Ne yazık ki, çoğu kimse okulu başlangıç değil, son diye görür."

Uzun bir sessizlik oldu. Zengin baba gülümsüyordu. O gün dediklerinin hepsini anlamadım. Fakat kendileri bu dünyadan göçse bile, anlattıkları yıllar boyu pek çoklarına yol gösteren bütün büyük öğretmenler gibi, zengin babanın o gün dedikleri hâlâ kulaklarımda.

"Size biraz zalim davrandım. Bunun bir amacı var. Bu konuşmamızı hep hatırlayın istiyorum. Bayan Martin'i hep gözünüzün önüne getirin. Sözünü ettiğim eşeği düşünün hep. Sakın unutmayın, eğer düşüncelerinizi etkilediğini anlamazsanız, o iki duygu, korku ve arzu, sizi hayatın en büyük tuzağına düşürebilir pekâlâ. Ömrünüzü korkuyla geçirmek, düşlerinizin peşinden koşmamak zalimce. Para için çok çalışmak, paranın sizi mutlu edecek şeyleri satın alabileceğini düşünmek de zalimce. Gecenin bir yarısı uyanıp ödenecek faturaların sıkıntısını çekmek korkunç bir yaşam biçimi. Sınırlarını maaş tutarınızın belirlediği bir yaşam sürmek gerçekten yaşamak değil. Çalıştığınız işin size güvence vereceğini düşünmek, kendi kendinizi kandırmaktan başka bir şey değil. Zalim olan bu işte, eğer mümkünse sizin kurtulmanızı istediğim tuzak da bu. Paranın insanların yaşamını nasıl yönettiğini görüyorum. Bunun başınıza gelmesine izin vermeyin. Paranın sizi yönetmesine lütfen izin vermeyin."

Oturduğumuz masanın altına bir softbol topu yuvarlandı. Zengin baba topu yerden alıp geri fırlattı.

"Hırs ve korkunun cehaletle ne ilgisi var?" dedim.

"Var, çünkü onca hırs ve onca korkunun nedeni para konusunda cahil olmaktır. Bazı örnekler vereyim. Ailesini daha iyi geçindirmek için daha çok para isteyen bir doktor vizite ücretini artırır. Bu en çok yoksullara dokunur, buna göre yoksulların sağlık koşulları paralılardan daha kötüdür.

20 YIL ÖNCE BUGÜN...
GELİR EŞİTSİZLİĞİ

2016 yılında Amerika Birleşik Devletleri başkanlığı için aday olan Senatör Bernie Sanders şunu belirtti: "Zenginlik ve gelir eşitsizliği, bugün Amerikalıların karşı karşıya olduğu en büyük etik krizdir."

"Doktorlar vizite ücretlerini artırınca avukatlar da komisyonlarını artırır. Avukatlık ücretleri artınca okul öğretmenleri de artış talep eder, bu da ödediğimiz vergilere yansır ve bu böyle sürer, gider. Çok geçmeden zenginle yoksul arasında öyle büyük bir uçurum olur ki kargaşa doğar ve bir büyük uygarlık daha çöker gider. Büyük uygarlıkların çökmesi, sahip olanlarla sahip olmayanlar arasındaki uçurumun derinleşmesinin sonucudur. 'Tarih tekerrürden ibarettir' sözünü kanıtlarcasına, Amerika da aynı yolun yolcusu, çünkü biz tarihten hiçbir şey öğrenmeyiz. Tek yaptığımız tarihleri, isimleri ezberlemek, ama ders almaya yanaşmayız."

"Fiyatların artması gerekmez mi?" diye sordum.

"Başında iyi yöneten bir hükümeti olan eğitimli bir toplumda artması gerekmez. Aslında fiyatların düşmesi gerekir. Kuşkusuz bu yalnızca kuramsal olarak geçerli. Fiyatların artmasının nedeni cehaletten kaynaklanan hırs ve korkudur. Okullar insanlara para konusunda daha çok şey öğretseydi dolaşan para miktarı artacak, fiyatlar düşecekti; ne var ki okullar insanlara yalnızca para için çalışmayı öğretmekle kalıyorlar, paranın gücünü kuşanmayı öğretmekten uzaklar."

"İşletme fakülteleri de var ama değil mi?" Soru Mike'tan gelmişti. "Sen değil misin bana işletme fakültesinde lisansüstü öğrenim yap diyen?"

"Evet," dedi zengin baba. "Gelgelelim işletme fakülteleri öğrencilerine abaküsü daha ustaca saymayı öğretmekle yetinir. Abaküs ustası sakın bir işyeri açmaya kalkmasın. Onların tek bildiği rakamlara bakmak, işçi çıkarmak ve işyerini batağa sürüklemektir. Bunu biliyorum, çünkü benim de yanımda abaküs ustaları çalışıyor. Tek bildikleri maliyeti düşürmek ve fiyatları yükseltmek ki bu sorunu daha da artırıyor. Abaküs hesabı önemli. Keşke bunu bilen daha çok kişi olsa, ama tek başına yeterli değil elbette," diye ekledi öfkeyle.

"Çözümü var mı peki?"

"Var. Duygularınızı düşünmek için kullanmayı öğrenin, duygularınızla düşünmeyi değil. Ücretsiz çalışmayı kabul ettiğinizde, ilk kez duygularınızı denetlemeyi öğrendiniz; ben de umut vaat ettiğinizi anladım. Duygularınıza karşı direndiğinizde, yani size daha çok para önerdiğimde baştan çıkmadığınızda, duygularınıza teslim olmak yerine düşünmeyi öğreniyordunuz. İlk adım bu."

"Bu adımın bu kadar önemli olması niye?"

"Bilmem," dedi soruma karşılık, "bunu bulmak size düşüyor. Sizi fundalığa götüreceğim. Pek çok kimsenin uzak durduğu bir yerdir. Nice insanın gitmeye çekindiği bir yer. Benimle gelirseniz para için çalışma fikrini zihninizden atacak, onun yerine parayı kendiniz için çalıştırmasını öğreneceksiniz."

O zaman sordum: "Sizinle gelirsek, ne elde edeceğiz? Sizden öğrenmeyi kabul edersek, ne kazanacağız?"

"Tavşan Kardeşin* kazandığının aynısını," oldu zengin babanın yanıtı. "Katran Bebek'ten kurtuluş."

"Fundalık diye bir yer var mı?" diye sordum.

"Evet," dedi. "Fundalık bizim korkumuz ve hırsımız. Korkumuzla ve hırsımızla, zaaflarımız ve açlığımızla yüzleşmek tek çözüm yolu. Çözüm yolu kafanı kullanmaktan, düşüncelerimizi seçmekten geçiyor."

Mike afallamıştı. "Düşüncelerimizi seçmek mi?"

"Öyle. Duygularımızla hareket etmek yerine düşünmeyi seçmek. Faturalarımızı ödeyecek paramız kalmayacağı korkusuyla kalkıp işe gitmek yerine sorunlarımızı çözmek için bunu yapmalıyız. Düşünmek insanın kendine soru sorma zamanı bulmasına yarar. Örneğin 'Bunun için daha çok çalışmak sorunu çözer mi?' diye sorabiliriz. Çoğu kimse kendine gerçeği söylemekten acizdir –korku baskın gelir çünkü– öyle ki düşünemez, kapıdan çıkıp giderler. Kontrol Katran Bebek'tedir. Düşüncelerinizi seçmekten kastettiğim bu işte."

Mike, "Peki bunu nasıl yapacağız?" diye sordu.

"Size öğreteceğim de bu. Dizlerinizi titremeye bırakmak, kahvenizi bir dikişte içip kapıdan koşarak çıkmak yerine durumu gözden geçirmek üzere düşüncelerinizi seçmekten söz ediyorum.

"Daha önce dediklerimi unutmayın. İş bulmak uzun vadeli bir soruna kısa vadeli bir çözümdür. Pek çoklarının kafasında tek bir sorun vardır, kısa vadeli çözüm. Ay sonunda gelecek

* Orijinali *Brer Rabbit and the Tar Baby* olan bir halk hikâyesi.

20 YIL ÖNCE BUGÜN... DUYGULAR... VE AKIL

Sürekli olarak düşüncelerimi ve duygularımı denetlemeye çalışırım. Hayatta defalarca, duygu yükseldiğinde aklın etkisinin azaldığını gördüm.

faturalar, yani Katran Bebek. Onların yaşamını para yönetir. Daha doğrusu parayla ilgili korkuları vc cehaletleri demek daha doğru belki. Annelerinden, babalarından öğrendikleri gibi yapar, para için çalışırlar. 'Başka yolu yok mu?' diye sormaya zaman bulamazlar. Düşüncelerini kontrol eden duygularıdır artık, beyinleri değil."

"Duyguların düşünmesiyle beynin düşünmesi arasındaki farkı anlatabilir misin?"

Mike'ın bu sorusu üzerine zengin baba, "Ah, elbette," diye atıldı, "bunu sık sık duyarım: 'Herkesin çalışması gerek,' ya da 'Zenginler alçaktır,' derler. Bazen de 'Başka bir iş bulacağım. Zam almak benim hakkım. Beni dilediğiniz gibi oynatamazsınız,' diyenleri. Kimi de, 'Ben işimi seviyorum, çünkü güvenli,' der. Ama kimse duygusal fikirlere ara veren ve daha net düşünmeyi sağlayan şu soruyu sormaz: 'Kaçırdığım bir şeyler mi var?'"

İtiraf etmeliyim ki büyük bir derse başlamıştık. Birinin duygularıyla mı, yoksa beyniyle mi düşündüğünü bilmek, yaşam için bana yararlı olacak bir dersti. Hele beyniyle düşünmek yerine duygusal tepki veren bensem.

Dükkâna döndüğümüzde, zengin baba zenginlerin gerçekten 'para yaptıklarına' değindi. Para için çalışmazlardı. Mike'la benim kurşundan beş sentlik para kalıpları çıkarırken zenginlerin düşünce biçimlerine çok yaklaşmış olduğumuza değindi. Ancak sorun yasadışı bir işe kalkışmış olmamızdı. Yalnızca hükümetle bankaların bunu yapma izinleri vardı. Para yapmanın yasal ve yasadışı yollarını anlattı.

Zengin baba, zenginler paranın hayali bir görüntüden ibaret olduğunu bilirler diye sürdürdü anlatmayı, eşeğin önündeki havuçtan farksızdı. Paranın gerçek olduğuna inanan milyarlarca insanı bir araya getiren ortak payda korku ve hırstan başka bir şey değildi. Aslında para bir kandırmacaydı. İskambil kâğıtlarından inşa edilmiş bu kule sadece kitlelerin güveni ve cehaleti sayesinde ayakta duruyordu. "Doğrusunu isterseniz," diye devam etti, "eşeğin burnuna dayanan havuç pek çok yönüyle paradan çok daha değerli."

Amerika'nın dayandığı altın standardından, her bir dolarlık banknotun aslında bir gümüş sertifika ettiğinden söz etti. Zengin babayı kaygılandıran, yakında altın standardının kaldırılacağı ve dolarlarımızın artık gümüş sertifikaya denk olmayacağı söylentileriydi.

"Bu olursa, çocuklar, cehennemin kapıları açılır. Yoksullar, orta sınıf ve cahiller hâlâ paranın gerçek olduğuna, çalıştıkları şirketin ya da devletin onlara bakacağına inanmayı sürdürdüklerinden yaşamlarını mahvetmiş olacaklar."

Zengin babanın o gün neler dediğini tam olarak anlamamıştık, ama yıllar geçtikçe her şey daha çok anlam kazanmaya başlayacaktı.

Başkalarının Iskaladığını Görmek

Küçük alışveriş mağazasının önünde kamyonetine binerken zengin babanın verdiği öğüt şuydu: "Çalışın çocuklar, maaş gününü ne kadar çabuk unutursanız büyümeniz o kadar kolay olur. Beyninizi kullanın, ücretsiz çalışın, çok değil kısa bir süre sonra aklınız size benim ödeyebileceğimden çok daha fazla para kazanma yolları gösterecektir. Başkalarının asla göremediği şeyleri göreceksiniz. Fırsatlar önünüze çıkacak. Çoğu kimse bu fırsatları asla görmez, çünkü onların aradığı para ve güvencedir, buldukları da budur. Fırsatı yakaladığınız andan itibaren, yaşamınız boyunca onlardan bol bol görürsünüz. Bunu başardığınız anda, size başka şeyler öğreteceğim. Bunu öğrenirseniz hayatın en büyük tuzaklarından birinden kurtulmuş olacaksınız. Bir daha asla ve asla o Katran Bebek'e el sürmeyeceksiniz."

Mike'la birlikte mağazadan öteberimizi alıp Bayan Martin'le vedalaştık. Parka geri gidip az önce oturduğumuz piknik masasına oturarak saatlerce kafa yorup konuştuk.

Okulda bir hafta boyunca yine düşünüp taşındık, konuştuk. Sonra iki hafta daha kafa yormayı sürdürüp tartıştık, ücretsiz çalışmaya devam ettik.

İki hafta sonra cumartesi günü iş çıkışında Bayan Martin'le vedalaşırken özlem dolu gözlerle karikatür dergilerine bakıyordum. Her cumartesi 30 sent almamanın en kötü yanı karikatür kitaplarını alacak paradan yoksun kalmamdı. Ansızın, Bayan Martin'in Mike'a ve bana güle güle diyecekken, daha önceden hiç görmediğim bir şey yaptığı gözüme çarptı. Aslında yaptığını görmüştüm de dikkatimi çekmemişti.

Bayan Martin karikatür dergisinin ilk sayfasını yırtarak ikiye bölüyordu. Karikatür dergisi kapağının üst kısmını kendine aldı, geri kalanını büyük bir mukavva kutuya attı. Karikatür dergilerine ne yaptığını sorduğumda, "Onları atıyorum. Yeni dergiler getirdiğinde dağıtıcıya vermek üzere kapağın yarısını saklıyorum," dedi. "Bir saate kadar gelir."

Bir saat boyunca Mike'la birlikte bekledik. Derken dağıtıcı göründüğünde karikatür dergilerini alıp alamayacağımı sordum ona. "Madem bu dükkânda çalışıyorsun, onları başkalarına satmamak kaydıyla alabilirsin," dedi.

Mike'la ortaklığımız pekişti. Mike'ın annesinin bodrum katında kimsenin kullanmadığı fazla bir odası vardı. Orayı kıyı köşe temizledik, yüzlerce karikatür dergisini oraya güzelce istifledik. Bir süre sonra karikatür kütüphanemiz halka açılmaya hazırdı. Ders çalışmayı çok seven Mike'ın küçük kız kardeşini kütüphane sorumlusu yaptık. Her gelen çocuktan 10 sent giriş parası alıyordu, kütüphane her gün okuldan sonra 14:30-16:30 arası açıktı. Semtin çocukları olan müda-

20 YIL ÖNCE BUGÜN... HAYALİN GÜCÜ

Bilgi ve internet çağında 30 yaş altındaki milyonlarca kişi hayalgücünü, dünyayı değiştiren aplikasyonları, Facebook Uber, Snapchat ve diğerlerini yaratmada kullanarak zengin olmaktadır. Hayalgücü olanların işleri iyi giderken, ondan yoksun olanlar hâlâ iş aramaktadır.

vimler, iki saatte okuyabildikleri kadar çok karikatür dergisini yalayıp yutuyorlardı. Satın almaya kalktıklarında dergilerin tanesine 10 sent ödemeleri gerektiğinden, bu onlar için eşsiz bir fırsattı; iki saatte beş ya da altısını deviriyorlardı.

Yanlarında dergi götürmelerini önlemek için Mike'ın kardeşi çocukları çıkarken kontrol ediyordu. Ayrıca kayıt tutuyordu; her gün kütüphaneye gelen çocukların, adlarını, varsa yorumlarını not ediyordu. Üç ayda Mike'la birlikte haftada 9,5 dolar para kazandık. Kardeşine de haftada 1 dolar ödüyor, ayrıca dergileri ücretsiz okumasına izin veriyorduk; hoş, o dersten başını kaldırmadığından, bunu pek yapmıyordu.

Mike'la aramızdaki anlaşma gereği her cumartesi dükkânda çalışmaya devam edip farklı dükkânlardan karikatür kitapları topladık. Dağıtıcıya verdiğimiz sözü de yerine getirip dergileri kimseye satmadık. Fazla yıpranan dergileri yırtıp yaktık. Bir ara şube açmaya da kalktık, ancak Mike'ın kız kardeşi kadar güvenilir birini bulamadığımızdan bundan vazgeçtik.

İyi personel bulmanın ne kadar zor olduğunu küçük yaşta anlamıştık.

Kütüphaneyi açtıktan üç ay sonra odada bir kavga koptu. Başka mahalleden gelen serseriler her nasılsa içeri girmiş ve kavga çıkarmışlardı. Mike'ın babası işyerimizi kapatmamızı önerdi. Böylece karikatür dergisi işimiz sona ermiş oldu, aynı zamanda alışveriş mağazasında cumartesileri çalışmamız son buldu. Yine de zengin baba heyecanlıydı, çünkü bize öğreteceği yeni şeyler vardı. İlk dersimizi iyi öğrendiğimiz için sevinçliydi. Parayı kendimiz için çalıştırmasını öğrenmiştik. Mağazada yaptığımız iş karşılığı ücret almayarak para kazanma firsatı yaratmak adına hayalgücümüzü kullanmak zorunda kalmıştık. Kendi işimizi, karikatür dergisi kütüphanesini kurarak kendi paramızın denetimini sağlayabilmiş, bir işverene bağımlı olmak zorunda kalmamıştık. En iyisi de işimiz bize para kazandırmıştı, hem de başında durmamamıza rağmen... Paramız bizim için çalışmıştı.

Zengin baba bize ücret ödemeyerek çok daha fazlasını kazandırmıştı.

Çalışma Oturumu

Zenginler
Para İçin Çalışmaz

Özet

Robert Kiyosaki dokuz yaşında varlıklı aile çocuklarının devam ettiği bir okulda okurken o ve çocukluk arkadaşı, “yoksul çocuklar” olmaları nedeniyle, sınıf arkadaşlarının yazlık evine davet edilmediler. Öğretmen olan, iyi bir hayat kurmuş fakat her zaman geçim sıkıntısı içinde çabalayan yoksul babası ona gidip “para yapmasını” söylediğinde, o ve arkadaşı Mike kendilerine söyleneni aynen yaptı: O tarihlerde kurşundan imal edilen boş diş macunu tüplerini topladılar ve tüpleri eritip sahte nikel para basmak üzere alçı kalıplar kullandılar.

Çok geçmeden Robert'ın babası onları doğru bir yola, sekizinci sınıfı bile bitirmemiş fakat birçok işi başarıyla sürdüren Mike'ın babasına yönlendirerek, onunla konuşmaları gerektiğini söyledi..

Mike'ın babası, kitabın adı olan “zengin baba,” kendi koşullarını belirleyerek onları eğitmeyi kabul etti. Her cumartesi sabahı üç saat, ona ait, uygun olan mağazalardan birinde yiyecek paketlerinin tozunu aldılar ve temizlik yaptılar. Onlara bir saatlik çalışmaları karşılığında 10 sent ödedi, Robert bu 10 senti çoğu zaman karikatür kitaplarına harcadı.

Robert çok geçmeden, işin sıkıcı olması ve düşük ücret nedeniyle hayal kırıklığına uğradı. Arkadaşına işi bırakacağını söylediğinde Mike ona, babasının böyle olacağını önceden açıkladığını ve babasıyla konuşması gerektiğini söyledi. Robert'ın babası öğretmen olarak ders verme alışkanlığındaydı oysa, Mike'ın babası Robert'ın çok geçmeden keşfedeceği gibi, az konuşarak farklı bir şekilde öğreten birisiydi.

Ondan sonraki cumartesi Robert, Mike'ın babasıyla buluşmaya gitti, fakat tozlu ve karanlık bir oturma odasında bir saat beklemek durumunda kaldı. Mike'ın babasına şikâyete başlamadan evvel, yorgun ve duygusal bir haldeydi. Onu açgözlülük ve kendisine saygısızlık etmekle suçladı, yaptıkları anlaşmaya rağmen kendisine hiçbir şey öğretmediğini söyledi. İş sahibi sakin bir şekilde, aynı düşüncede olmadığını belirtti.

Zengin baba hayatın, sözcüklerle değil, kişiyi itip kakarak öğrettiğini, bazı kişilerin hayatın kendilerine bunu yapmasına izin verdiklerini, bazılarınınsa öfkelendiklerini, öfkelerini patronlarına ya da sevdiklerine yönlendirdiklerini açıkladı ve şöyle devam etti: Ancak bazıları bundan ders çıkarır, hayatın kendilerini sürekli savurmasını adeta hoş görür, çünkü bunun anlamı, bir şey öğrenme ihtiyacında olduklarıdır. Bu dersi öğrenmeyenler hayatlarını, kendilerinden başka herkesi suçlayarak ve şansın kendilerine gülmesini bekleyerek ya da sağlam ve hiçbir zaman risk almadan oynamaya, büyük kazanmaya karar vererek harcarlar.

Zengin Baba Robert'a, Mike ve kendisinin o zamana kadar ondan nasıl para sahibi olunacağını öğretmesini isteyen ilk kişiler olduklarını söyledi. 150 kişiden fazla çalışanı vardı ve ondan iş istedikleri halde, hiçbir zaman Robert ve Mike'ın istedikleri bilgiyle ilgilenmemişlerdi.

Onun için zengin baba hayatı yansıtan bir kurs yaratmış ve aynı hayat gibi, çocukları biraz zorlamıştı. Robert, zengin babanın ucuz ve işçilerini istismar eden birisi olduğunu, bundan daha fazla bir şey öğrenmediğini belirtti. Zengin baba, gerçekte birçok kişinin kendi tutumlarında sorun olduğu halde, başkalarını suçladıklarını söyleyerek onu bu konuda düşünmeye zorladı.

Sorun nasıl çözülecekti? Mike'ın babası Robert'a sorunu, kendi beynini kullanarak çözeceğini söyledi. Onun parayı nasıl çalıştıracağını öğrenmesini istiyordu, böylece onu kendisi için çalıştırabilirdi. Ayrıca Robert öfkelendiği için sevinçliydi, çünkü öfke sevgiyle birleşerek, öğrenmenin anahtar unsuru olan isteği yaratıyordu.

Paranın, insanların sorunlarını çözemeyeceğini açıklayarak devam etti. Robert'ın babası gibi yüksek maaşı olan birçok kişinin hâlâ parasal sorunlarla mücadele ettiğini, çünkü parayı kendileri için nasıl çalıştıracaklarını bilmediklerini belirtti.

Robert'ın, bir saat 10 sent için çalışırken hissettiği, hayal kırıklığı ve yetersizlik gibi duyguları, bu dersi şimdi öğrenmediği takdirde, tüm hayatı boyunca hissedeceğini anlattı. Robert'ı vergi kavramıyla tanıştırdı, yoksul ve orta sınıfın devlete, kendilerinden vergi alma izni verdiklerini, oysa zenginlerin bu izni vermediklerini anlattı.

Zengin baba Robert'a hâlâ öğrenme isteği olup olmadığını sordu. "Evet" dediğinde ona, mağazada çalıştığı için ödeme yapmayı durduracağını, bir yolunu bulmak için beynini kullanmasını söyledi.

Robert ve Mike üç hafta ücretsiz çalıştı. Mike'ın babası bir gün çıkageldi ve onları, konuşmak için dışarıya çıkardı, o zamana kadar bir şey öğrenip öğrenmediklerini sordu. Öğrenmemişlerdi. Zengin baba onlara, eğer dersi öğrenmedilerse, çoğu insan gibi hayatları boyunca küçük bir para için çok çalışacaklarını anlattı. Onlara bir saat için 25 sent önerdi, bu teklife karşı koydular. Bu teklifi, saatte 1 dolara, sonra 2 dolara yükseltti. Ancak Robert sessiz kaldı. Son teklif, o zaman için cömert bir teklif olan saatte 5 dolardı, Robert bunu, satın alınamayacağını belirterek sert bir şekilde geri çevirdi.

Zengin baba, bir fiyatlarının olmamasının iyi olduğunu söyledi. Birçok kişinin hayatı korku ve hırsla yönetildiği için, satın alınabiliyorlardı. Yokluk korkusu onların çok çalışmasını ve bir maaş çeki kazanmalarını sağlıyor, ancak o paraya sahip olduklarında hırsları onlara alabilecekleri şeyleri düşündürüyor ki, daha fazla paraya ihtiyaç duyuyor ve daha fazla harcıyorlar. Zengin baba bunu Yarış Ortamı olarak adlandırdı.

Çocuklara, ilk adımın ne hissettiklerini kendilerine itiraf etmek olduğunu söyledi. İnsanlar genelde mantıklı düşünmek yerine, duygularıyla tepki verirler. Paranın hayatlarını yönettiğini itiraf etmekten korkarlar ve böylece para onları kontrol eder.

Bu korkuyla yalnız yoksullar karşı karşıya değildir; zenginler genellikle korku bölgesinden eyleme geçerler. Zengin baba çocuklara, sadece zengin olmanın yeterli olmadığını, çünkü paranın sorunu çözmediğini öğretmek istedi.

Onlara okulun önemini, ancak birçok kişi için bunun bir başlangıç değil, son olduğunu anlattı. Ve çocuklar için anahtar olan, duygularıyla düşünmek değil, duygularını düşünmek için kullanmayı öğrenmekti.

Onlara, "fırsatları gördüğünüz an, onları hayatınızın geri kalanında her gördüğünüzde tanıyacaksınız" diyerek, para kazanmak için göz kulak olmalarını söyledi.

Çocuklar öyle yaptı ve giriş ücreti ödeyerek iki saatte okunabilecek kadar karikatür kitabı okunan bir kütüphane yaratmayı, fırsat olarak gördüler. Kütüphanede, markette satılmadıkları için atılacak karikatür kitapları bulunuyordu.

Büyük bir kâr sağladılar ve kütüphane, üç ay iyi iş yaptıktan sonra bir kavga sonucunda kapandı. Ancak, kendileri fiziksel olarak orada bulunmadıkları halde, parayı kendileri için çalıştırma dersini öğrenmişlerdi. Onlar daha fazlasını öğrenmek için, Mike'ın babası öğretmek için hazırdı.

Sol yarıküre açısı: Robert'ın yoksul babasının durumundaki insanlar, yüksek maaşlı bir işleri olmasına rağmen, geçim sıkıntısı içinde mücadele ederler.

Sağ yarıküre açısı: Atılmış olan karikatür kitaplarına farklı ve yaratıcı bir şekilde bakmak, onları bir iş fırsatına doğru yönlendirdi.

Bilinçaltı açısı: İnsanlar, korku ve hırs duygularının hayatlarını yönlendirmesine izin vermekteler.

Robert Ne Söylemekteydi

Şimdi yansıtma zamanı. Kendinize sorun, "Bu parçada Robert ne söylüyor? Ve *"Bunu niye söylüyor?"* Bu bölümde Robert'a katılmak ya da katılmamak zorunda değilsiniz. Hedef, Robert'ın ne söylediğini anlamaktır. Robert'ın ne söylediğini anlamıyorsanız bundan rahatsız olmayın. Anlamak için yardım isteyin. Her parçayı anlayana kadar tartışmak için zaman ayırın:

"Yoksul ve orta sınıf para için çalışır. Zenginlerin parası kendileri için çalışır."

"Hayat hepimizi oraya buraya iter. Bazı kişiler mücadeleden vazgeçer, bazıları savaşır. Birkaç kişi ders alır ve yola devam eder. Hayatın kendilerini savurmasını hoş karşılarlar."

"Beni suçlamayı ve benim sorun olduğumu düşünmeyi bırak. Eğer benim sorun olduğumu düşünüyorsan o zaman beni değiştirmen gerekir. Eğer sorunun kendinde olduğunu fark edersen o zaman kendini değiştirebilirsin, bir şey öğren ve daha bilge olmak üzere gelişme göster."

"Para söz konusu olduğunda birçok kişi sağlam oynamak ve güvenli hissetmek ister. Öyle olduğunda onları yönlendiren istek değil, korkudur."

"Eline daha fazla para geçen çoğu insan, sadece daha fazla borca girer."

"Birçok kişinin bir işte çalışmayı sürdürmesi korkuya bağlıdır: Faturalarını ödeyememe korkusu, işten kovulma korkusu, yeterli parası olmama korkusu, tekrar baştan başlama korkusu. Bir meslek ya da ticareti öğrenmeye çalışmanın ve sonra da para için çalışmanın bedeli budur. Birçok kişi paranın kölesi olur ve öfkesini patronlarına yansıtır."

"Çoğu kişi düşüncelerini, duygularının meydana getirdiğini bilmez."

"İş aslında uzun süreli bir soruna, kısa süreli bir çözümdür."

"İş aynen yük arabası çekerken sahibinin, burnunun önünde havuç tuttuğu bir eşek resmidir. Eşeğin sahibi belki istediği yere gidiyordur, oysa eşek bir yanılsamayı takip etmektedir. Yarın orada, eşek için yalnızca başka bir havuç olacaktır."

İlave Sorular

Aşağıdaki soruları kendinize sorun ve onları çalışma arkadaşınızla tartışın. Eğer verdiğiniz bazı cevapları beğenmezseniz kendinize değişmek için istekli olup olmadığınızı, düşüncenizi ve zihin yapınızı değiştirme zorluğunu kabul edip etmeyeceğinizi sorun.

1. Robert'ın yoksul babasının paraya olan yaklaşımına sık rastlanır mı?
2. Robert'ın zengin babası, gerçek öğrenmenin enerji, istek ve yakıcı bir arzu gerektirdiğini söyledi. Hayatınızda bunu gerçekten yaşadığınız anı kanıtlayan örnek var mı? Hangi dersi hiçbir zaman unutmadınız, neden?
3. Saatine 10 sent ücret oranı- sonra saatine hiçbir şey- sizde de Robert'ın verdiğine benzer tepki uyandırmış mıydı?

4. Çoğu kişiyi çalışmaya iten korku mudur? Oyunda başka unsurlar var mıdır?
5. Paranın korkuyu dindirecek olmasının cazibesi güçlü müdür? Bu neden o kadar sık rastlanan bir tepkidir?
6. Hayatınızda duygularınızla tepki verdiğiniz bir örnek var mı? Duygularınızı gözlemleyebildiğiniz ve onların yerine düşüncelerinizi seçtiğiniz an var mı?
7. Zenginler ya da yoksullar korku ve hırs duygularını denetleyen kişilere göre daha mı kolay etkilenirler? Bunun neden böyle olduğunu düşünüyorsunuz? Sizce insanların çoğu yarış ortamında sıkışıp kaldığını fark ediyor mu?
8. Sizce yarış ortamında sıkışıp kaldığını fark eden insan sayısı çok mu? Katılıp katılmamanızın nedenini açıklayınız.

NOTLAR

NOTLAR

Bölüm 2

Ders 2: Niçin Finansal Okur-Yazar Olmalısınız?

Ne kadar para kazandığın değil,
ne kadar para tuttuğun önemlidir.

1990 yılında en yakın arkadaşım Mike babasının kurduğu imparatorluğu devraldı ve doğrusunu isterseniz, babasından çok daha iyi bir iş çıkardı. Birbirimizi yılda bir-iki kez golf alanında görürüz. Mike ve karısının servetini aklınız almaz. Zengin babanın imparatorluğu emin ellerde; Mike da yerine geçmek üzere kendi oğlunu yetiştiriyor, tıpkı babasının bizi yetiştirdiği gibi...

1994'te yaşım kırk yediyken emekli oldum, karım Kim de daha otuz yedisinde. Emeklilik çalışmamak anlamına gelmiyor. Karıma ve bana göre bunun anlamı, beklenmedik altüst edici kuralları bertaraf etmek. Kısaca ister çalışırız ister çalışmayız, ama servetimiz kendiliğinden katlanıyor, hem de enflasyondan etkilenmeksizin. Özgürlüğün anlamı bu sanırım. Malvarlıklarımız kendi başlarına üreyecek kadar çok. Bir ağaç dikmekten farkı yok. Yıllarca sularsınız, derken gün gelir artık bir şey yapmanıza gerek kalmaz. Kökleri yeterince derinlerdedir. Ve ağaç size keyif verecek gölgeyi sağlar.

Mike imparatorluğun başına geçmeyi seçti, bense emekli olmayı.

Çeşitli gruplara konuşma yaptığımda çoğu kişi bana, önerilerimi ya da neler yapabileceklerini sorar. "Nereden başlasak?" "Tavsiye edebileceğiniz bir kitap var mı?" "Çocuklarımızı nasıl hazırlamalıyız?" "Başarıya giden yolun sırrı ne?" "Milyonlarca dolar nasıl kazanılır?" Bunlar bana, bir zamanlar okuduğum bir makaleyi anımsatır. İşte şöyle:

En Zengin İşadamı

1923 yılında büyük liderler ve en zengin işadamlarından kurulu bir grup Chicago'da Edgewater Beach Otelinde bir toplantı yaptı. Katılanlar arasında en büyük çelik şirketinin başındaki Charles Schwab, dünyanın en büyük kamu hizmeti şirketinin başkanı Samuel Insull, en büyük gaz dağıtım şirketinin başı Howard Hopson, zamanın en büyük şirketlerinden International Match Şirketinin yönetim kurulu başkanı Ivar Kreuger, Bank of International Settlements'ın başkanı Leon Frazier, New York Borsası Başkanı Richard Whitney ve önde gelen iki borsa spekülatörü Arthur Cotton ile Jesse Livermore, Başkan Harding kabinesinin üyelerinden Albert Fall da vardı. Yirmi beş yıl sonra yukarıdaki dokuz katılımcının sonu geldi: Schwab beş yıl boyunca borçla yaşadıktan sonra beş parasız öldü. Insull yurdundan uzakta meteliksiz olarak bu dünyadan göçtü gitti. Hopson delirdi. Whitney ve Albert Fall hapisten yeni salıverilmişti. Frazier ile Livermore intihar etti.

Bu adamların başına gerçekte ne geldiğini bilen olduğundan kuşkuluyum. 1923 tarihine bakarsak 1929'daki Büyük Buhran ve piyasaların çöküşünü hazırlayan koşullar bu kişilerin yaşamlarını feci şekilde etkilemiş olmalı diye düşünüyorum. Vurgulanması gereken nokta şudur: Bugün yaşadığımız dünyada biz, onlardan çok daha büyük ve hızlı değişimlerden geçmekteyiz. Kanımca bundan yirmi beş yıl sonra bizler de onların yaşadıkları iniş çıkışlara paralel patlamalar ve kırılmalar göreceğiz. Pek çok insanın en büyük servetleri olan eğitimlerine değil de paraya fazlasıyla odaklanması beni kaygılandırıyor. Bu kişiler esnek olmaya hazır, öğrenmeye açık olsalar, değişim doğrultusunda servetlerine servet katarlar. Ama paranın sorunlarını çözeceğine inanıyorlarsa, kendilerini zor günlerin beklediğini söyleyebilirim. Sorunları çözen ve para üreten bilgidir. Finans bilgisi olmaksızın, para uçar gider.

Hayatta, çoğu insan bunu anlamakta başarısız olur; önemli olan ne kadar kazandığın değil, elinde ne kadar para tutabildiğindir. Yoksulların lotaryadan çıkan paralarla birdenbire zengin olup sonra yeniden yoksulluk kıskacına düştüklerini duyarız. Milyonlarca dolar kazanır ve çok geçmeden başladıkları noktaya dönerler. Ya da profesyonel atletlerin yaşam öykülerine bakalım, daha yirmi dört yaşındayken yılda milyonlarca dolar kazanır, oysa otuz dördüne geldiklerinde köprü altlarına yatıp kalkarlar. Bu satırları yazdığım gün gazetelerde bir yıl önce milyonlarca doları olan bir basketbol oyuncusunun öyküsü vardı. Oysa şimdi, arkadaşları, avukatı ve muhasebecisinin tüm parasını aldığını iddia ediyor ve asgari ücretle bir oto yıkama işinde çalışıyor.

Henüz yirmi dokuz yaşında. Arabaları silerken şampiyonluk yüzüğünü parmağından çıkarmayı reddettiği için işten atılmış, hikâyesi bu yüzden gazetelerde yer almış. İşten atıldığı için dava açmak üzere, baskı gördüğünü ve ayrımcılık yapıldığını iddia ediyor ve yüzüğünden başka hiçbir şeyinin kalmadığını söylüyor. O da elinden alınırsa yerle bir olacağından söz ediyor.

1997'de ansızın milyoner olan pek çok kişi tanıyorum. 20'li yılların patlamasına yeniden döndük. İnsanların giderek zenginleşmesinden memnun olmama rağmen, uzun vadede önemli olan, ne kadar para kazandığın değil, elinde ne kadar para tuttuğun ve bunu kaç kuşak koruyabildiğindir.

"Nereden başlayayım?" ya da "Kısa sürede nasıl zengin olabilirim?" diye soranların benden aldıkları yanıt onları hayal kırıklığına uğratıyor. Söylediklerim, yıllar önce ben henüz küçük bir çocukken zengin babamın bana söylediklerinden farklı değil. "Zengin olmak istiyorsan, finans bilgisine sahip olmalısın."

Ne zaman bir araya gelsek bu düşünceyi aklıma sokmaya çalışırdı. Dediğim gibi, eğitimli babam kitap okumanın önemini vurgularken, zengin babam finans konusunda uzmanlaşmam gerektiğinden dem vuruyordu.

Empire State Binasını inşa edeceksen ilk yapman gereken derin bir çukur kazmak ve güçlü bir temel atmaktır. Taşrada bir ev yapacaksan 15 santimetre kalınlığındaki beton işini görür. Çoğu insan zengin olma yolunda ilerlerken, Empire State Binasını 15 santimetre kalınlığında betonla inşa etmeye kalkıyor.

Tarım döneminde kurulmuş okul sistemimiz hâlâ temelsiz ev inşaatları olabileceğini savunuyor. Evlerin yerleri hâlâ toprak. Dolayısıyla çocuklar okuldan mezun olduklarında finansal temelden yoksun kalıyorlar. Günün birinde, taşrada uykusuz ve gırtlağa kadar borç içinde yaşadıkları 'Amerikan rüyası'nda maddi sorunlarına çözüm bulmanın tek yolunun bir an önce zengin olmak olduğuna karar verirler.

Gökdelen inşaatı başlar. Hızla ilerler, çok geçmeden Empire State Binası yerine Taşra Eğri Kulesi belirir. Uykusuz geceler geri gelir.

Mike'la ben yetişkinlik yıllarımıza geldiğimizde, ikimiz de seçeneklerimizi gerçekleştirebilme olanağını bulmuştuk, çünkü daha küçük yaşta güçlü bir finansal temel yaratmak gerektiği bize öğretilmişti.

Muhasebe belki de dünyanın en sıkıcı konusu. Aynı zamanda çok kafa karıştırıcı denebilir. Ne var ki zengin olup bunu uzun süre korumak istiyorsan en çok önem vermen gereken konudur muhasebe. Sorun şu: Sıkıcı ve kafa karıştırıcı bu konu çocuklara nasıl öğretilir? Yanıtı basit: Basitleştirerek. Öğretmeye çizimlerle başlanmalıdır.

Zengin insanlar aktif varlık edinir. Yoksul ve orta sınıf, aktif varlık olduğunu zannederek pasif edinirler.

Zengin babam Mike'la benim için sağlam bir finansal temel atmıştı. Henüz çocuk olduğumuzdan, bize öğretmek için basit bir yöntem buldu. Yıllarca çizimler yapıp sözcüklerle anlatmaktan başka bir bilgi vermedi. O basit çizimleri, jargonu, para hareketini kolayca anladık; ileriki yıllarda zengin baba işin içine rakamları da kattı. Bugün, Mike çok daha karmaşık ve kapsamlı bir muhasebe analizi geliştirmek zorunda. Bir milyar dolarlık bir imparatorluğu yönetiyor. Benimki o kadar karmaşık değil, çünkü imparatorluğumun boyutları daha küçük, ama ikimiz de aynı basit temelden geliyoruz. Daha sonraki sayfalarda Mike'ın babasının önümüze koyduğu çizimleri siz de göreceksiniz. Basit olmalarına rağmen o çizimler iki küçük oğlan çocuğunun sağlam ve derin bir temel üstüne büyük bir servet inşa etmelerine kılavuzluk etmişti.

Birinci Kural: Pasif ve aktif arasındaki farkı bileceksin ve paranı aktiflere yatıracaksın.

Zengin olmak istiyorsan tek bilmen gereken bu. Birinci kural kulağa çok basit gelebilir, gelgelelim pek çokları bu kuralın ne kadar önemli olduğunun farkına varmaz. Bir pasif ve bir aktif arasındaki farkı bilmediklerinden maddi açıdan cebelleşir dururlar.

"Zengin kimseler aktifi ele geçirir. Yoksul ve orta sınıftan olanlar pasife yönelir, çünkü onları aktif sanırlar."

Zengin baba Mike'la bana bunu açıkladığında dalga geçtiğini düşünmüştük. Buluğ çağının eşiğinde iki velet olarak zengin olmanın sırrını beklerken aldığımız yanıt bu olmuştu. Söyledikleri bize o kadar basit gelmişti ki üzerinde uzun süre düşündük.

"Aktif nedir?" diye sormuştu Mike.

"Şimdilik buna kafa yormayın," demişti zengin baba. "Fikri benimseyin yeter. Basitliğini içinize sindirirseniz hayatta bir planınız olur ve maddi yönden sıkıntı çekmezsiniz. Kolay aslında; işte bu yüzden pek çok insanın gözünden kaçıyor."

"Yani bize şunu mu söylüyorsunuz, bilmemiz gereken aktifin anlamını bilmek ve ondan edinmek, sonra zengin mi olacağız?" demiştim ben de.

Zengin baba başını sallamıştı. "O kadar basit."

"Madem o kadar basit, neden herkes zengin değil?"

Zengin baba gülümsemişti. "Çünkü aktif ve pasif arasındaki farkı bilen yok."

"Büyükler nasıl bu kadar aptal olabilir?" diye sorduğumu hatırlıyorum. "Bu kadar basitse, bu kadar da önemliyse neden bu gerçeği bulup çıkarmıyorlar?"

Aktif ve pasif varlıkların ne olduğunu bize anlatması zengin babanın birkaç dakikasını almıştı.

Yetişkin bir insan olarak, öteki yetişkinlere bunu anlatmada ben zorlanıyorum. Çünkü yetişkin insan daha akıllı olur. Çoğu kez yanıtın basitliği yüzünden insan önemini gözden kaçırır, bunun da nedeni yetişkin insanların farklı eğitim görmüş olmaları. Onları eğitenler de eğitim görmüş başka profesyoneller, örneğin bankerler, muhasebeciler, emlak komisyoncuları, hesap uzmanları vb. İşin zorluğu, yetişkinlerden öğrendiklerini unutmalarını söylemekten ya da yeniden çocuk olmalarını istemekten kaynaklanıyor. Zeki yetişkinler, basit anlatımlara kulak vermeyi küçük düşürücü görür.

Zengin baba ABO ilkesine inanırdı –Aptalca Basit Olsun–. Bundan dolayı, biz iki velet için her şeyi basite indirgedi; finans bilgilerimizin bu kadar sağlam bir temele oturması buradan kaynaklanır.

Kafa karıştırıcı yanı ne miydi? Bu kadar basit şeyler nasıl bu kadar akıl almaz olabiliyordu? Bazıları niçin aktif diye pasifi satın alıyordu? Soruların yanıtı temel eğitimdeydi.

Biz 'finans bilgileri' değil de 'bilgi' kelimesine odaklanırız. Bir varlığı aktif ya da pasif olarak tanımlayan sözcükler değildir. Aslında, kafanızı daha da karıştırmak isterseniz sözlüğü açıp 'aktif' ve 'pasif' karşılıklarına bakın. Verilen tanım iyi eğitilmiş bir muhasebeciye gayet güzel gelebilir, ne var ki sıradan bir insan hiçbir şey anlamayabilir. Biz yetişkinler hiçbir şey anlamadığımızı itiraf edemeyecek kadar gururluyuzdur.

Çocukken zengin baba bize, "Aktif varlığı açıklayan sözcükler değil, rakamlardır," demişti. "Eğer rakamları yorumlayamazsanız, aktif varlıkla yerdeki çukur arasındaki farkı bile anlayamazsınız."

Aktif varlık cebime para koyar. Pasif varlık cebimden para çıkartır.

"Muhasebede," diye açıklamıştı, "önemli olan rakamlar değil, rakamların dilini anlamaktır. Tıpkı sözcükler gibi. Önemli olan sözcüklerin kendileri değil, size anlattıklarıdır.

"Çoğu insan okur, ama fazla bir şey anlamaz. Buna okuduğunu anlama denir. Okuduğunu anlamayla ilgili hepimiz farklı yeteneklere sahibiz. Örneğin geçenlerde yeni bir VCR aldım. Yanında da nasıl programlanacağını anlatan bir kullanma kılavuzu vardı. O cuma akşamı yayınlanacak televizyon programını kaydetmek istiyordum. Kılavuzda yazanları okuyup anlamaya çalışmaktan deliye döndüm neredeyse. Hayatımda hiçbir şey VCR programlamak kadar zor gelmemişti bana. Kılavuzda yazanları okuyordum okumasına, gel gör ki tek kelimesini anlamıyordum. Sözcük tanımada pekiyi alırım, ama kavramada zayıf düzeyindeyim. Kimileri de finans terimleri konusunda böyledir.

"Zengin olmak istiyorsanız rakamları okuyup anlamanız gerek." Bu sözü belki de bin kez duymuştum zengin babadan. Bir de şunu duymuştum hep: "Zenginler aktifleri edinir, yoksullar ve orta sınıf pasifleri."

---

20 YIL ÖNCE BUGÜN... ÖĞREN...UNUT...TEKRAR ÖĞREN

Fütürist Alvin Toffler'e ait bu alıntı zengin babamın bana yirmi yıl önce söylediğine ayna tutmaktadır: "21. yüzyılın cahilleri, okuma yazma bilmeyenler değil, öğrenemeyen, unutamayan ve tekrar öğrenemeyenler olacaktır."

İşte bir aktif ile bir pasif arasındaki farkı anlatmanın yöntemi: Pek çok muhasebeci ve finans uzmanı bu tanımlamaları kabul etmiyor, oysa bu basit çizimler iki küçük çocuğun güçlü finans temelinin başlangıç noktasını oluşturdu.

On iki yaşına gelmemiş çocuklara öğretirken zengin baba, elinden geldiğince çizimlere başvurmuş, sözcüklerden olabildiğince uzak durmuş, yıllarca rakamlara yer vermemişti.

Bir Aktifin Nakit Akış Modeli.

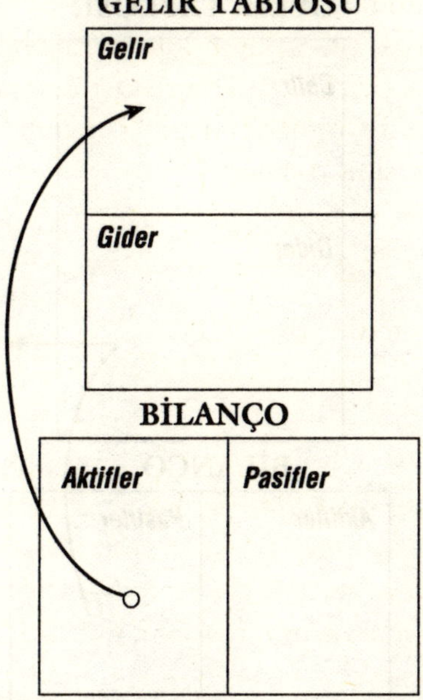

Yukarıdaki kutu bir gelir çizelgesidir, daha çok "kâr/zarar tablosu" diye anılır. Gelirlerle giderleri ölçer. Para girişini, para çıkışını gösterir. Alttaki çizim ise "bilanço"dur. Pasiflere karşı aktiflerin dengesini sağladığı için bu isim verilir. Finans dehalarının çoğu 'gelir hesabı' ile 'bilanço' arasındaki ilişkiyi bilmez. Bu ilişkiyi anlamak hayatidir.

Finans mücadelesinin temel gerekçesi bir aktifle bir pasif arasındaki bilinmeyen farktır. Karışıklığın nedeni iki sözcüğün tanımındadır. Eğer karmakarışık bir ders istiyorsanız sözlükte 'aktif' ve 'pasif' kelimelerine bakın yeter.

Şimdi bu eğitimli muhasebecilere anlamlı gelebilir, oysa sıradan birine Çince yazılmış bir yazıyı versen de fark etmez. Sözcüklerin karşılıklarını okuyabilirsiniz, ama kavraması güçtür.

Daha önce de belirttiğim gibi zengin babanın iki küçük çocuğa söylediği şuydu: "Aktifler cebinize para koyar." Hoş, basit ve yararlı.

Bir Pasifin Nakit Akış Modeli.

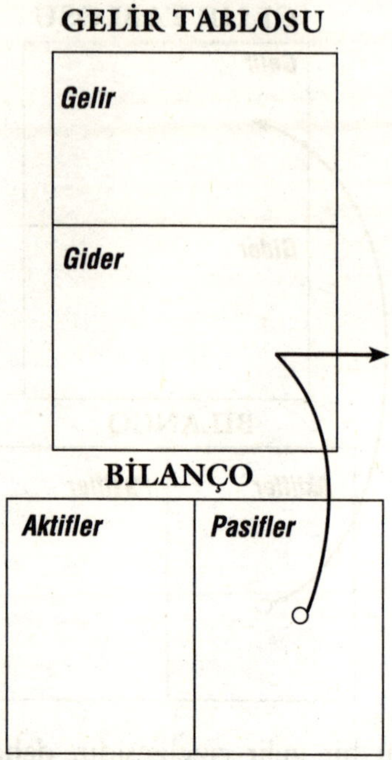

Artık aktifler ve pasifler çizimlerle tanımlandığına göre, açıklamalarım sözcüklere dökülürse anlamak daha kolay olabilir.

Aktif cebime para koyan bir şeydir.

Pasif cebimden para götüren bir şeydir.

Bilmeniz gereken bu işte. Zengin olmak istiyorsanız yaşamınız boyunca aktif satın almaktan başka bir şey yapmayın. Yok, eğer yoksul ya da orta sınıftan olmaksa seçiminiz, pasiflerle vaktinizi harcayın. Gerçek dünyadaki mali sıkıntının büyük nedeni aradaki farkı bilmemekten kaynaklanır.

Cehalet, ister sözcükler ister rakamlarla, finansal bocalamanın temelidir. Eğer insanlar maddi sıkıntı içindelerse ya sözcüklerde ya da rakamlarda okuyamadıkları bir şeyler var demektir. Anlaşılmayan bir şey vardır. Zenginlerin zengin olmasının nedeni insanların maddi olarak boğuştukları konulardan daha farklı alanlarda daha çok bilgi sahibi olmalarıdır. Siz de zengin olmak ve servetinizi korumak istiyorsanız finans bilgilerini öğreneceksiniz; hem sözcüklerle hem de rakamların dilinde...

Çizimlerdeki oklar 'nakit akışı'nı simgeler. Rakamların tek başına pek anlamı olmayabilir. Aynı şekilde sözcükler de tek başına yeterli gelmez. Önemli olan öyküsüdür. Mali raporlamada rakamları okumak öykünün ta kendisidir. Nakdin nereye aktığının öyküsüdür. Ailelerin yüzde 80'i için mali geçmiş tablosu, ilerlemek için çok çalışmanın öyküsüdür. Bunun sebebi, para kazanamamaları değil, yaşamları boyunca aktif yerine pasif almaya vakit harcamalarıdır.

Yoksul birinin nakit akış modeli:

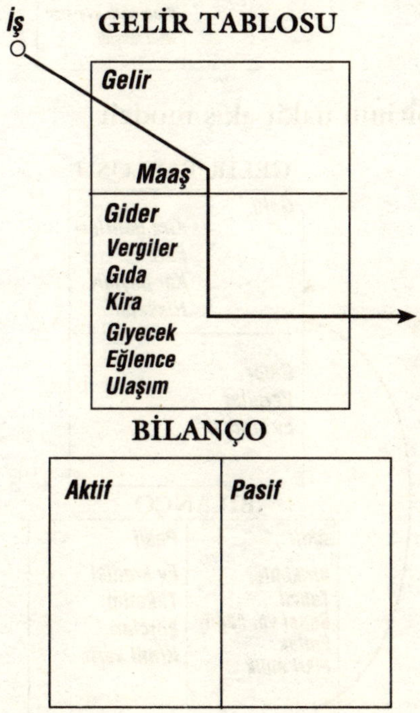

Bu, orta sınıftan bir kişinin nakit akış modelidir:

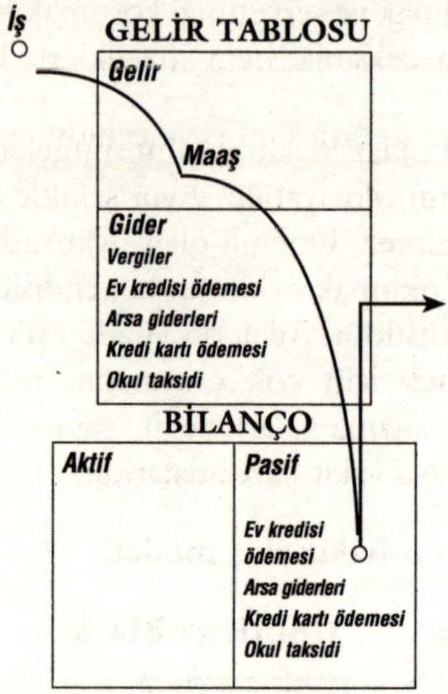

Varlıklı birinin nakit akış modeli

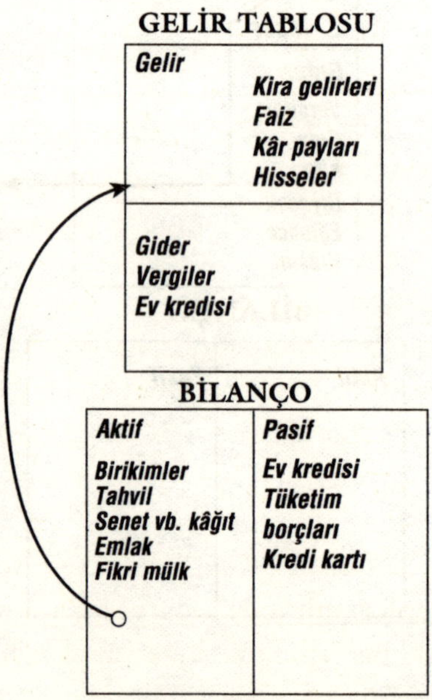

Tüm bu çizimler epey basitleştirilmiştir. Herkes yaşamak için gıda, barınma ve giyim harcamaları gibi belli harcamalar yapar.

Çizimler yoksul, orta sınıf veya zengin birinin nakit akışını göstermektedir. Bize öyküyü anlatan nakit akışıdır. Kişinin parayı nasıl ele aldığını, para eline geçtikten sonra ne yaptığını söyler.

Konuyu Amerika'nın en zengin adamlarının öyküsüyle anlatmaya başlamamın nedeni çoğu kişinin düşüncesindeki yanılgıya işaret etmekti. Yanılgı, paranın bütün sorunları çözeceğidir. İşte bu nedenle biri karşıma çıkıp "Nasıl çabuk zengin olunur?" diye sorduğunda gerilirim. Ya da nereden başlasak diye sorarlar. Sık sık duyarım: "Borcum var, daha çok para kazanmam gerek."

Fakat daha çok paranın sorunları çözdüğü pek görülmez; tam tersine sorun daha da çetrefilleşir. Para genellikle biz insanların korkunç kusurlarını açığa çıkarır. Bilmediğimiz konulara ışık tutar. Bundan dolayı, çoğu zaman eline beklenmedik bir para geçen kişi – diyelim ki miras, maaş zammı ya da lotaryadan vuran ikramiye– kısa sürede tekrar maddi sıkıntıya düşer, bazen de eskiden yaşadığı sıkıntıdan daha beteriyle karşılaşır. Para yalnızca kişinin zihnindeki nakit akışı modelini etkilemiştir. Eğer bu model elinize geçeni harcama eğilimindeyse gelir artışı gider artışını doğuracaktır. Şu deyiş bunu pek güzel özetler: "Aptal ve para yan yana gelince büyük bir şenlik olur."

Nakit akışı, kişinin parayı nasıl kullandığının öyküsünü anlatır.

Daha önce de defalarca değindiğim üzere bilgiye ve mesleğe dayalı beceriler edinmek için okula gideriz; bunlar önemlidir. Mesleki becerilerimiz bize para kazanmayı öğretir. 1960'lı yıllarda, henüz bir ortaokul öğrencisiyken, okulda iyi notlar alan parlak bir öğrenciye ileride tıp fakültesine gidip doktor olacak gözüyle bakılırdı. Öyle sanılırdı. Parasal getirisi büyük bir meslekti doktorluk.

Günümüzde doktorların yaşadığı maddi sıkıntıyı en kötü düşmanım için bile dilemem. Birkaçını saymak gerekirse: Sigorta şirketleri muayenehanelerini denetim altına alır; verdikleri hizmet dışarıdan güdümlüdür; devlet müdahale eder; mesleğini kötüye kullandığı gerekçesiyle davalar açılır. Bugün çocuklar basketbol yıldızı, golf dehası, bilgisayar kurdu, sinema yıldızı, pop yıldızı, güzellik kraliçesi ya da borsacı olmak arzusunda. Tek nedeni de şan, şöhret ve para. İşte bu nedenle çocukları daha okuldayken yönlendirmek önemli. Artık çocuklar da mesleki başarının eskiden olduğu gibi salt akademik başarıyla bağlantılı olmadığını biliyorlar.

Öğrenciler okuldan finans becerileri edinmeksizin çıktıkları için milyonlarca eğitimli insan, mesleklerinde başarıyla ilerlerken çok geçmeden kendini maddi sıkıntılar içinde buluyor. Daha çok çalışsalar da durum değişmiyor. Eğitimlerinde eksik kalan konu, nasıl para kazanılacağı değil, paranın nasıl harcanacağı. 'Parayı kazandıktan sonra ne yapmalı?' Buna mali yetenek denir. Para elinize geçtikten sonra birilerinin onu sizden almasını nasıl önlersiniz, parayı ne kadar süreyle elinizde tutarsınız parayı nasıl sizin için çalıştırırsınız. Çoğu kişi neden maddi sıkıntıya düştüğünü bilmez, çünkü nakit akışını anlamaz. Kişi çok eğitimli, mesleğinde başarılı olsa da mali bilgiden yoksun olabilir. Böyleleri parayı nasıl kendileri için çalıştıracaklarını öğrenmek yerine, çok çalışmayı öğrendikleri için gereğinden fazla çalışır.

Maddi Hayaller Nasıl Kâbusa Dönüşür?

Çalışkan insanların ortaya koyduğu resim kareleri belirli bir şema gösterir. Yeni evli, mutlu ve eğitimli genç çift daracık kiralık bir apartman dairesine taşınır. Çok sürmez, birlikte en az tek başına oldukları kadar az para harcadıklarından para artırdıklarını fark ederler.

Sorun dairenin darlığıdır. Çocuk sahibi olabilmek için düşlerindeki evi satın almak üzere para biriktirmeye karar verirler. Ne de olsa artık çift gelirlidirler. Böylelikle mesleklerine odaklanırlar.

Gelirleri artmaya başlar.

Gelirleri arttıkça, giderleri de artar.

GELİR TABLOSU

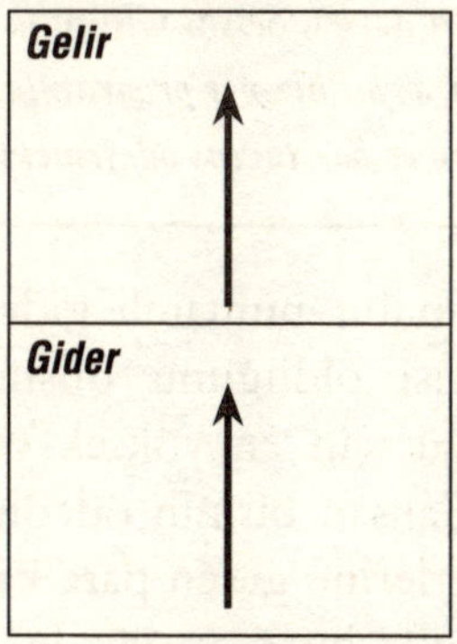

BİLANÇO

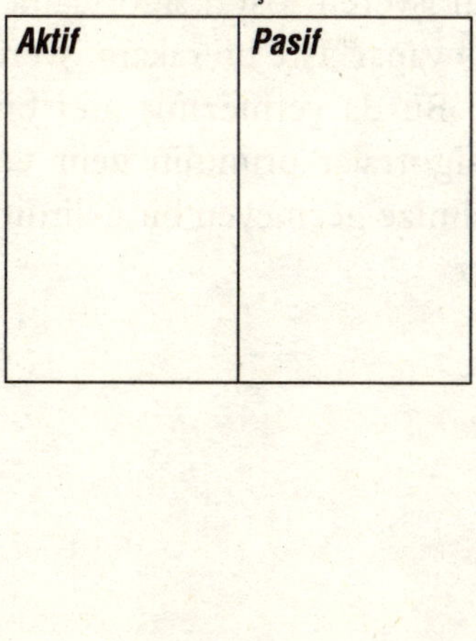

20 YIL ÖNCE BUGÜN...
VERGİLER VE SOSYAL HAKLAR

Tüm dünyada vergiler gittikçe yükselmektedir, çünkü vergi bedeli karşılığındaki sosyal talepler, daha fazla varlık, gelir ve satış (ya da katmadeğer) vergilerin değerinin artmasını gerektirmektedir. Yüksek gelirler vergi yükümlülerinin daha da yüksek vergi dilimlerine girmeleri sonucunu yaratır ki, sosyal hizmetleri karşılamak için vergi oranları giderek artar. Bugün devlet, Sosyal Güvenlik ve Yaşlılar için Devlet Sağlık Sigortası gibi sosyal hizmet programlarıyla, ciddi bir sorunla karşı karşıyadır ve borçlarını ödeyememe durumundadır.

Çoğu kimse için bir numaralı gider kalemi vergilerdir. Bunun gelir vergisi olduğunu düşünenler çoktur, oysa Amerikalıların çoğu için en yüksek vergi sosyal sigortaya ödenen primdir. Çalışan birinin ödediği sosyal sigorta primiyle sağlık hizmetlerine giden para kabaca yüzde 7,5 diye bilinmektedir, aslında bu oran yüzde 15 olarak gerçekleşmektedir, çünkü işveren sosyal sigortalara bu oranı tamamlayacak ödemeyi yapar. İşte bu rakam işverenin işçiye ödeyemediği paradır. Bu da yetmezmiş gibi bir de maaşınızdan kesilen sosyal sigortalar priminin gelir vergisini ödersiniz, aslında bu hiç elinize geçmeyen bir gelirdir, doğrudan sosyal sigortalara gider.

Ve pasif varlıklar artar.

GELİR TABLOSU

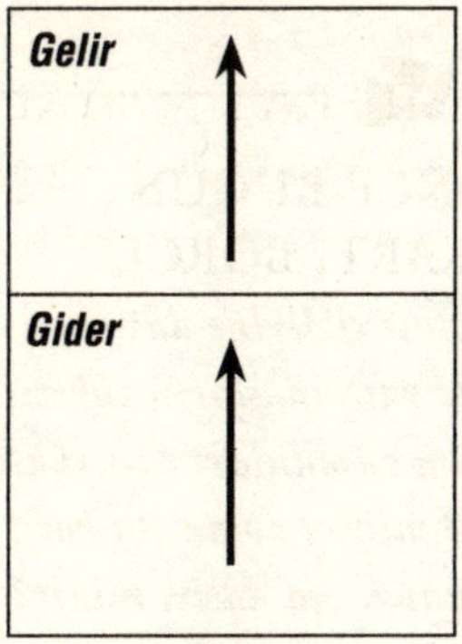

BİLANÇO

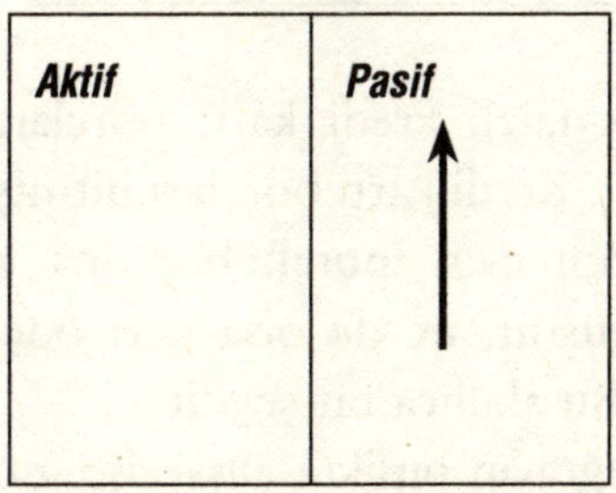

Bunu en iyi biçimde ortaya koymak için yeniden genç çifte dönelim. Gelirlerinin artması sonucunda düşlerindeki evi almak üzere karar alırlar. Kendi evlerine yerleşir yerleşmez, adına emlak vergisi denen yeni bir vergiyle tanışırlar. Derken yeni bir araba, yeni evlerine göre yeni mobilyalar ve yeni aletler alırlar. Ansızın uyandıklarında ellerindeki pasif sütunu ipotek borcu ve kredi kartları borcuyla dolmuştur.

Fare yarışında tutsaktırlar artık. Bir çocukları doğar. Daha çok çalışırlar. Aynı süreç tekrarlanır. Daha çok parayla daha yüksek vergiye destek kayması da denir. Kredi kartları gelir postayla. Kullanırlar. Borçlar doruğa tırmanır. Kredi şirketlerinden biri arar, en büyük aktifleri olan evlerinin değerini gördüklerini söyler. Şirket 'borçları birleştirme' önerir, çünkü kredi notları yüksektir, ayrıca yapılacak en doğru şeyin kredi kartı borçlarını kapatarak yüksek faizli tüketici kredisi borcunu bitirmek olduğunu belirtir. Bunun yanı sıra ev kredisindeki faiz vergiden düşülecektir. Kabul ederler, yüksek faizli kredi kartı borçlarını öderler. Biraz rahatlamışlardır. Kredi kartı borçları bitmiştir. Şimdi tüketici kredisi borçlarını evin ipotek borcuna katmışlardır. Borç taksitleri düşmüştür, ne de olsa geri ödemeyi 30 yıl daha uzatmışlardır. Bu akıllıca bir şeydir.

20 YIL ÖNCE BUGÜN...
KREDİ KARTI BORCU

Bugün 2016 istatistiklerine dayanan bilgiye göre, ABD'de vatandaşların tüketici kredi kartı borcu, tüm zamanların en yüksek seviyesindedir: 779 milyon dolar. Bu borç tamamen kötü müdür...ya da iyi midir? Farkı biliyor musunuz?

Komşuları uğrayıp birlikte alışverişe gitmeyi önerir; indirimli satışlar başlamıştır. Tasarruf etme fırsatı doğmuştur. "Hiçbir şey almayacağım. Bir gidip ne var ne yok bakacağım o kadar," diyerek yola düşerler. Ama olur da akla yatan bir şey görürler diye kredi kartlarını da yanlarına alırlar.

Bu genç çiftle sık karşılaşırım. Adları değişir, ancak finansal ikilemleri aynıdır. Diyeceklerimi dinlemek üzere toplantılarıma gelirler. "Nasıl daha fazla para kazanacağımızı anlatabilir misiniz?" diye sorarlar. Harcama alışkanlıkları yüzünden gelirlerini artırma arayışına girmişlerdir.

Asıl sorunun ellerindeki parayı nasıl harcadıklarıyla ilgili olduğunu, maddi darlıklarının gerçek nedenini bilmezler. Buna yol açan, finans bilgisizliğidir; aktif ve pasif arasındaki farkı anlamamaktır.

Daha fazla paranın kişinin para sorunlarına çözüm olması enderdir. Sorunu çözecek olan zekâdır. Bir arkadaşımın borç içinde yüzen kişiler için dilinden düşürmediği bir söz vardır: "Eğer kendinize bir çukur açtıysanız kazmayı bırakın."

Çocukken babam bize Japonların üç gücün farkında olduklarını anlatırdı: "Kılıcın gücü, mücevherin gücü ve aynanın gücü."

Kılıç silahların gücünü simgeler. Amerika silahlara milyonlarca dolar harcıyor, dünyada süper güç olması bu yüzden.

Mücevherin gücü paranın gücüdür. Şu sözde bir nebze gerçek payı var: "Altın kuralı hatırlayın. Altına sahip olan kuralları koyar."

Ayna kendini tanımanın gücünü simgeler. Kendini tanıma, Japon efsanesine göre üçünden en değerlisidir.

Yoksullar ve orta sınıf paranın gücünün kendilerini denetim altına almasına göz yumar. Yataklarından kalkıp çok çalışmakla, yaptıklarının akla mantığa sığıp sığmadığını kendilerine sormamakla, her sabah işe giderek kendilerini topuklarından vurmuş oluyorlar. Parayı tam olarak anlamayan pek çok kimse paranın korkunç gücüne teslim olur. Paranın gücü onların aleyhine kullanılır.

Eğer aynanın gücünü kullansalardı kendilerine şunu sorarlardı: "Bu mantıklı mı?" Çoğu insan içsel melekelerine, içlerindeki dehaya güvenmek yerine sürüye kapılır. Bir şeyi, herkes yaptığı için yaparlar. Sorgulamak yerine onlara ayak uydururlar. Kendilerine söyleneni düşünmeden tekrarlarlar. "Değişiklik yapın," "eviniz bir aktiftir," "eviniz en büyük yatırımınız," "büyük borca girmekle verginizi düşürmüş oluyorsunuz," "sağlam bir iş bulun," "hata yapmayın" ya da "risk almayın" gibi fikirler...

Bir insan yüksek derecede eğitimli, profesyonel olarak başarılı ve finansal olarak cahil olabilir.

Denildiğine göre, kimileri için çevrenin dırdırı ölümden daha korkutucudur. Psikiyatrlar, çevre korkusunun kaynağının toplum dışına itilme, dışlanma, eleştirilme, alaya alınma, yoksun kalma korkusu olduğunu söylerler. Farklı olma korkusu, insanları sorunlarını çözmek için yeni yollar aramaktan alıkoyar.

İşte bu toplum dışına itilme korkusu, insanları başkalarına ayak uydurmaya, toplumda kabul gören fikirleri ya da popüler eğilimleri sorgulamaksızın benimsemeye iter: "Eviniz bir aktiftir," "borç birleştirme kredisi alın borçtan kurtulun." "çok çalışın," "bu bir terfi," "bir gün şirketin başkan yardımcısı ben olacağım," "para biriktirin," "zam aldığımda, kendimize daha büyük bir ev alalım," "yatırım fonları sağlamdır."

Büyük mali sıkıntıların çoğu sürüye kapılıp gitmekten ve Bay ve Bayan Komşu ile aşık atmaya çalışmaktan kaynaklanır. Bazen gereken aynaya bakmak, korkularımızdan çok iç melekelerimize dürüst olmaktır.

Mike ve ben on altı yaşımıza geldiğimizde okulda sorunlar yaşamaya başlamıştık. Kötü çocuklar değildik. Yalnızca sürüden ayrılmaya başlıyorduk. Okuldan sonra ve hafta sonları Mike'ın babasının yanında çalışıyorduk. İşten sonra Mike'la birlikte onun babasının yanında saatlerce oturur, bankacılarla, avukatlarla, muhasebecilerle, borsa simsarlarıyla, yatırımcılarla, müdürler ve çalışanlarla yaptığı toplantıları dinlerdik. Karşımızda on üç yaşında okulu terk etmiş bir adam vardı; şim-

20 YIL ÖNCE BUGÜN...
TAKIMINIZDA KİMLER VAR?

Zengin baba çevresinde uzman kişiler bulundururdu: avukatlar, muhasebeciler, borsacılar ve bankerler... Kim ve ben de aynısını yaptık. Bugün Danışmanlar ekibimiz, en büyük değerlerimiz arasındadır. Paradan daha önemli olan nedir? Bir girişimciler ekibi. Sizin ekibinizde kim var?

di eğitimli insanları çekip çeviriyor, onlara emirler veriyor, talimatlar yağdırıyor, sorular soruyordu. Bir işaretiyle soluğu karşısında alır, ondan onay görmediklerinde ezilip büzülürlerdi.

İşte sürüye kapılmamış bir adam vardı karşımızda. Kendi adına düşünen bu adam şu sözlerden nefret ederdi: "Bu işin başka yolu yok, herkes öyle yapıyor." Ayrıca "yapamam" demekten hiç hoşlanmazdı; ondan bir şey istiyorsanız "yapabileceğinizi sanmam" demeniz yeterli.

Mike'la ben onun toplantılarına katılmakla üniversite dahil okul sıralarından öğrendiğimizden çok daha fazla şey öğrendik. Mike'ın babası okulda öğrenim görmemişti, ama kendini finans konusunda eğitmiş, başarılı da olmuştu. Bize durmadan, "Zeki bir insan kendinden daha zeki kişileri işe alır," derdi. Saatlerce onu dinleyebilmek gibi bir şansımız vardı, böylelikle zeki insanlardan çok şey öğrenmiş oluyorduk.

Ancak aynı nedenle, Mike da ben de okulda öğretmenlerimizin istediği standart dogmalara ayak uyduramıyorduk. İşte sorunların kaynağı buydu. Öğretmen ne zaman sınıfa dönüp "İyi notlar almazsanız gerçek dünyada başarılı olamazsınız," dese, Mike da ben de kaşımızı kaldırırdık. Kurallara bağlı kalmamız, onlardan sapmamamız söylendiğinde, okul sürecinin aslında kişilerin yaratıcılığını körelttiğini anlayabiliyorduk. Zengin babamızın "Okullar işveren yerine iyi işçiler yetiştirmek üzere tasarlandı," demesinin nedenini görüyorduk.

Bazen de Mike'la öğretmenlerimize okuduklarımızı nasıl hayata geçireceğimizi ya da neden para ve paranın nasıl işlediği konusunda ders görmediğimizi sorardık. Sorunun ikinci kısmına aldığımız yanıt, paranın önemli olmadığı, eğer iyi eğitim alırsak paranın da kendiliğinden geleceği olurdu.

Paranın gücüyle ilgili daha çok şey öğrendikçe öğretmenlerimizden ve sınıf arkadaşlarımızdan daha da uzaklaştık.

Yüksek öğrenimli babam asla notlarımla ilgili baskı yapmıyordu. Neden diye merak ederdim. Fakat para konusunda tartışmaya başlamıştık. On altı yaşıma geldiğimde, parayla ilgili aldığım temel herhalde annemle babamınkinden daha fazlaydı. Muhasebe defteri tutmayı biliyordum, vergi hesabı yapan muhasebecileri, şirket avukatlarını, bankerleri, emlak komisyoncularını, yatırımcıları ve benzerlerini rahatlıkla dinlerdim. Babamsa öğretmenlerle konuşmakla yetinirdi.

Bir gün babam, evimizin onun en büyük yatırımı olduğundan söz ediyordu. Ona evin neden iyi bir yatırım olmadığını kanıtlamaya kalktığımda aramızda hiç de hoş olmayan bir tartışma geçti.

Aşağıdaki çizim ev sahibi olmak konusunda zengin babamla yoksul babam arasındaki algılama farkını ortaya koymakta. Biri evinin aktif olduğunu ileri sürerken, diğeri evin pasif olduğunu savunurdu.

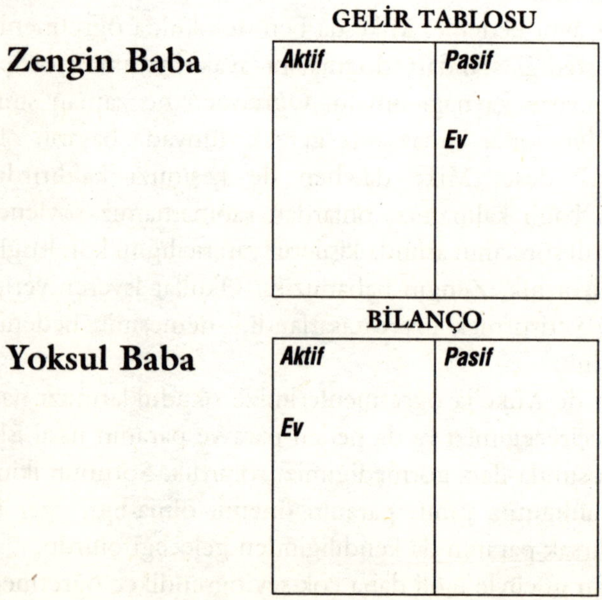

Nakit akışının yönünü kendisine göstermek üzere aşağıdaki çizimi babamın önüne koyduğumu hatırlıyorum. Ev sahibi olmakla birlikte gelen ek giderlere de işaret etmiştim. Daha büyük ev daha büyük gider demektir, nakit akışı da gider sütunundan çıkar.

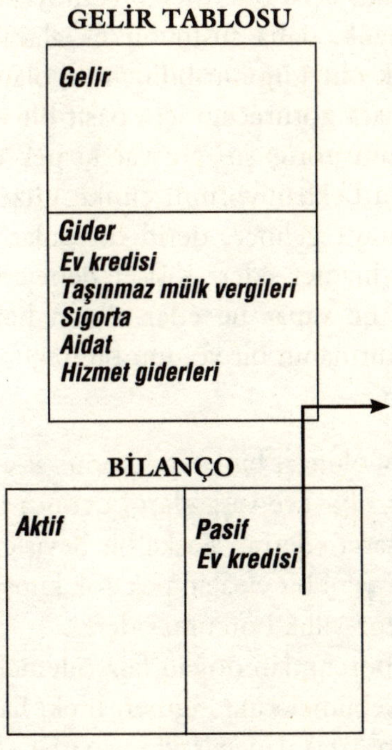

Bugün evin aktif varlık olmadığını söylediğim insanlar hâlâ bana meydan okur. Ayrıca, çoğu kimseye göre ev sahibi olmanın, büyük bir düş olduğu kadar, büyük bir yatırım olduğunu biliyorum. Ev sahibi olmak hiçbir şeye sahip olmamaktan daha iyi diye görülmekte. Bu popüler dogmaya değişik bir bakış açısı önermekle yetiniyorum. Eğer karımla ben daha büyük, daha süslü bir ev alacak olsaydık, bunu aktif bir varlık olmadığının bilincinde olarak yapardık, o ev cebimizden para götüreceği için pasif bir varlık olacaktır.

Savunduğum görüş şu: Ne var ki pek çok insanın bunu kabul etmesini beklemiyorum, çünkü güzel bir ev duygusal bir yerdir. Paraya gelince, derin duygular finansal anlayışın zayıflamasına hizmet eder. Kişisel deneyimlerimden biliyorum ki, para ne yapar ne eder alınan her kararı duygusal temele dayandırmanın bir yolunu bulur.

- Konu ev olunca, binlerce insanın asla sahibi olamadıkları bir eve yaşamları boyunca ödeme yaptığına işaret ederim. Başka bir deyişle, her birkaç yılda bir yeni bir ev alan pek çok kimse, bir öncekinin otuz yıllık borcunu öder.
- İpotek borcundan doğan faiz ödemelerini vergiden düşebilmelerine rağmen öteki harcamalarını vergiden artakalan parayla yaparlar. İpoteklerini ödeseler bile...
- Emlak vergileri: Kayınvalidemle kayınpederim aylık ödemeleri gereken emlak vergisinin 1000 dolara çıktığını öğrendiklerinde afallamıştı. Bu emekli olmalarından sonraydı, dolayısıyla verginin artmasıyla birlikte emekli bütçelerine ek yük binmiş, onlar da evden vazgeçmek zorunda kalmışlardı.
- Evlerin değeri ille de artmaz. 1997 yılında hâlâ 1 milyon dolarlık ev borçları olmasına rağmen

evlerini ancak 700 bin dolara satabilecek pek çok kişi tanıyorum.

- En büyük kayıp da kaçan fırsatlardan gelir. Eğer bütün paranızı bir eve bağlamışsanız, paranız aktif varlık sütununa dahil olmak yerine harcama sütunundan taştığı için daha çok çalışmak zorunda kalırsınız, ki bu da klasik orta sınıf nakit akışı modelidir. Genç bir çift aktif varlık sütununa daha önceden para koyabilmişse, gelecek yıllar onlar için daha kolay geçecektir. Özellikle de çocukları üniversite çağına geldiğinde... Aktifleri katlanacak ve giderlerini karşılayabilmelerini sağlayacaktır. Ama çoğu zaman bir ev, dağ gibi büyüyen harcamaları karşılamak için araç olarak kullanılır.

Özetle, daha önceden bir yatırım programı yapmak yerine çok pahalı bir ev sahibi olma kararı veren birey en az üç yoldan etkilenir:

1. *Zaman kaybı:* Diğer aktif varlıkların değer kazanmasını beklerken.
2. *Ek sermaye kaybı:* Doğrudan evle ilgili yüksek bakım giderlerini ödemek yerine yatırıma dönüştürülebilecek para.
3. *Eğitim kaybı:* İnsanların çoğu aktif sütunlarındaki yegâne kalemler olan evlerine, tasarruf ve emeklilik ikramiyelerine güvenir. Yatırım yapacak paraları olmadığından, yatırım yapmazlar. Bunun bedeli de yatırım deneyimi eksikliğidir. Yatırım dünyasının 'akıllı yatırımcı' diye tanımladığı kimselerden asla olamazlar. En iyi yatırımlar genelde 'akıllı yatırımcılar' tarafından satın alınır, sonra da onlar tarafından sağlamcı kimselere satılır.

Ev almayın demiyorum. Söylediğim şey aktif ve pasif varlıklar arasındaki farkı anlamanız gerektiğidir. Daha büyük bir ev almak istediğimde, önce ev ödemesine nakit akışını sağlayacak aktif varlıklar satın alırım.

Eğitimli babamın bireysel hesap özeti, fare yarışındaki birinin yaşamına en güzel örnektir. Harcamaları her zaman geliriyle doğru orantılıdır, aktiflere yatırım yapmasına olanak vermez. Sonuçta, ipotek ve kredi kartı borçları gibi pasifleri, aktiflerinden daha büyüktür. Aşağıdaki çizim binlerce sözcükten daha değerlidir:

---

20 YIL ÖNCE BUGÜN...
PUAN KARTINIZ

Bir finansal çizelgeniz olmadan, hayattaki finansal oyunda gerçekte nerede olduğunuzu bilemezsiniz. Beğenin ya da beğenmeyin, para "oyununuzun" puanını gösterir ve finansal çizelge sizin puan kartınızdır. Bankalar, hayattaki finansal oyunda ne derece iyi olduğunuzu bilmek için finansal çizelge - Gelir Çizelgesi ve Bilanço Tablosu- isterler.

Fakir Babanın Mali Tablosu **Zengin Babanın Mali Tablosu**

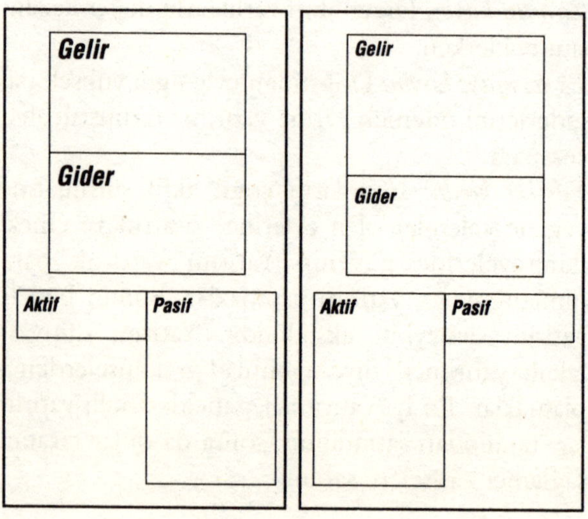

Zengin babamın bireysel hesap özetiyse yatırıma ve pasif varlıkları en az sayıda tutmaya adanmış bir yaşamın sonuçlarını yansıtmaktadır:

Zenginler Neden Zenginleşir?

Zengin babamın hesap özeti zenginlerin neden daha zenginleştiğini gözler önüne sermektedir. Aktif sütunu giderleri karşılamak için yeterli olandan daha çok gelir ürettiği gibi aktif sütununa ekleme yapılmasına olanak verir. Aktif sütunu büyüdükçe ürettiği gelir de onunla birlikte artar. Sonuçta, zenginler zenginleşir!

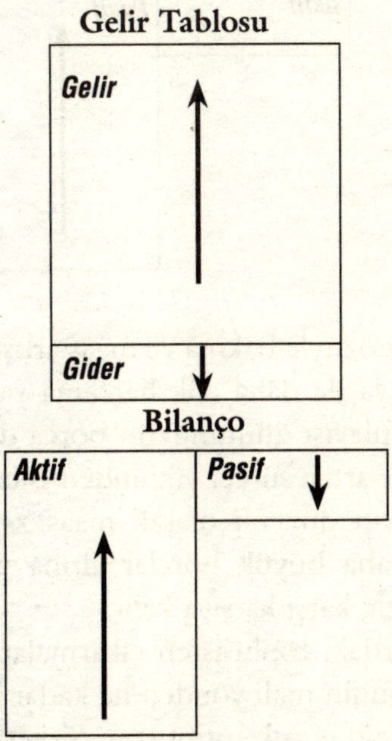

Orta Sınıf Neden Sıkıntı Çeker?

Orta sınıf kendini maddi sıkıntı kısırdöngüsünde bulur. Başlıca gelirleri maaştır ve maaş artışıyla birlikte ödedikleri vergiler de artar. Maaşları ile harcamaları eşit oranda artar; işte buna "fare yarışı" denir. Gelir getirecek aktiflere yatırım yapmak yerine evlerini başlıca aktif olarak görürler.

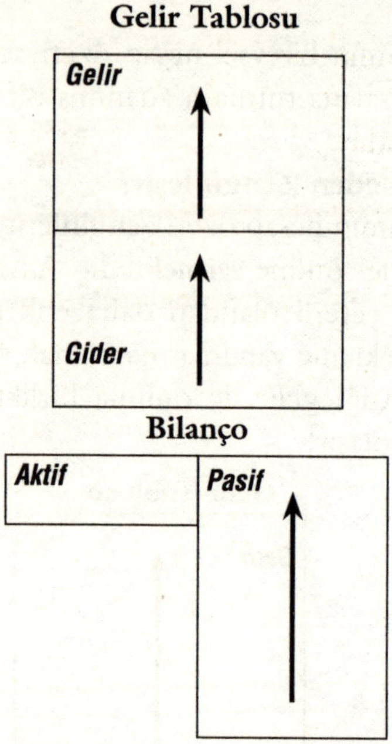

Eve yatırım gözüyle bakma ve maaş artışını daha büyük bir ev satın almak ya da daha çok harcama yapmak için kaynak olarak görme anlayışı günümüzün borca dayalı toplumunun temelidir. Gider artışı süreci yüzünden işlerinde daha yüksek basamaklara çıkıp düzenli olarak maaş zammı görseler de, pek çok aile daha büyük borçlar altına girer ve daha çok maddi bilinmezle karşı karşıya kalır.

1990'lı yıllardaki toplu işten çıkarmalar –işletmelerin küçülmesi– orta sınıfın mali yönden ne kadar kaygan bir zeminde olduğu gerçeğine ışık tutmuştur. Şirketlerde emeklilik ikramiyesi kavramının yerini ansızın **401k*** programları almıştır. Sosyal sigortanın başının dertte olduğu ve emeklilik günleri için çözüm olmadığı apaçık ortada. Orta sınıf paniğe

---

* Çalışanın maaşından emeklilik dönemi için şirketlerce kesilen, Türkiye'deki belli kurumların uyguladığı Emekli Sandığı Programı benzeri bir uygulama –çn.

düşmüş durumda. Bunun yanı sıra, bu insanların çoğunun bu sorunların farkına varması ve şirket hisseleri almaya başlaması olumlu bir gelişme. Yatırımlardaki bu artış borsaya para hareketlerinin hız kazanması olarak yansımakta. Günümüzde orta sınıfın talebine yanıt olarak, giderek daha çok şirket hisseleri piyasaya sürülmekte.

20 YIL ÖNCE BUGÜN...
EMEKLİLİK PLANLARI

Enron'dan beri açıkça görülüyor ki, emeklilik planları sorunlu bir durumdadır. Yunanistan, İtalya ve California gibi, devlet emeklilik planları bile emeklilere olan borçlarını ödeyememektedir. Demek ki bir zamanlar yaşlılık ve emeklilik için güvence olan emeklilik planı, artık garanti değildir. Borsa 2009 da düştüğünde 401(k) larını, RRSP ya da Süper Emekliliklerini biriktirmiş olsalar bile, emekliliğin eşiğine gelmiş herkes zor durumdaydı.

Şirket hisselerinin revaçta olmasının nedeni güvenceli olmalarından ileri geliyor. Standart şirket hissesi alıcıları vergilerini, ipotek borçlarını ödemek, çocuklarının gelecekteki üniversite masrafları için para biriktirmek ve kredi kartı harcamalarını karşılamaktan başlarını kaldıramazlar. Yatırım yapmayı öğrenecek zamanları yoktur, bu yüzden hisse yöneticisinin önerilerine güvenmek zorundadırlar. Öte yandan, şirket hisseleri arasında pek çok farklı yatırım türü bulunduğundan, bu çeşitlilik sayesinde paralarının emin ellerde olduğuna inanırlar.

Eğitimli orta sınıfa giren bu grup, fon aracıları ve finans uzmanlarının ortaya koyduğu çeşitlilik dogmasına sarılır: Sağlam oynayın. Riskten kaçının.

Ortalama orta sınıftan insanların karşılaştığı riski yaratan asıl trajedi erken yaşta finans eğitimi almamış olmaktır. Sağlam adım atmak zorundadırlar, çünkü mali durumları kısıtlıdır. Bilançoları dengede değildir. Gelir getirecek gerçek aktifler yerine pasiflere sahiptirler. Tek gelir kaynakları maaşlarıdır. Yaşamları işverenlerine bağlıdır.

Böylece gerçek anlamıyla 'ömür boyu anlaşmalar' gündeme geldiğinde, fırsatları değerlendiremezler. Sağlamcı olmalıdırlar, çünkü çok çalışmakta, yüksek oranlarda vergi ödemekte ve borç içinde yüzmektedirler.

Bu bölümün başında da değindiğim gibi en önemli kural aktifle pasif arasındaki farkı bilmektir. Bu fark anlaşıldıktan sonra tüm dikkatinizi gelir getiren aktifler almaya verin. Zengin olma yolunda atılacak ilk adım budur. Bunu yerine getirirseniz aktif sütununuz büyüyecektir. Pasiflerinizi ve giderlerinizi düşük tutmaya dikkat edin. Böylece aktif sütununa sürekli para akıtma şansınız olacak. Çok geçmeden aktif temeliniz öyle derinleşir ki daha spekülatif yatırımlara yönelme olanağı doğar. Bunlar geri dönüşü yüzde 100'den sonsuza kadar olabilecek yatırımlar, 5000 doların 1 milyon dolar getiri doğurabileceği yatırımlar, orta sınıfın 'çok riskli' diye tanımladığı yatırımlardır. Yatırım riskli değildir. Kişinin 'yüksek risk' göze almasına yol açan, finans bilgisizliği sonucunda mali zekâsının gelişmemesidir.

Eğer sürüye kapılırsanız karşınıza çıkacak yandaki tablodur.

Gelir Tablosu

Gelir	*İşverene çalışmak (maaş)*
Gider	*Devlete çalışmak (Vergiler)*

Bilanço

Aktif	*Pasif*
	Bankaya çalışmak (Ev kredisi)

Ev sahibi bir çalışansanız genellikle şöyle bir çaba içindesinizdir:

1. **Biri için çalışırsınız.** Maaş karşılığı çalışanların çoğu patronu ya da hissedarı zenginleştirir. Çabalarınız ve başarınız patronun başarısına ve emekliliğine katkıda bulunur.
2. **Devlet için çalışırsınız.** Devlet payını siz daha maaşınızı görmeden alır. Daha çok çalışmakla devletin aldığı vergi miktarını artırmış olursunuz. Devlet memurlarının çoğu ocaktan mayısa kadar salt devlete kazandırmak için çalışır.
3. **Banka için çalışırsınız.** Vergilerden sonra en büyük gideriniz kesinti ve kredi kartı borcunuzdur.

Daha çok çalışmanın yarattığı sorun, bu üç aşamadan her birinin artan çabalarınızdan kendi payına düşeni almasıdır. Öğrenmeniz gereken, artan çabalarınızın doğrudan sizin ve ailenizin yararına nasıl dönüştürüleceğidir.

Kendi işinize odaklanmaya karar verdikten sonra amacınızı nasıl belirlersiniz? Çoğu kimse mesleklerini sürdürmek ve gelir getiren aktif mallar edinmek için maaşına güvenmek zorunda.

Aktifleri büyürken başarılarının boyutunu nasıl ölçerler? Kişi zengin olduğunu, servete sahip olduğunu nasıl fark eder? Aktif ve pasiflerin tanımından başka servetin tanımlanması da önemli. Ben bu tanımlamaları R. Buckminster Fuller adında bir adamdan ödünç aldım. Kimi ona şarlatan gözüyle bakar, kimi de ayaklı kütüphane. Yıllar önce, 1961'de adına jeodezik kubbe denen üçgen kalıplardan kurulu bir bina tarzı için patent başvurusunda bulunduğunda bütün mimarlar hop oturup hop kalkmıştı. Ama sıra uygulamaya geldiğinde Fuller'ın servet üstüne söyleyeceği bir şeyler de vardı. Söyledikleri önce epey karmaşık görünse de iyice okuduktan sonra anlam ifade etmeye başladı:

Servet, kişinin ileride yaşayacağı onca gün boyunca ayakta kalabilme yeteneği ya da bugün çalışmayı bıraktığında ayakta kalabilme gücüdür.

Net değerin –kişinin gelir getiren malvarlıklarıyla pahalı ıvır zıvır ve eşyalarının tahmini değeri arasındaki fark– tersine bu tanım doğru bir ölçüm geliştirme olanağı tanır. Şimdi mali açıdan bağımsızlığa erişme amacımın hangi aşamasında olduğumu ölçüp doğru dürüst bilebiliyordum.

Net değer, ardiyenizde duran satın aldığınız, öteberi gibi nakit getirmeyen aktifleri ifade ederken servet paranızın ne kadar para getirdiğini, dolayısıyla mali dayanıklılığınızı ifade eder.

Servet, harcama sütunuyla aktif sütununun karşılaştırılmasından nakit akışının ölçümüdür.

Bir örnek verelim: Diyelim ki aktif sütunundan ayda 1000 dolarlık nakit akışım var. Aylık giderim de 2 bin dolar. Servetim ne kadar?

Buckminster Fuller'ın tanımlamasına dönelim. Onun tanımıyla daha kaç günlük parasal gücüm var? Varsayalım ki otuz çeken bir aydayız. Demek ki yarım ay boyunca yetecek nakit akışım var.

Eğer malvarlıklarımdan gelen nakit akışı ayda 2 bin doları bulursa o zaman zenginim demektir.

Öyleyse henüz zengin değilim, ama varlıklıyım. Her ay, aylık harcamalarımı tamamen karşılayan aktif varlıklarımın ürettiği gelirim var. Harcamalarımı artırmak istersem önce bu servet düzeyini korumak için malvarlıklarımdan gelen nakdi artırmam gerek. Unutmayın ki bu aşamada artık maaşıma bağımlı biri değilim. Bana maddi bağımsızlığımı sağlayan aktif sütunumu inşa etmede başarılıyım. Bugün işimden ayrılsam bile aktiflerimden gelen net gelirle aylık harcamalarımı karşılayabilirim.

20 YIL ÖNCE BUGÜN...
VARLIK VE NAKİT KAYNAKLARI

Bugün çok az kişinin yaşayacak kadar parası var, hatta bir ay yaşayacak kadar bile parası olmayanlar mevcut. Örneğin birçok Amerikalının tasarrufu 400 dolardan daha az. 2016 yılında daha sarsıcı bir istatistik, GO Bankacılık Rates araştırması raporu, Amerikalıların %34'ünün hiç tasarrufu olmadığını belirtiyordu. Bir maaş çeki ya da hükümet yardımı olmadan, uzun bir süre yaşamını sürdürebilecek kişi sayısı azdır.

Bundan sonraki hedefim aktiflerimden gelen nakit akışı fazlasını yeniden aktif sütunuma aktarmak. Aktif sütunuma ne kadar çok para girerse o kadar büyür. Aktiflerim ne kadar büyürse nakit akışım, net gelirim o kadar artar. Giderlerimi aktiflerimden gelen nakit akışından daha az tuttuğum sürece, daha da zenginleşeceğim, fiziksel çabamdan gelen kaynaklardan başka gelire sahip olacağım.

Bu yeniden yatırım süreci sürdükçe zengin olma yolunda emin adımlarla ilerlerim. Zenginin gerçek tanımı bakış açısına göre değişir. Hiçbir zaman fazla zengin olunmaz.

Şu basit gözlemi aklınızdan çıkarmayın:

Zenginler aktifleri satın alır.
Yoksulların yalnızca giderleri vardır.
Orta sınıf aktif olduğunu zanettiği pasifler alır.

Peki kendi işimi kurmaya nasıl girişirim? Çözüm nedir? Diğer bölümde bahsedeceğimiz McDonald's zincirlerinin kurucusuna kulak verin.

Çalışma Oturumu

Ders 2:
Niçin Finansal
Okur-Yazar Olmalısınız?

Özet

Robert ve Mike'ı yaklaşık otuz beş yıl sonra tekrar ziyaret ettik. Mike, babasının şirketini devralmıştı ve zengin babadan bile daha iyi iş yapıyordu.

Robert'a gelince o, 1994 yılında 47 yaşında emekli oldu. Eşiyle ortak olan servetleri, sağlam bir ağaç gibi kendiliğinden büyümektedir.

Robert, bazıları büyük lider ve zengin işadamı olan kişilerin, 1923'teki toplantılarının hikâyesini paylaşmaktadır. Aralarında, en büyük çelik ve gaz şirketinin sahibi, New York Borsasını yöneten ve Başkan Harding'in kabinesinde olan kişiler vardı. Yirmi-beş yıl sonra birçoğunun hayatı, iflas ederek, sürgüne giderek ya da hapse girerek feci şekilde sona ermişti.

Muhtemelen, 1929'da borsanın düşmesi ve Büyük Bunalım kaderlerinde rol oynadı, oysa bugün biz, daha büyük bir karmaşa ve değişim içinde yaşamaktayız. Hayatta kalabilmemiz için paradan daha önemli olan, eğitimimiz ve öğrenme yeteneğimizdir.

Ne kadar kazandığınız değil, ne kadar tuttuğunuz ve kaç nesil tuttuğunuz önemlidir.

Onun için insanlar Robert'a zengin olmak için nereden başlamaları gerektiğini sorduklarında Robert onlara, zengin babasının verdiği cevabın aynısını vermektedir: "Zengin olmak istiyorsanız finans konusunda bilginizin olması gerekir."

Robert bunu, birçok kişinin küçük bir ev için uygun olan betonun üstüne gökdelen yapmalarıyla karşılaştırmaktadır. Çünkü çocuklar okuldan çok az finansal eğitimle mezun olmakta, yetişkin hayatlarına Amerikan Rüyası peşinde istekle gitmekte, ancak kendilerini borç içinde bulmaktadırlar. Görebildikleri tek çıkış yolu, zengin olma taktiğidir.

Ancak geçmişte bu finansal bilgiye sahip olmadıkları için çabaları, zayıf bir temel üstüne gökdelen dikmeye benzemektedir, Empire State Binasını yaratmak yerine, Yan Yatmış Taşra Kulesi elde etmektedirler. Halbuki Robert ve çocukluk arkadaşı Mike, zengin babanın öğretisi sayesinde bir gökdelene layık güçlü bir temele sahiptir.

Muhasebe, konu olarak sıkıcıdır, karışıktır ve finansal başarı için kesinlikle çok önemlidir. Zengin baba muhasebeyi çocuklar için erişilebilir kılmak üzere çizimler kullandı. Sayıları daha sonra, yalnızca çocukları anahtar kavramlara doğru yönlendirirken, kullanmaya başladı.

Robert'ın söylediğine göre 1 numaralı kural, aktif ve pasif arasındaki farkı bilmek ve sadece aktif satın almaktı. Çok basit olmasına rağmen, pek çok kişi bunu anlamamaktadır.

Zengin baba bunu yeni delikanlı olmuş çocuklara ilk anlattığında onun şaka yaptığını düşündüler. Yetişkinler bunu nasıl anlamıyordu? Herkesin zengin olmayı istemesi gerekmez mi?

Sorun çoğu kişinin bankacılar, finansal planlamacılar ve diğerleri tarafından farklı eğitilmiş olmalarıydı, bunu anlamaları için bildiklerini düşündükleri şeyden vazgeçmeleri gerekmektedir. Bazıları bu basit başlangıca dönmeyi küçük düşürücü bulmaktadır.

"Aktif" ve "pasif"in doğru tanımlaması sözcüklerle değil, ancak sayılarla yapılabilir.

Robert, okuyuculara yardım etmek için, zengin babanın yaptığı gibi çizimler kullanmaktadır.

Bu aktif varlıkların nakit akış modelidir:

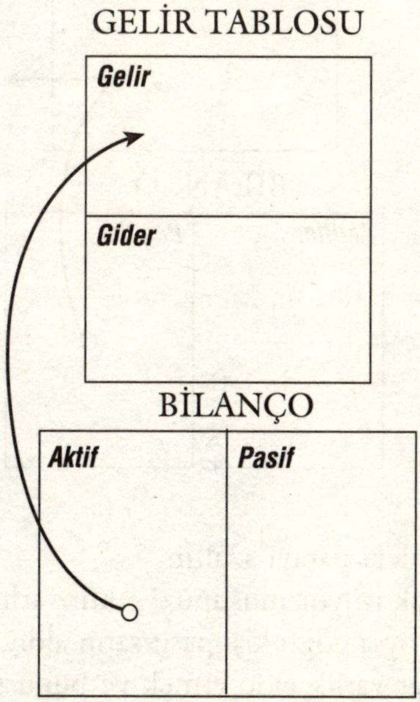

Şeklin üst bölümünde Gelir Çizelgesi bulunur, genellikle Kâr ve Zarar çizelgesi olarak adlandırılır. Bu çizelge gelir ve masrafları ölçmektedir: Giren ve çıkan parayı. Şeklin alt bölümünde Bilanço vardır. Böyle adlandırılmasının nedeni, aktifleri, pasiflere karşı dengelemesidir.

Aktifler gelirinizi artırır. Cebinize para koyar.

Bu pasif varlıkların nakit akışı modelidir:

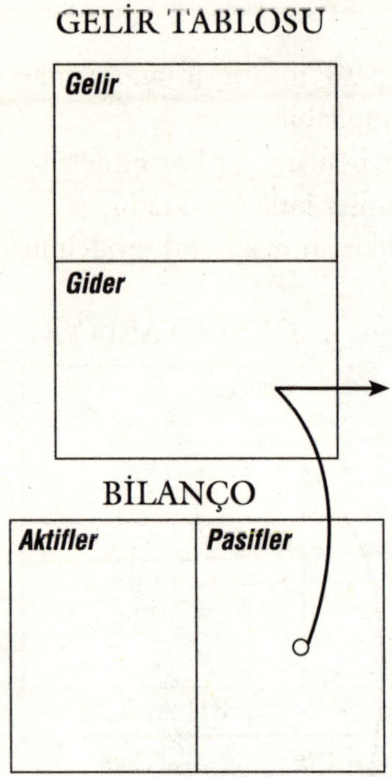

Pasif cebinizdeki parayı azaltır.

Zengin olmak istiyor musunuz? Aktif varlık satın alın. Bu kolay görünür, oysa çoğu kişi pasif satın aldığı için mücadele etmektedir. Eğer varlık elde etmek ve bunu sürdürmek istiyorsanız finansı anlamak üzere bilgi edinmeniz gerekir.

Finans anlayışının anlamı, sadece sayıları değil, sayıların hikâyeyi nasıl anlattıklarını değerlendirmektir. Her şeklin içindeki okları, paranın nereye aktığını ya da "nakit akışını" görmek için izleyin. Size o finansal hikâyenin konusunu anlatacaktır.

Nakit akışı, bu basitleştirilmiş şekiller yoluyla, her insanın parayı nasıl kullandığının hikâyesini anlatmaktadır.

Bu yoksul kişinin nakit akışı modelidir:

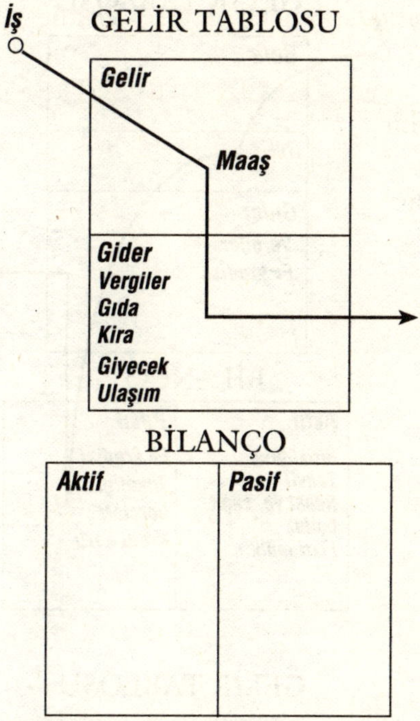

Borcu olanlar genellikle çözümün daha fazla para kazanmak olduğunu düşünür. Oysa daha fazla para tek başına, her zaman sorunlarını çözmediği gibi, onları arttırabilir. Piyango ya da miras yoluyla ellerine beklenmedik bir para geçen pek çok insan bu nedenle o parayı çok çabuk harcar. Nakit artışı yalnızca, harcamada artış olarak sonuçlanır.

Birçok insanda eksik olan, finansal eğitimdir. Onun için mesleklerinde başarılı olsalar bile, halâ parayla mücadele ederler. Nasıl para kazanacaklarını öğrenmiş olabilirler, oysa parayı nasıl idare edeceklerini öğrenmemişlerdir. İnsanlar eğitimli bile olsalar, finans konusunda cahil olabilirler. Para için çok çalışmayı öğrenmişlerdir ama parayı kendileri için çok çalıştırmayı öğrenmemişlerdir.

Bu orta sınıf bir kişinin nakit akışı modelidir:

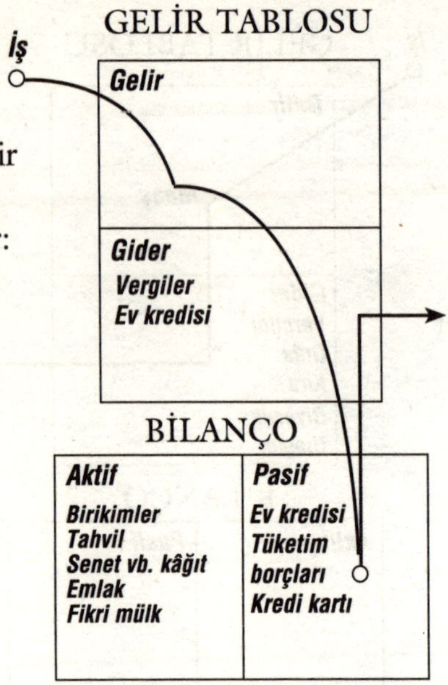

Bu zengin bir insanın nakit akışı modelidir:

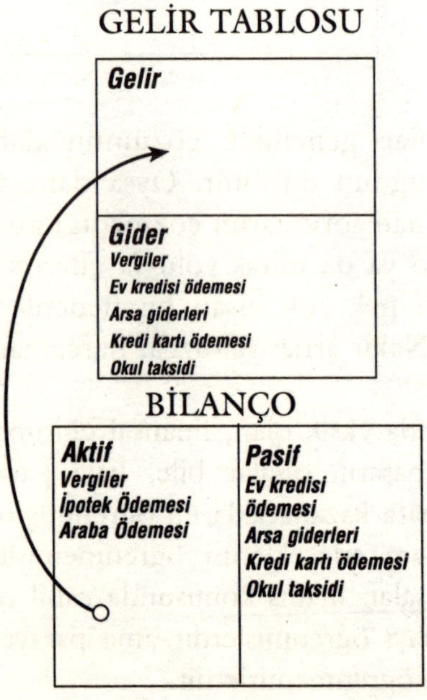

Robert, evlenen ve birlikte yaşamaya başlayan genç bir çiftin hikâyesini anlatır. Gelirleri artmaya başlar ama giderleri de artar.

Çift, çoğu kişi için 1 numaralı masraf olan vergi şokuyla karşılaşmıştır.. Ve pek çok kişi için en büyük şok gelir vergisi değil, Sosyal Güvenliktir. Kabaca, yüzde 15 (Sosyal güvenlik vergisi Tıbbi Bakım vergi oranıyla birleşir, bunların tümünün işveren tarafından birleştirilmesi gerekmektedir, işverenin şu anda işçiye ödeyemediği fonlar bunlardır.) Ve çalışandan bu miktar üstünden de gelir vergisi istenmektedir.

Genç çift bu vergilerle ve ev aldıktan sonra bir de mülk vergisiyle karşılaşmıştır. Evle birlikte yeni bir araba, yeni mobilyalar ve yeni elektronik aletler. Bu pasiflere ipotek ve kredi kartı borcu da eklenince gider birdenbire artar.

Çift, yarış ortamında köşeye sıkışmıştır. Karışıma bir de bebek eklenir ve daha çok çalışırlar: daha yüksek gelir, daha yüksek vergilere yönlendirir. Borç toplamaya devam ederler, en sonunda borçlarını ipotekle birleştirerek yapılandırırlar. Ancak alışkanlıkları değişmemiştir, böylece kredi kartı borcu devam etmektedir, ev borçlarının vadesini uzatmışlardır.

Bu ve buna benzer pek çok çiftin gerçek sorunu, sahip oldukları parayı nasıl kullanacaklarını bilmemektir. Buna neden olan finansal cehalettir ve aktifle pasif arasındaki gerçek farkı anlamamaktır.

Çoğu kişi, bir şeyin mantıklı olup olmadığını sorgulamak için zaman ayırmadan, basit bir şekilde kalabalığın yaptığını izler. Genellikle, bilinçsiz olarak onlara söyleneni tekrarlarlar: "Değişik alanlara yönel." "Evin bir aktiftir." Daha fazla borca girersen vergi indirimi alırsın." "Güvenli bir iş bul." "Hata yapma." Risk alma."

Zengin babanın toplantılarında oturarak epeyce zaman geçiren Robert ve Mike, onun çevresinde bulunan bilgili kişilerden çok şey öğrendi ve okulda öğretilen hep aynı, değişmeyen bilgileri sorgulamaya başladılar. Bu durum sorunlara neden oldu ve onları öğretmenlerinden uzaklaştırdı.

Ayrıca Robert'ın kendi babasıyla arasında, para konusunda ve özellikle babasının, evini en büyük yatırım olarak görmesi nedeniyle anlaşmazlık başladı. Zengin baba tam aksine, evini bir pasif olarak görmekteydi.

Birçok kişi halâ evlerinin bir aktif varlık olduğuna inanmaktadır. Oysa Robert, evin bir pasif olduğunu öğretmektedir, çünkü yalnızca vergi ve masraflarla değil, değer kaybı ve bütün paranın eve bağlı olması nedeniyle kaçan fırsatlardan dolayı da cebinizden para çıkmasına neden olur. Ve bu sizin, yatırım yaparak deneyim kazanmanızı engeller.

Bunun anlamı daha büyük bir ev almanızın sakıncalı olduğu değildir. Ama önce, evin parasını ödemek için nakit akışını sağlayacak aktifleri aldığınızdan emin olmanız gerekmektedir. Masrafları karşılamaya yeterli miktardan daha çok gelir sağlamaya yeterli aktif olduğunda denge, aktiflerin içine yeniden yatırım yapmış olur ki bu, daha fazla gelir sağlar. Sonuç şudur ki, aktifler ve pasifler arasındaki farkı anlayan zengin, daha da zenginleşir.

Orta sınıf yarış ortamında köşeye sıkışır, çünkü gelir üreten bir aktife yatırım yapmak yerine evlerini aktif varlık olarak görürler. Ayrıca başlıca gelir kaynakları maaşları olduğundan sıkışırlar, gelirleri arttığında vergileri de artar.

Birçoğu müşterek fonlara yatırım yapar, hesaplarını idare etmek üzere bir yöneticiye para verir, çünkü kendilerinin bunu yapmak için zamanı ve uzmanlığı yoktur. Müşterek fonların güvenli olduğu duygusu içindedirler ve güvenli adım atmak durumundadırlar, çünkü bilançoları dengede değildir. Fırsatlardan yararlanamazlar, çünkü borç içinde olmaktan yorulmuşlardır ve para getiren tek şey maaşlarıdır.

Zengin olmak istiyor musunuz? Bir aktifin ne olduğunu gerçekten anladığınızda, çabalarınızı gelir üreten aktiflere yoğunlaştırın. Pasifleri ve masrafları düşük tutun. Aktiflerinizi artırmayı başarırsınız.

Zengin olduğunuzu nasıl anlayacaksınız? Robert, R. Buckminster tarafından yapılmış bir tanımlamayı kullanmaktadır: "Zenginlik, kişinin ileriye doğru çok uzun zaman hayatta kalabilme yeteneğidir – ya da bugün çalışmayı bıraktığında ne kadar zaman hayatta kalabileceğidir."

Bir başka şekilde ifadesi: Zenginlik, aktif sütunu gider sütunuyla karşılaştırıldığında aktif sütunundan akan nakitin ölçüsüdür. Aktifleriniz giderlerinizi karşılamaya yetecek kadar gelir oluşturduğunda, henüz zengin olmasanız bile, varlıklısınızdır.

Sol-yarıküre açısı: Sayılara bakın ve onların anlattığı hikâyeyi okumayı öğrenin. Aktifler cebinize para koyar. Eğer bir şey cebinizden para çıkartıyorsa o aktif değildir; o bir pasiftir.

Sağ-yarıküre açısı: Bilanço çizimleri, farklı kişilerin hayatları yoluyla, para hareketini açıklamaya yardım etmektedir.

Bilinçaltı açısı: Toplumdan dışlanma korkusu, insanların genel kabul gören düşüncelere ya da popüler eğilimlere uymalarına, sorgulamamalarına, genellikle de finansal olarak hasar görmelerine neden olmaktadır.

Robert ne söylemekteydi

Şimdi yansıtma zamanı. Kendinize sorun, "Bu parçada Robert ne söylüyor? Ve "*Bunu niye söylüyor?*" Bu bölümde Robert'a katılmak ya da katılmamak zorunda değilsiniz. Hedef, Robert'ın ne söylediğini anlamaktır. Robert'ın ne söylediğini anlamıyorsanız bundan rahatsız olmayın. Anlamak için yardım isteyin. Her parçayı anlayana kadar tartışmak için zaman ayırın:

"Ne kadar para kazandığınız değil, ne kadar para tuttuğunuz önemlidir."

"Akıl, sorunları çözer ve para üretir. Finansal akıl olmadığı takdirde para kısa zamanda gider."

"Eğer Empire State Binasını inşa edecekseniz ilk yapacağınız iş, derin bir çukur kazıp içine güçlü bir temel dökmektir. Eğer taşrada bir ev inşa edecekseniz tek yapmanız gereken, on beş santimetre kalınlığında donmuş bir betondur. Çoğu kişi zengin olma yollarında, on beş santimetre kalınlığındaki beton üstüne, Empire State Binası inşa etmeye çalışmaktadır."

"Zengin insanlar, aktif varlık edinir. Yoksul ve orta sınıf aktif varlık olduğunu zannettikleri pasifler edinir."

"Eğer elinize geçen her şeyi harcama alışkanlığınız varsa muhtemelen nakit artışı sadece harcama artışıyla sonuçlanacaktır."

Ailelerin yüzde 80'inin finansal hikâyesi, ileriye gitmek için ağır bir şekilde çalıştıklarını resmetmektedir. Halbuki bu çaba boşunadır, çünkü hayatlarını aktif varlık yerine pasif satın alarak geçirirler."

"İnsanların büyük çoğunluğu, parayı tam olarak anlamadıkları için, onun ürkütücü gücünün kendilerini denetlemesine izin verir."

İlave Sorular

Şimdi bu bölümdeki hikâyeleri, Robert'ın ne söylediğini anlayarak kendinize ve hayatınıza uygulama zamanı. Aşağıdaki soruları kendinize sorun ve onları çalışma arkadaşınızla tartışın. Eğer verdiğiniz bazı cevapları beğenmiyorsanız kendinize, değişmek isteyip istemediğinizi ve düşüncelerinizi ve zihin yapınızı değiştirme zorluğunu kabul edip etmeyeceğinizi sorun.

1. Finansal eğitiminiz ne zaman başladı? Bu kitap ya da başka bir kaynak vasıtasıyla mı başladı?
2. Robert'ın aktif ve pasif tanımlamalarını ilk okuduğunuzda ne tepki verdiniz?

3. Evin bir aktif varlık olmadığını belirttiğinde ne tepki verdiniz? Kendi evinizi bir aktif varlık olarak görmüş müydünüz? İddiasını tam olarak göz önüne serdiğinde fikrinizi değiştirdi mi?
4. Sizin hayatınıza en fazla benzeyen nakit akışı hangisi?
5. Evinizin dışında, aktif varlık olduğunu düşündüğünüz halde daha sonra pasif olduğu ortaya çıkan başka bir şey var mı?
6. Bu ifadeye katılıyor musunuz? "Çoğu insanın eğitiminde eksik olan, nasıl para kazanılacağı değil, ancak parayı nasıl idare edeceğidir." Katılıp katılmamanızın nedenini açıklayınız.
7. Zengin baba çocuklara şöyle söyledi: "Muhasebede önemli olan sayılar değil ama sayıların size ne anlattıklarıdır." Sizin hayatınızdaki sayılar nasıl bir hikâye anlatmaktadır.
8. Geçmişinizde, terfi ya da maaş artması gibi görünen bir başarının, sizi beklediğiniz bilanço sonucuna ulaştırmadığı zaman hangisidir?
9. Bugün çalışmayı durdurursanız kaç gün hayatta kalabilirsiniz? Cevabınız, sizi şaşırtıyor mu, korkutuyor mu?

Terim tanımlamaları

401(k): ERİSA Hareketi tarafından 1974 yılında, şirketler emekli çalışanlarının sağlık bakımını sağlayamayacaklarını fark ettiklerinde geliştirilmiş, B.M. emeklilik planı.

AKTİF: En az iş gücüyle, "cebinize" para koyan şey.

BİLANÇO: Gelir çizelgesi şeklinin alt bölümü, böyle adlandırılmasının nedeni, aktifleri pasiflere karşı dengelediği düşünüldüğü içindir.

NAKİT AKIŞI: Gelir olarak giren ve gider olarak çıkan nakit. Bir şeyin, gelir, gider, aktif ya da pasif olup olmadığını nakit akışının yönü belirler. Nakit akışı hikâye anlatır.

FİNANSAL EĞİLİM: Parayı kazandığınızda onu nasıl idare edersiniz, başkalarının sizden almaması için nasıl korursunuz, elinizde uzun zaman nasıl tutarsınız ve o parayı kendiniz için nasıl çok çalıştırırsınız.

ALTIN KURAL: Kuralları, altına sahip olan koyar.

GELİR: Bireyin ya da işyerinin düzenli iş faaliyetleri sonucunda alınan para.

GELİR ÇİZELGESİ YA DA KÀR-VE-ZARAR ÇİZELGESİ: Gelir ve giderleri, giren ve çıkan parayı ölçer.

PASİF: Cebinizden para çıkaran varlık.

MÜŞTEREK FON: Profesyonel bir yatırım şirketi tarafından idare edilen ve paylar yoluyla bireysel yatırımcılar tarafından izlenen çeşitli hisseler, tahviller ya da bir arada gruplanmış menkul değerler. Paylar birçok şirkette, doğrudan mülkiyet değerine sahip değildir.

SOSYAL GÜVENLİK: Kişilere yaşlandıklarında ve engellenme durumlarında destek sağlamak için, otomatik maaş bordroları kesintileri yoluyla ortak olarak finanse edilen bir sosyal yardım ya da sigorta programı.

NOTLAR

Bölüm 3

Ders 3:
Kendi İşinize Bakın

Herkes gelir çizelgelerine odaklanırken zenginler aktif sütunlarına odaklanır.

1974 yılında McDonald's kurucusu Ray Kroc'a, Austin'deki Teksas Üniversitesi İşletme Bölümü doktora sınıfında konuşma yapması teklif edilmişti. Değerli arkadaşlarımdan biri, Keith Cunningham, o sınıfta öğrenciydi. Etkileyici ve güçlü konuşmanın ardından öğrenciler Ray'e, okuldan sonra gittikleri birahanede kendileriyle birlikte birkaç bira içip içmeyeceğini sormuşlar. Ray sevinerek kabul etmiş.

Herkes birasını aldıktan sonra Ray onlara, "Ben ne işindeyim?" diye sormuş.

"Hepimiz güldük," diye anlatmıştı Keith. "MBA öğrencilerinin çoğu Ray'in dalga geçtiğini düşünmüştü."

Kimseden ses soluk çıkmayınca Ray sorusunu bir daha yöneltmiş: "Ne işinde olduğumu düşünüyorsunuz?"

Öğrenciler yine gülmüş, sonunda gözüpek biri çıkıp bağırmış: "Ray, dünyada senin hamburger piyasasında olduğunu bilmeyen mi var?"

Ray kıkırdamış. "Böyle diyeceğinizi biliyordum." Bir an duraksadıktan sonra şöyle demiş: "Bayanlar ve baylar, ben hamburger işinde filan değilim. Ben emlak işindeyim."

Keith, daha sonra Ray'in kendi bakış açısını anlatmak için epey zaman harcadığını anlatmıştı. İşi planlarken Ray, temel hedefin hamburger satış yetkisi satmak olduğunun farkındaymış, ancak zincirin her bir halkasının bulunduğu yerin önemini asla göz ardı etmemiş. Her bir yetkili satış noktasının başarısında en önemli etkenin emlak ile onun yeri olduğunu hiç aklından çıkarmamış. Temel olarak, satış zincirinin bir halkasını satın alan kişi, aynı zamanda Ray Kroc'un organizasyonu içinde yerin mülkünü satın almış.

Bugün, McDonald's dünyada tek başına en büyük mülk sahibi kuruluş, malvarlığı Katolik Kilisesinden bile fazladır. McDonald's Amerika'da olduğu kadar dünyanın öteki ülkelerinde de en değerli kavşaklara ve köşebaşlarına sahip.

Keith ömründe aldığı en önemli derslerden biri olduğundan söz etmişti. Bugün Keith'in araba yıkama şirketleri var, ama yıkama şirketlerini işletirken aslında emlakçılık yapıyor.

---

20 YIL ÖNCE BUGÜN...
HIZLA İLERİ SARALIM: 2017

McDonald's, 7-Eleven ve KFC en çok bayilik veren markalar sıralamasında yerlerini korumaktadır. 2016'da en çok bayilik veren bu üç markanın satışları toplamda 2,2 ya da 12,5 milyon dolar arttı.

Bundan önceki bölümün sonunda yer alan çizimler çoğu kimsenin kendisinden başka herkes için çalıştığını ortaya koymaktaydı. Önce şirket sahipleri için, sonra ödedikleri vergiler nedeniyle devlet için ve son olarak da ipoteği tutan banka için çalışırlar.

Küçük bir çocukken oturduğumuz mahallenin yakınlarında McDonald's yoktu. Ancak zengin babam, Ray Kroc'un Teksas Üniversitesinde verdiği dersi Mike'la bana vermeyi üstlenmişti. Bu zenginlerin 3 numaralı sırrıdır. Sır şu: "Kendi işinize bakın." Maddi sıkıntı çoğu kez yaşamları boyunca başkası için çalışan insanların başına gelir. Çoğu, çalıştığı onca işgününün sonunda hiçbir şey elde etmez.

Eğitim sistemimiz bugünün gençlerini bilgiye dayalı becerilerini geliştirerek kendilerine iyi işler bulmaya odaklıyor. Yaşamları maaşlarının ya da daha önce tanımlandığı gibi, gelir sütunlarının çevresinde dönecek. Bilgiye dayalı becerilerini geliştirdikten sonra mesleki yeteneklerini ilerletmek üzere öğrenimin basamaklarında ilerlerler. Mühendis, bilim insanı, aşçı, polis memuru, sanatçı, yazar vb olmak için okurlar. Bu mesleki beceriler onların işgücüne katılmalarına ve para için çalışmalarına olanak sağlar.

Mesleğinizle işiniz arasında büyük bir fark vardır. İnsanlara genellikle "İşiniz nedir" diye sorarım. "Bankacıyım" diyeceklerdir. Sonra onlara banka sahibi mi olduklarını sorarım. Alışılmış cevapları şudur: "Hayır orada çalışıyorum." O anda, işleriyle mesleklerini karıştırmışlardır. Meslekleri bankacılık olabilir, yine de kendi işlerine ihtiyaçları vardır.

Okulla ilgili sorunlardan biri, neyin eğitimini almışsanız o işi yapmanızdır. Eğer yemek pişirme okuluna giderseniz aşçıbaşı olursunuz. Hukuk okursanız avukat, otomobil mekaniği tahsili görürseniz tamirci olursunuz. Eğitim gördüğü dalda çalışma yanılgısı, insanların kendi işlerine bakmayı unutmalarıdır. Yaşamlarını başkasının işinde çalışarak ve o kişiyi zengin ederek harcarlar.

Mali açıdan güvende olmak için insan kendi işine bakmalıdır. Gelir sütununuzun tersine, işiniz aktif sütununuzun çevresinde döner. Daha önce de belirtildiği gibi, birinci kural aktif ve pasif arasındaki farkı bilmek ve aktif varlıklardan edinmektir. Herkes gelir hesaplarına önem verirken zenginler dikkatlerini aktif sütunlarına verir.

Bu yüzden şu lafları çok sık duyarız: "Zama ihtiyacım var." "Ah, bir terfi etseydim." "Daha iyi bir iş bulmak için yeniden okula gidiyorum." "Fazla mesai yapmam gerek." "Belki ikinci bir iş bulurum." "İki haftaya kadar işi bırakıyorum. Daha yüksek ücretli bir iş buldum."

Hayatlarını başkaları için çalışarak geçiren insanların sonu, genellikle finansal mücadeledir.

Kimi çevrelerde bu fikirler revaçtadır. Ancak Ray Kroc'a kulak verecek olursanız hâlâ kendi işinize bakmıyorsunuz demektir. Bu fikirler hâlâ gelir sütunuyla ilgilidir ve kişi, ancak ek parasını gelir getiren malvarlığı edinmede kullanırsa maddi güvence sağlar.

Yoksul ve orta sınıfın çoğunluğunun parasal yönden tutucu olmasının, diğer bir deyişle "Riski göze alamam," demelerinin başlıca nedeni, finansal temele sahip olmamalarıdır. İşlerine bağlı kalmak zorundadırlar. Sağlam adımlar atmalıdırlar.

Küçülme revaçta olduğunda milyonlarca çalışan, sözde en büyük malvarlıkları olan evlerinin onları canlı canlı yediğini anladı. Ev denen aktifleri her ay onlara yüktü. Bir diğer 'aktif' olan araba, onları yiyip bitiriyordu. 1000 dolar ödedikleri garajda duran golf sopaları artık 1000 dolar etmiyordu. İş güvencesi olmaksızın dayanaktan yoksundular. Aktif diye gördükleri hiçbir şey onları mali kriz döneminde destekleyemiyordu.

Sanırım çoğumuz bir bankaya gidip ev ya da otomobil kredisi başvurusunda bulunmuşuzdur. 'Net değer', başka deyişle 'öz sermaye' bölümüne bakmak her zaman ilginçtir. İlginç olmasının nedeni bankacılık ve muhasebecilik uygulamalarına göre kişilerin neleri aktif diye görebileceklerini aydınlığa kavuşturmasıdır.

Kredi başvurusunda bulunduğum bir dönemde maddi durumum yeterli gelmemişti. Ben de aktif sütunumu şişirmek için golf sopalarımı, resim koleksiyonumu, kitaplarımı, stereo müzik setimi, televizyonumu, Armani marka takım elbiselerimi, kol saatlerimi, ayakkabılarımı ve başka kişisel eşyalarımı mallarımın arasına yazmıştım.

Ancak başvurum geri çevrilmişti, çünkü fazlasıyla gayrimenkul yatırımım vardı. Apartman dairelerinden bu kadar çok para kazanmam kredi kurulunun hoşuna gitmemişti. Neden maaş aldığım normal bir işim olmadığını sormuşlardı. Armani elbiselerimi, golf sopalarımı ya da sanat koleksiyonumu merak eden olmadı. 'Standart' kimlik özelliklerinin dışında kaldığınızda yaşam acımasız olabilir.

Ne zaman biri bana net değerinin 1 milyon ya da 100 bin –ya da her ne kadarsa– dolar ettiğini söylese tedirgin olurum. Bunun en büyük nedenlerinden biri net değerin gerçeği yansıtmamasıdır, çünkü malvarlığınızı satmaya başladığınızda elde ettiğiniz kazançtan vergi alınır.

20 YIL ÖNCE BUGÜN...
İŞSİZLİK

Donald Trump'ın 2016'daki başkanlık kampanyası, iş konusuna odaklandı. "Raporlar" birtakım farklı formüller ve istatistikler yansıtırken işsizlik rekor seviyededir. Uluslararası İşçi Kurumu, küresel işsizliğin 2017'de 200 milyona varabileceğini öngördü. Başka bir iç karartıcı düşünce ise: Robotların Yükselişidir...

Bundan dolayı, geliri düşen kimseler kendilerini ağır bir maddi sıkıntıya sokar. Nakit sıkıntısından kurtulmak için aktiflerini satarlar. İşe kişisel mallarını satmakla başlarlar, ancak karşılığında aldıkları para kişisel bilançolarında yazanın altındadır. Ama kârlı çıkarlarsa o zaman da vergisini öderler. Demek ki devlet kazançtan payını alır, bu da onları borçtan kurtaracak miktarı azaltır. İşte bu yüzden kişinin net değeri sandığından 'düşük değerde' olabilir.

Kendi işinize bakmaya başlayın. Tam gün çalıştığınız işe devam edin, bir yandan da eve getirdiğinizde gerçek değerinden kaybeden pasifler ya da elbise vb kişisel eşyalardan uzak durup gerçek aktifler satın almaya bakın. Yeni bir araba, direksiyonuna oturup yola düştüğünüz anda ödediğiniz bedelin yüzde 25'ini kaybeder. Bankacınız arabanızın bir numaralı malvarlığınız olduğunu söylese bile araba doğru bir aktif değildir. 400 dolarlık yeni titanyum golf sopam ilk golf topunu vurduğum anda 150 dolara eşitlendi.

Yetişkinlerin yapması gereken, harcamalarını düşük tutmak, pasiflerini en aza indirgemek ve kararlılıkla sağlam bir aktif temeli oluşturmak. Henüz yuvadan uçmamış gençlerin ana-babaları onlara aktifle pasif arasındaki farkı öğretmeli. Evden ayrılmadan, evlenmeden, bir ev satın almadan, çocuk sahibi olup riskli bir finansal pozisyonda hırpalanmadan, bir işe sarılıp her şeyi krediyle satın almadan önce sağlam bir aktif temeli kurmaya başlamalılar.

Pek çok kimse çocuğu evden ayrılmak üzereyken kendi emekliliği için yeterince hazırlık yapmadığını fark eder ve kenara bir miktar para koymak için didinmeye başlar. Derken kendi anne ve babaları hastalanınca yeni sorumluluklarla karşı karşıya kaldıklarını görürler.

Öyleyse size ya da çocuklarınıza ne tür aktif varlıklar edinmenizi öneriyorum? Benim dünyamda gerçek aktifler yedi farklı kategoriye girer:

Küçük bir çocukken eğitimli babam bana sağlam bir iş bulmamı öğütlerdi. Zengin babamsa sevdiğim malvarlıkları edinmemi. "Sevmeyecek olursan ilgilenmezsin de." Benim gayrimenkul satın almamın nedeni bina ve arazileri sevmemdir. Onlar için alışverişe çıkmaya bayılıyorum. Bütün günümü bu uğurda harcayabilirim. Sorunlar çıksa bile gayrimenkul sevgimi silecek kadar kötü olmuyor. Gayrimenkulden hoşlan-

- Fiziksel varlığımı gerektirmeyen işyerleri. Onların işvereniyim, ama işyerlerini başkaları yönetiyor ya da işletiyor. Eğer ben de orada çalışsam orası benim işyerim olmaktan çıkar. İşim olur.
- Hisse senetleri.
- Tahviller.
- Gelir getiren gayrimenkul.
- Bonolar (Borç senetleri)
- Müzik, yazılı eser, patent gibi düşünceye dayalı eşyalardan telifler.
- Değeri olan, gelir üreten ya da pazarı hazır olup değer artıran başka ne varsa.

mayanlar onları satın almamalı.

Küçük şirketlerin hisselerini almak hoşuma gider; özellikle de yeni piyasaya sürülenleri... Bunun nedeni benim şirket adamı değil de girişimci olmamdır. İlk yıllarda büyük kurumlarda çalışmıştım; California'daki Standart Oil'de, ABD Deniz Piyade Gücünde ve Xerox Şirketinde. O şirketlerde güzel günlerim geçti, unutulmaz anılarım var, ancak içimden bir ses bana hep şirkette çalışacak biri olmadığımı söylüyordu. Benim hoşuma giden şirketleri kurmak, onları yönetmek değil. İşte bu yüzden küçük şirketlerin hisse senetlerini alırım, hatta bazen şirketi ben kurar, sonra hisselerini halka açarım. Piyasaya yeni sürülen hisse senetleriyle büyük bir servet kazanılır, işte ben bu oyunu seviyorum. Çoğu kimse küçük şirketlerin hisse senetlerini almaya çekinir ve riskli ola-

Kendi işinize bakmaya başlayın. Tam gün çalıştığınız işi sürdürün ama pasif olmayan gerçek değerler satın almaya başlayın.

rak görür; öyledir. Ne var ki, yatırımınızı sever ve anlarsanız, oyunu da bilirseniz risk azalacaktır. Küçük şirketler için belirlediğim yatırım stratejisi, bir yıl içinde hisselerin tükenmesidir. Bunun yanı sıra gayrimenkul stratejime göre, küçükle başlayıp mülkleri takas yoluyla giderek büyütmek kazançtan doğacak vergi ödemesini geciktirmektir. Böylece değerin büyük oranlarda artışını sağlarsınız. Bir gayrimenkulü elimde tutma sürem yedi yılın altında kalır.

Yıllar yılı, Deniz Piyade Gücünde ya da Xerox'tayken bile zengin babamın öğüdünü tuttum. Tam gün işimde çalışmayı sürdürdüm, bir yandan da kendi işime baktım. Aktif sütunum hareketliydi. Gayrimenkul ve küçük hisse senetleri ticareti yaptım. Zengin babam finansal bilginin önemini daima vurgulardı. Muhasebe ve nakit yönetimini daha iyi anladıkça, yatırımları daha iyi analiz edebilecek, sonunda kendi şirketimi kurup büyütebilecektim.

Gerçekten istemedikçe kimseye kendi şirketini kurmasını önermeyeceğim. Bir şirket yönetmekle ilgili bildiklerimi göz önünde bulundurunca o yükü herkese önermem. Kimi zaman kişiler çalışacak iş bulamadığında kendi işini kurmak en iyi çözümdür. Başarı karşısında eşitsizlik vardır: Kurulan her on şirketten dokuzu beş yılda batar. İlk beş yıl ayakta kalmayı başaran on şirketin dokuzu da sonunda yine çöküp gider. Bundan dolayı, ancak kendi şirketinizi kurmaya gerçekten istekliyseniz bu yola gitmenizi öneririm. Aksi takdirde tam gün işinizde çalışmaya devam edin, bir yandan da kendi işinize bakın.

Kendi işinize bakın derken aktif sütununuzu kurup güçlendirmekten söz ediyorum. İçeri giren bir tek doların bile çıkmasına izin vermeyin. İşleme şöyle bakın, aktif sütununuza girdiği anda dolar sizin çalışan elemanınızdır. Paranın özelliği sizin için 24 saat çalışması ve kuşaklarca bunu sürdürebilmesidir. Tam gün işinizde kalın, çok çalışkan sevilen bir eleman olun, ama o aktif sütununu kurmayı ihmal etmeyin.

Nakit akışınız arttıkça birtakım lüks mallar satın alabilirsiniz. Yoksullar ve orta sınıf önce lüksleri satın almaya yönelirken zenginlerin lüksleri en son satın alması önemli bir farktır. Yoksul ve orta sınıfın satın aldığı lüksler büyük evler, elmaslar, kürkler, mücevher ya da teknedir, böylece zengin görünürler. Zengin görünürler, ama gerçekte kredi borçları giderek büyür. Ezelden beri parası olanlar, uzun vadeli zenginler, önce aktif sütunlarını kurarlar. O sütunun ürettiği gelirle kendi lükslerini satın alırlar. Yoksul ve orta sınıfın edindiği lüksler kendi alınterleriyle, çocuklarına aktaracakları mirastan kırpılan parayla satın alınır.

Gerçek lüks yatırım, yapıldığında semeresini veren ve gerçek bir aktif değere sahip olan maldır. Örneğin karım kiraladığımız apartman dairelerinden gelen paramızla, Mercedes marka bir otomobil aldı. Fazladan çalışmış ya da risk almış olmuyordu, çünkü arabanın parası apartman dairelerinin geliriyle karşılanmış oluyordu. Ne var ki, gayrimenkul yatırımlarının daha da değerlenip arabanın ödemelerini karşılayacak kadar fazladan para getirmesi için dört yıl beklemesi gerekecekti. Öte yandan lüks mal, Mercedes onun için gerçek bir ödüldü, aktif sütununu yükseltmeyi öğrendiğini kanıtlıyordu. Bu araba, karım için güzel bir arabaya sahip olmaktan fazlasını ifade ediyordu. Ona sahip olabilmek için finans bilgisini kullanabildiğini göstermekteydi.

Pek çok kişi dürtülerine egemen olamayarak, krediyle yeni bir araba ya da başka bir lüks mal alır. Canları sıkılmış, yeni bir oyuncak edinmek istemişlerdir. Krediyle lüks mal alan kimse er ya da geç pişman olur, çünkü o lüks için girdiği borç kısa sürede mali yük olarak karşısına çıkar.

Uygun zamanı bekleyip yatırımınızı yaptıktan ve kendi işinizi kurduktan sonra sihirli dokunuşu yapmaya hazırsınız demektir: Zenginlerin en büyük sırrı işte budur. Zenginleri sürüden alıp götüren sır. Uygun zamanı bekleyip kendi işinize bakmakla gidilen yolun sonundaki ödül.

Çalışma Oturumu

Ders: 3
Kendi İşinize Bakın

Özet

Robert'ın bir arkadaşı Mc Donalds'ın sahibi Ray Kroc'ın Austin'de, Teksas Üniversitesinde 1974'teki ünlü konuşmasını dinler. Konuşma sonrası Ray öğrencilere, her zaman gittikleri mekânda bira içmek için katılmayı kabul eder.

Onlara, kendisinin ne iş yaptığını sorar. Önce gülerler, sonra doğal olarak hamburger satma işinde olduğu cevabını verirler.

Ray onlara, hamburger işinde değil, emlak işinde olduğunu söyler. Her bayinin konumu ve toprağının, başarısındaki en belirgin unsur olduğunun farkındadır. Bugün Mc Donald's dünyada en büyük emlak sahibi olan ve diğer dünya ülkelerinde de, en değerli kavşaklara ve köşe başlarına sahip tek kuruluştur.

Robert'ın arkadaşı bu dersi can kulağıyla dinler ve sonradan bir araba yıkama işi kurar, diğer yandan da emlakçılık yapmaktadır.

Pek çok kişi başkaları için çalışıyor: Patronları, devlet (vergiler) ve banka (ipotek) için. Ray Kroc'ın ve zengin babanın bildiği, zenginlerin 3 numaralı sırrı şudur: Kendi işine bak. Tüm hayatını başkası için çalışarak harcama.

İş ve meslek arasında büyük bir fark vardır. Robert genellikle insanlara sorar, "işiniz nedir?", "bankacıyım" yanıtını aldıktan sonra bu kez bankaya sahip olup olmadıklarını sorar. Çoğunlukla "Hayır orada çalışıyorum" cevabı gelir. O anda mesleklerini, işleriyle karıştırmışlardır. Meslekleri bankacılık olabilir ama yine de kendi işlerine gereksinimleri vardır.

Pek çok kişi hayatını, başkalarının işlerine bakarak ve onları zengin kılarak harcar.

Kendi işinize bakmak, bir şirket kurmak anlamında değildir, ancak bazıları için öyle olacaktır. Sahibi olduğunuz iş, gelir sütunu değil, aktif sütunu etrafinda döner.

Terfiler ya da daha iyi bir iş, eğer gelir getirecek aktifleri satın almak için ek para olarak kullanılmışsa sizin finansal açıdan daha güvenli olmanızı sağlar.

Yoksul ve orta sınıfın büyük çoğunluğunun mali açıdan tutucu olmasının başlıca nedeni, finansal temellerinin olmamasıdır. İşlerine tutunmak ve sağlam adım atmak zorundadırlar. Risk almayı göze alamazlar.

Ve zor zamanlar geldiğinde pek çok kişinin aktif varlık zannettiklerinin, finansal kriz süresince hayatta kalmalarını sağlayamayacağıdır. Arabaları ve golf kulübü üyelikleri çok değer kaybetmiştir.

Sık olarak rastlandığı gibi, bankalar bir kişiden aktif varlıklarını finansal çizelge üstünde listelemelerini istediğinde listelenen aktifler, gerçek aktif varlıklar değildir.

Robert eski bir tarihte kredi almak istediğinde reddedildi, çünkü kiradan sağladığı gelir banka tarafından onaylanmadı ve normal bir işi olmadığı düşünüldü, oysa ona göre takım elbiseleri, sanat koleksiyonu ve diğer kişisel eşyaları aktif varlık olabilirdi.

Net değer, insanların düşündükleri ölçü değildir. Aktif varlık olarak adlandırılan ve kişilerin net değerine güvendikleri varlıkların çoğu ya zannettikleri kadar değerli değildir ya da değerleri artmış olsa bile, satıldıklarında kazandıkları değer, vergiyi artırır.

Onun için Robert insanlara kendi işlerine bakmalarını önermektedir. Gün içinde işinize devam edin ama pasif ya da eve getirdiğinizde değeri kalmayan kişisel eşyalar yerine, gerçek aktif varlıklar satın alın. Giderleri kısın, pasifleri azaltın, özenle sebat ederek, sağlam aktif varlıkların temelini oluşturun.

Ebeveynler bunu çocuklarına, onlar büyüyüp evden ayrılmadan öğretmeli, böylece gerçek bir aktif varlığın ne olduğunu anlar ve ilerde kendilerini, borç içinde bir hayat tarzının içinde sıkışık bir durumda bulmazlar.

Robert gerçek aktiflerin aşağıdaki sınıflamalar içine girdiğini söylemektedir.

1. *Siz başında olmasanız da gelir sağlayacak bir iş*: iş sahibi siz olsanız da yönetimi başkaları tarafından yapılır. Eğer orada çalışırsanız o zaman iş aktif olmaz.
2. *Hisseler*
3. *Tahviller*
4. *Gelir sağlayan emlak*
5. *Senetler*
6. *Müzik, yazı ve patent gibi düşünsel varlıklardan elde edilen telif*
7. *Değeri olan, gelir üreten ya da değeri artan ve hazır pazarı olan herhangi bir şey.*

Sevdiğiniz aktif varlıklar edinin. Robert emlakçılığı sevmektedir ve böylelikle o işi düşünmekte, onun alışverişini yapmaktadır. Eğer emlak işi hoşunuza gitmiyorsa ona yatırım yapmayın.

Robert ayrıca, yeni kurulan küçük şirketlerin hisselerini almaktan hoşlanmaktadır, çünkü kendisi bir girişimcidir.

Bazıları küçük çaplı şirketleri riskli bulmakta ve çekinmektedirler, oysa Robert onları servet yapmak için uygun yerler olarak görmektedir. Stratejisi, bir yıl içinde hisseleri elden çıkarmaktır. Diğer taraftan emlak stratejisi, küçük başlamak ve daha büyük mülkler için takas yapmak ve bu arada kârdan doğan vergileri geciktirmektir. Bir mülkü elde tutma süresi yedi yıldan azdır.

Deniz Kuvvetleri ve Xerox için çalışırken bile Robert, kendi işine bakmıştır. Her gün işine devam etmiş, ama aktif sütunu için de emlak ve küçük hisse alım satımıyla ilgilenmiştir.

Muhasebe ve nakit yönetimini öğrendikçe yatırımları daha iyi inceleyebilmiş ve sonunda kendi şirketini kurmuştur.

Kişilere, gerçekten çok istemedikçe kendi şirketlerini kurmalarını önermemektedir. Bir kurumda çalışmaya devam ederken, diğer yandan kendi işlerine bakmalarını, aktif sutunu oluşturmalarını ve onu sağlam tutmalarını tavsiye etmektedir.

Nakit akışı arttıkça insanlar, lüks harcamalar içine girebilir, oysa nakit akışının desteği devam etmeyebilir. Aktif varlık sütunu oluşturun ve bu aktif varlıkların sağlayacağı gelirle lüks harcamalar yapın.

Sol-yarıküre açısı: Lüks harcamaları ancak, aktif varlıklardan sağladığınız gelir onları karşıladığında yapabilirsiniz.

Sağ-yarıküre açısı: İşinizle ilgili yaratıcı bir şekilde düşünün. İşiniz mesleğiniz değildir.

Bilinçaltı açısı: Hoşunuza giden aktif varlıklar edinin, çünkü onları daha iyi korursunuz ve haklarında bilgi edinirken keyif alırsınız.

Robert Ne Söylemekteydi

Şimdi öğrendiklerinizi yansıtma zamanı. Kendinize sorun, "Bu alıntıyla Robert *ne* söylemektedir?" Ve "*Bunu neden* söylemektedir." Bu bölümde Robert'le aynı fikirde olmak ya da olmamak gereksiniminde değilsiniz. Hedef, Robert'ın ne dediğini ***anlamaktır***.

Unutmayın ki, bu oturum işbirlikçi ve destekleyici olmak üzere tasarlandı. İki akıl birden iyidir. Eğer Robert'ın ne dediğini anlamıyorsanız bundan rahatsız olmayın. Anlamak için yardım isteyin. Her alıntıyı anlayana kadar tartışmak için zaman ayırın:

"Finansal olarak güvenli bir duruma gelmek için, kişinin kendi işine bakma gereksinimi vardır."

"Herkes gelir çizelgelerine odaklanırken zenginler aktif varlık sütunlarına odaklanmaktadır."

"Tüm hayatları boyunca başkaları için çalışmış kişilerin sonu, genellikle doğrudan finansal mücadeledir."

"Net değerin kesin olmamasının ana nedeni sadece, aktif varlıklarınızı sattığınız anda elde ettiğiniz kazancın vergilendirilmesidir."

"Bir kere yatırım yaptığınız paranın çıkmasına hiçbir zaman izin vermeyin: Para, aktif sütununuza bir kere girdiğinde o sizin çalışanınız durumundadır. Para için en iyi şey, bir günde 24 saat ve nesiller boyunca çalışabilmesidir."

"Yoksul ve orta sınıf ilk önce lüks harcamalar yaparken zenginlerin lüksü en son satın almaları önemli bir farktır."

"Yoksul ve orta sınıf lüksü kendi terleri, kanları ve çocuklarına bırakacakları mirasla satın alırlar."

İlave Sorular

Şimdi bu bölümdeki öyküleri, Robert'ın ne söylediğini anlayarak, kendinize ve hayatınıza uygulama zamanı. Aşağıdaki soruları kendinize sorun ve onları çalışma arkadaşınızla tartışın. Kendinize ve arkadaşınıza karşı dürüst olun. Eğer verdiğiniz bazı cevapları beğenmezseniz kendinize değişmek isteyip istemediğinizi, düşüncelerinizi ve zihin kalıplarınızı değiştirme zorluğunu kabul edip etmediğinizi sorun.

1. Mesleğiniz ve ondan ayrı olarak işiniz nedir? Birbirinden nasıl ayrışmaktadır?
2. Bu bölümü okumadan önce neleri net varlığınız olarak belirlemiş olabilirsiniz? Şu anda onları nasıl değerlendiriyorsunuz?
3. Edindiğiniz aktif varlıklar hoşunuza giden türden mi? Değilse, değiştirmek için ne yapabilirsiniz?
4. Nakit akışınızın desteklemediği bir lüks harcamayı ne zaman yaptınız? Nakit akışınızın destekleyebildiği lüks harcamayı ne zaman yaptınız? Her iki durumda hissettiklerinizi, hem harcamayı yaptığınız an hem de sonrasını dikkate alarak karşılaştırın.
5. Ailenizde, tüm hayatları boyunca başkaları için çalışan ve sonunda ellerinde hiçbir şey kalmayan kişiler var mı? Olabilseydi onlara ne önerirdiniz?

Terim Tanımlamaları

SENET: Hamillerine borcu olan kişinin, ana parayı ve faizini daha sonraki bir vadede geri ödemeye zorunlu olduğunu belirten borç güvencesi.

GİRİŞİMCİ: Kâr elde etmek amacıyla bir ürün ya da hizmet sunmak üzere sistem yaratan kişi. Girişimciler, fırsatları izlerken bir seviyede riski kabul etmeye gönüllüdür ve kapitalist toplumda öncelikli olarak önemli görünürler.

GELİR ÇİZELGESİ: Gelir, gider, aktif varlıklar ve pasifleri belirten çizelge. Bankacının, size kredi vermeden önce görmek istediği belge.

TAHVİL: Şirket tarafından payların dağıtımı yoluyla yükseltilen fon.

NOTLAR

Bölüm 4

Ders 4:
Vergilerin Tarihçesi ve Şirketlerin Gücü

Zengin babam oyunu şirketler vasıtasıyla oynadı: Bu akıllıcaydı ve zenginlerin en büyük sırrı buydu.

Okulda Robin Hood ve Neşeli öyküsünü okumuştuk. Öğretmenimiz, zenginlerden alıp yoksullara veren bu romantik kahramanın öyküsünün harika olduğunu düşünmüştü. Zengin babam, Robin Hood'u bir kahraman olarak görmedi, onu sahtekâr olarak adlandırdı.

Robin Hood uzun yıllar önce bu dünyadan göçüp gitmiş olabilir, ne var ki onun izinden gidenler hâlâ yaşıyor. Ne sık duyarım şu sözleri: "Neden zenginler karşılamıyor?" ya da "Zenginler daha çok vergi ödemeli ve yoksullara yardım etmeliler."

Robin Hood'un fikri, diğer bir deyişle zenginlerden alıp yoksullara verme fikri, en çok yoksullara ve orta sınıfa sıkıntı vermiştir. Orta sınıfın ağır vergi yükü altında olmasının nedeni Robin Hood'un idealidir. Asıl gerçek, zenginlerin vergilendirilmemesidir. Yoksullara yardım eden orta sınıf, özellikle de yüksek gelirli eğitimli orta sınıftır.

Bu gelişimin nasıl olduğunu iyice anlamak için önce duruma bir kez daha tarihsel açıdan bakmamız gerek. Vergilerin tarihçesini gözden geçirmeliyiz. Yüksek eğitimli babam eğitim tarihi konusunda, zengin babamsa verginin tarihi alanında uzmandı.

Zengin babam Mike'la bana İngiltere ve Amerika'da önceden vergi olmadığını anlatmıştı. Savaş dönemlerinde artan giderleri karşılamak üzere geçici vergiler konurdu. Kral ya da devlet başkanı duyuruyu yapar ve herkesin "elini cebine atmasını" isterdi. İngiltere'de vergi uygulamasına geçilmesi, 1799'dan 1816 yılına kadar, Napoléon'a karşı yapılan savaş dönemine rastlar; Amerika'daysa ilk vergiler 1861-1865 arasındaki İç Savaş döneminde konmuştur.

1874 yılında, İngiltere yurttaşlarından gelir vergisi almayı daimi bir uygulamaya çevirdi. Amerika Birleşik Devletleri ise 16. Anayasa değişikliğinin kabul edilmesinden sonra, 1913 yılında gelir vergisi uygulamasını kalıcı hale getirdi. Bir zamanlar Amerikalılar vergiye karşıydı. Bağımsızlık Savaşını ateşlemeye katkısı olan, Boston Limanındaki ünlü Çay Partisinin nedeni, çaya getirilen aşırı vergi oranları olmuştu. Gerek İngiltere'de gerekse Amerika Birleşik Devletleri'nde düzenli gelir vergisi uygulamasını benimsetmek elli yıl sürmüştü.

Yukarıdaki tarihlerin ortaya koymadığı gerçek, bu vergilerin yalnızca zenginlerden tahsil edilmek üzere konmamış olmasıdır. Zengin babanın Mike ve benim iyi bellememizi istediği nokta da buydu. Yoksul ve orta sınıfa, vergilerin sadece zenginleri cezalandırmak için konduğu anlatılmış, böylece vergi fikri popüler kılınmış ve çoğunluğa kabul ettirilmişti. Dolayısıyla kitleler yasaya 'Evet' oyu vermiş, vergi anayasal olarak yasallaşmıştı. Asıl amaç zenginleri cezalandırmak olsa da gerçekte cezalandırılan ona oy veren insanlar, yoksul ve orta sınıf olmuştu.

"Devlet paranın tadını bir kez aldı, iştahı açıldı," demişti zengin baba. "Senin baban ve ben tamamen karşıtız. O devlet bürokratı bense bir kapitalistim. İkimiz de kazanırız, ama başarımız karşıt davranışlarla ölçülür. Onun hizmet ettiği devletin gözünde kurum ne kadar büyükse gördüğü saygı da o kadar büyük olur. Oysa benim kuruluşumda, ne kadar az eleman çalıştırır ve ne kadar az harcama yaparsam yatırımcılarım beni o ölçüde el üstünde tutar. Devlet memurlarını bu nedenle sevmem. Hedefleri işadamlarınkinden farklıdır. Devlet büyüdükçe onu destekleyecek vergi oranları da artar."

Zengin babam Robin Hood'u bir kahraman olarak görmüyor, ona dolandırıcı diyordu.

Eğitimli babam devletin halka yardım etmesi gerektiğine içtenlikle inanırdı. John F. Kennedy'yi ve Barış Gücünü desteklerdi. Bu fikri öyle benimsemişlerdi ki annemle ikisi eğitim gönüllüleri olarak Malezya, Tayland ve Filipinler'e gitmek üzere Barış Gücüne katılmıştı. Gerek Eğitim Bakanlığındaki işinde gerekse Barış Gücünde, babam daha çok kişiyi işe alabilmek amacıyla her zaman bütçe artışı mücadelesi vermişti.

Aşağı yukarı on yaşımdan beri, zengin babamdan, devlet memurlarının tembel hırsızlar olduğunu, yoksul babamdan ise zenginlerin daha çok vergi vermek zorunda bırakılması gereken açgözlü dolandırıcılar olduğunu duyardım. İkisinin de haklı gerekçeleri vardı.

20 YIL ÖNCE BUGÜN... ZENGİNLER VERGİ VERMEZ

Zenginler hiçbir zaman vergi vermeyecektir. Gittikçe devletlerin vergi kanunlarını, iş sahiplerini ve yatırımcıları iş yaratmaya ve yerleşmeye teşvik etmek için kullandıklarını görmekteyiz. Teşvikler, zenginlerin vergilerini indirmektedir. Onun için devletin vergi kazancı elde edeceği tek yer, orta sınıftır.

Hem kasabanın en büyük kapitalistlerinden biri için çalışıp hem de devlette önemli bir mevkide bulunan babamın evinde yaşamak zordu. Kime inanacağıma karar vermek kolay değildi.

Vergilerin tarihçesini incelediğimizde ilginç bir bakış açısıyla karşı karşıya kalırız. Yukarıda belirttiğim üzere vergi sisteminin hayata geçirilmesi kitlelerin, gelirin zenginden alınıp herkese dağıtılması gerektiğini savunan Robin Hood kaynaklı ekonomi teorilerine inanmasıyla mümkün olmuştu. Ancak devlet paraya öyle açtı ki, çok geçmeden orta sınıfa da vergi kondu, oradan da toplumun en alt kademesine dek yayıldı.

Zenginler bu durumu bir fırsat olarak gördü. Çünkü onlar oyunu başka kurallarla oynar. Daha yelkenli gemiler zamanında palazlanan anonim şirketleri tanımaktaydılar. Her yolculukta taşınan malların riskini azaltmak amacıyla anonim şirketleri kurmuşlardı. Zenginler yolculuk masraflarını karşılamak için şirkete para yatırdılar. Şirketse hazine aramak üzere Yeni Dünyaya yelken açacak denizcileri işe alırdı. Yolculuk sırasında gemi batsa, mürettebat can verse bile zenginlerin kaybı yalnızca o yolculuğa yatırdıkları parayla sınırlıdır. Aşağıdaki çizimde şirket yapısının sizin bireysel gelir hesabınız ve bilançonuzdan ne kadar farklı olduğunu göreceksiniz.

Zenginler Oyunu Nasıl Oynar?

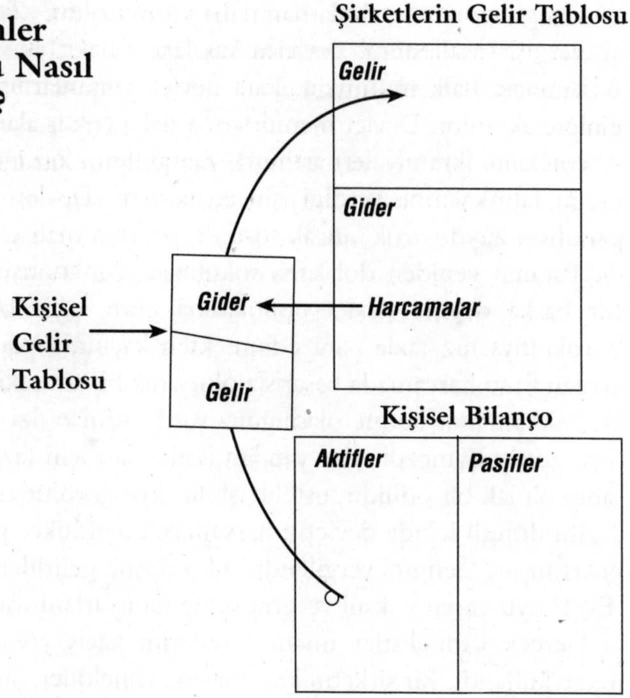

İşte zenginleri yoksullar ve orta sınıfa kıyasla daha üstün kılan, şirketin yasal yapısının gücünü bilmektir. Biri sosyalist, öteki kapitalist iki babamdan öğrendiklerimle kapitalist felsefe bana daha anlamlı gelmeye başlamıştı. Sosyalistlerin finans bilgisizliğinden ötürü kendilerini cezalandırdıklarını düşünüyordum. Kitleler 'zenginden al' görüşünü ne kadar savunurlarsa savunsunlar, zenginler er ya da geç onları alt etmenin bir yolunu buluyordu. Sonunda orta sınıfın da vergiye tabi tutulmasının nedeni buydu. Okullarda öğretilmeyen bir konu olmasına rağmen paranın gücünü bilmeleri sayesinde zenginler aydınları mat etmişlerdi.

Zenginler nasıl aydınlardan daha kurnaz oldu? 'Zenginden al' vergisi yasallaşınca, devletin kasalarına nakit akışı başladı. Başlangıçta halk mutluydu. Para devlet çalışanlarına ve zenginlere aktarıldı. Devlet memurlarına daha çok iş alanı açılmış ve emeklilik ikramiyeleri artmıştı. Zenginlerin kazancı, hükümetin fabrikalarına verdiği işin artmasıydı. Devlet geniş bir para havuzuydu artık, ancak sorun o paranın mali yönetimiydi. Paranın yeniden dolaşıma sokulması söz konusu değildi. Bir başka deyişle devlet politikasına göre, eğer bir devlet bürokratıysanız fazla para edinmekten kaçınmalıydınız. Size ayrılan fonu harcamada başarısız olursanız bir sonraki bütçede bu hakkınızı kaybetme olasılığınız vardı. Kimse sizi yetenekli diye görüp övmezdi. Öte yandan işadamları için fazla paraya sahip olmak bir ödüldü, üstelik işbilir diye görülürlerdi.

Bu döngü içinde devletin harcaması büyüdükçe para talebi artmış ve 'zengini vergilendir' fikri düşük gelirlilere, yasaya 'Evet' oyu veren yoksul ve orta sınıfa da uyarlanmıştı.

Gerçek kapitalistler finans bilgilerini kaçış yolu bulmak üzere kullandı. Bir şirketin korumasına yöneldiler. Şirket zengini korur. Ancak hiç şirket kurmamış birçok kimse şirketin gerçekten bir 'şey' olmadığını bilmez. Şirket, avukatlık bürosundaki devlet dairesine kayıtlı birtakım yasal belgeler içeren bir dosyadır adeta. Tepesinde adı yazılı büyük bina değildir. Ne bir fabrika ne de kişiler topluluğudur. Şirket ruhsuz bir tüzel kişilik yaratan yasal bir belgeden başka bir şey değildir. Zenginlerin serveti bir kez daha korunmuştu. Gelir vergisi yasalarla kalıcı hale getirilir getirilmez, şirketlerin yararları yeniden gündeme geldi, çünkü şirketlerin gelir vergisi oranı, bireysel gelir vergisi oranından daha düşüktür. Buna ek olarak, daha önce belirttiğim üzere, belli harcamalar şirketin içinde vergi öncesi dolarlarla ödenir.

Sahip olanlarla olmayanlar arasındaki bu savaş yüzlerce yıldır süregelmekte. Bu, zenginlere karşı kalabalıkların 'zenginden al' savaşıdır. Her nerede ve ne zaman yasalar yapılıyorsa, bu savaş verilecektir. Sonsuza dek sürecektir. Buradaki sorun, bilgisiz olanların kaybedenler olmasıdır. Bunlar, her sabah kalkıp işe giden ve vergilerini ödeyenlerdir. Zenginlerin oynadıkları oyunun kurallarını anlasalardı onlar da daha iyi oynayabilirdi. O zaman maddi bağımsızlıklarını kazanabilirlerdi. İşte bu nedenle, bir ebeveynin çocuğuna sağlam ve güvenceli bir iş bulabilmek için okula gitmesini salık verdiğini duyduğumda içim sızlar. Sağlam ve güvenceli bir işte çalışsa da mali yeteneklerden yoksun birinin kaçacak deliği yoktur.

Bugün, ortalama bir Amerikalı vergilerini karşılamak için altı ay boyunca devlete çalışır ki yeterli birikimi olsun. Bence bu çok uzun bir süre. Ne kadar çok çalışırsanız devlete ödediğiniz miktar o kadar artar. İşte bu nedenle 'zenginden alın' fikri, oy vererek onu destekleyen kesime geri tepmiştir.

Halk ne zaman zenginleri cezalandırmaya kalksa zenginler boyun eğmez, tepki gösterir. Çünkü paraları, güçleri vardır ve olayları değiştirmeye kararlıdırlar. Öylece oturup vergi ödemeye razı gelmezler. Vergi yüklerini azaltmak için türlü yollar ararlar. Usta avukatlarla muhasebecileri işe alırlar, yasaları değiştirsinler, yasal kaçış noktaları yaratsınlar diye politikacıları ikna ederler. Değişiklikleri etkileme olanakları ellerindedir.

Amerika Birleşik Devletleri'nin vergi yasası vergilerden kaçınmak için başka olanaklar da tanır. Bu olanaklara çoğu kimse ulaşamaz, kendi işlerine baktıkları için bunlar yalnızca zenginlerin görebileceği ayrıntılardır. Örneğin '1031' deyince kastedilen Devlet Geliri Yasası 1031 numaralı bölümdür, sermaye artırımı amacıyla daha pahalı bir gayrimenkulle değiştirilmek üzere satılan gayrimenkulün vergisini geciktirmede satıcıya açık kapı bırakır. Gayrimenkul büyük bir vergi avantajına fırsat veren bir yatırım aracıdır. Değerini artırmak amacıyla değiş tokuş yaptığınız, elden çıkarmak üzere satmadığınız sürece kazancınızdan vergi ödemezsiniz. Yasaların tanıdığı vergi tasarrufundan yararlanmayan kesim, aktiflerini büyütme fırsatını kaçırır.

Yoksul ve orta sınıf aynı kaynaklara sahip değildir. Oracıkta oturur, devlet iğnelerinin kollarına saplanmasını ve damarlarına kan akıtmasını bekler. Vergi indiriminden yararlanmayıp giderek daha çok vergi veren kişilerin bu kadar çok olması beni şaşırtır; bunun tek nedeniyse devletten ödlerinin kopmasıdır. Vergi müfettişlerinin insanı nasıl ürkütebileceğini ve nasıl sindirebileceğini iyi bilirim. İşyerleri kapatılıp lağv edilen arkadaşlarım var; üstelik bu sadece devletin hatasıydı. Bunları anlıyorum. Ancak bu sindirilmenin bedeli ocak ayından mayıs ortalarına kadar devlet için çalışmak olmamalı. Zavallı yoksul babam hiç karşı çıkmazdı. Zengin babam da. Ama ikincisi oyunu daha ustaca oynar, şirketlerini kullanarak bundan sıyrılırdı; işte zenginlerin en büyük sırrı budur.

20 YIL ÖNCE BUGÜN...
VERGİ MÜFETTİŞİ

Vergi müfettişi, ona izin verdiğiniz kadar çok alacaktır. Vergi sistemi, sonuçta aynı durumda olan herkes için aynı şekilde işlediğinde adildir. Yatırım yapmaya istekliyseniz vergi kanunları sizin iyiliğiniz için çalışacaktır. Eğer sadece para harcamak ve pasifler satın almak isterseniz vergi kanunu size nefes aldırmayacaktır ve muhtemelen olabilecek en fazla vergiyi ödeyeceksinizdir.

Zengin babamdan öğrendiğim ilk dersi hatırlıyorsunuzdur. Benimle konuşacak diye uzun süre oturup onu beklemek zorunda kalan dokuz yaşında bir çocuktum. Beni alsın diye ofisinde çok oturup beklemişimdir. Beni özellikle bekletirdi. Böylelikle onun gücünü anlamamı ve bir gün aynı güce erişme isteğimi körüklemek isterdi. Hem okuyup hem de ondan çok şey öğrendiğim yıllar

Eğer para için çalışırsanız işvereninize güç verirsiniz. Eğer para sizin için çalışırsa güç sizde olur ve onu siz yönetirsiniz.

boyunca bana bilginin güç olduğunu hatırlatmayı hiç eksik etmezdi. Ayrıca parayı tutmak ve çoğaltmak için gereken bilginin gücü artırdığını anlatırdı. Bilgi olmadan dünyada oradan oraya savrulurdunuz. Zengin baba, en büyük üçkâğıtçının patron ya da müdür değil, vergi müfettişi olduğunu da Mike'la bana anlatırdı. Eğer göz yumarsanız vergi müfettişi hep daha fazlasını alır.

Para için çalışmak yerine parayı kendi adıma çalıştırma konusunda aldığım ilk ders aslında güçle ilgiliydi. Eğer para için çalışırsanız güç işverendedir. Ama para sizin için çalışırsa gücü elinizde ve denetim altında tutarsınız.

Paranın bizim için çalışmasından gelen gücü bize öğrettikten sonra, finans kurdu olmamızı önermişti zengin baba. Yoksa üçkâğıtçılar tarafından sağa sola sürüklenirdik. Yasaları ve sistemin nasıl işlediğini bilmemiz gerekiyordu. Cahilseniz oraya buraya itilmeniz çok kolaydır. Neden söz ettiğinizi bilirseniz karşı çıkma şansınız olur. Vergi kurnazı muhasebecilere ve avukatlara bol para ödemesi de bundan ileri geliyordu. Bu, devlete para ödemekten daha kârlıydı. Zengin babanın bana öğrettiği ve ömrüm boyunca kullanageldiğim ders şuydu: "Akıllı olursan kimse seni dilediği yere çekemez." O yasaları bilirdi, çünkü yasaların dışına çıkmazdı. Yasaları bilirdi, çünkü yasaları bilmemenin bedeli ağırdı. "Haklı olduğunu bilirsen, savaşmaktan korkmazsın." Karşınızda Robin Hood ve adamları olsa bile...

Yükseköğrenimli babam bana güçlü bir şirkette iyi bir iş aramamı salık verdi hep. "Şirket basamaklarında alnının teriyle yükselmenin" erdemlerinden söz ederdi. Şirket sahibinden alacağım maaşa bağımlı olmakla her an sağılmaya hazır uysal bir inekten bir farkım olmayacağını anlamazdı.

Aktif sütunumdaki her dolar mükemmel bir çalışandı, işe daha fazla çalışan alabilmek ve patrona yeni bir Porsche satın almak üzere çok çalışıyordu.

Babamın öğüdünden zengin babama söz ettiğimde, gülerek "Neden kendi merdiveninin basamaklarında yükselmeyesin?" demekle yetinmişti.

Küçük bir çocukken, zengin babanın kendi işimin başında olmaktan ne kastettiğini anlamazdım. Bu fikir beni heyecanlandırsa da, yetişkinlerin gelecekte bir gün benim sahip olduğum bir şirkette çalışacağını gözümün önüne getiremeyecek kadar küçüktüm.

Önemli olan şu: Eğer zengin babam olmasaydı muhtemelen eğitimli babamın öğüdüne kulak verirdim. Zengin babamın düzenli hatırlatmaları sayesinde kendi şirketimi kurma fikri kafama yerleşti ve önüme bambaşka bir yol açtı. On beş ya da on altı yaşıma geldiğimde eğitimli babamın önerdiği yolda ilerlemeyeceğimi biliyordum. Nasıl yapacağımı bilmiyordum, ama sınıf arkadaşlarımın çoğunun gittiği yolu izlememeye kararlıydım. Bu karar yaşantımı değiştirdi.

20 YIL ÖNCE BUGÜN... MERDİVENE SAHİP OL

Günümüzde teknoloji, çalışma ve iş yapma şeklimizi değiştirmeye devam ederken, kendisine şu soruyu soran daha çok kişiyle karşılaşıyorum: "Merdivene nasıl sahip olabilirim?" Kapitalizm gelişmektedir ve serbest pazar sisteminin anlamı, daha iyi bir ürünü, daha iyi bir fiyata sunan girişimcilerin başarı şansının yüksek olduğudur.

Ancak yirmili yaşlarımın ortalarına geldiğimde zengin babamın öğütleri bir anlam ifade etmeye başladı. Deniz Piyade Gücünden yeni ayrılmış, Xerox için çalışmaya başlamıştım. Çok para kazanıyordum, fakat maaş çekimi her elime aldığımda hayal kırıklığına uğruyordum. Kesintiler çoktu, ne kadar çok çalışırsam çalışayım maaşımdan o kadar çok gidiyordu. Başarım arttıkça, müdürlerim terfiden, zamdan söz ediyorlardı. Koltuklarım kabarıyordu kabarmasına, fakat zengin babamın dedikleri kulaklarımdan gitmiyordu: "Kim için çalışıyorsun? Kimi zengin ediyorsun?"

1974'te, bir yandan Xerox'ta çalışmayı sürdürürken ilk şirketimi kurdum ve 'kendi işime bakmaya' başladım. Aktif sütunumda birtakım değerler vardı, ancak onları daha da artırmak için elimden geleni yapmaya kararlıydım. Bütün kesintilerine rağmen, aldığım o maaş çekleri zengin babamın öğütlerini anlamlı kılıyordu. Eğitimli babamın tavsiyelerini izleseydim beni nasıl bir geleceğin beklediğini görebiliyordum.

Pek çok işveren, işçilerine kendi işlerine bakmayı öğütlemenin iş açısından olumsuz olduğunu düşünür. Kimileri için bunun doğru olduğundan kuşkum yok. Ama bana göre, kendi işime odaklanmak, aktiflerimi geliştirmek beni daha iyi bir çalışan yapmıştı. Artık bir amacım vardı. İşe erken gider, canla başla çalışır, gayrimenkul yatırımı yapmaya başlamak üzere olabildiğince çok para biriktirmek için didinirdim. Hawaii büyüyordu, edinilecek servetler vardı. Büyümenin eşiğinde olduğumuzu anladıkça daha çok Xerox ürünü sattım. Daha çok sattım, daha çok para kazandım; elbette maaşımdan kesintiler de arttı. Bu teşvik ediciydi. İşçi olma statüsünden bir an önce kurtulmak istediğim için, daha az değil, daha çok çalışıyordum. 1978 yılında, satış bölümünün en başarılı ilk beş kişisinden biriydim; birincilik de çoğu zaman bende olurdu. Fare yarışından çıkmaya fena halde istekliydim.

Üç yıldan daha kısa bir sürede, emlak komisyoncusu olan kendi küçük şirketimde Xerox'ta kazandığımdan daha çok para kazanmaya başlamıştım. Aktif sütunuma şirketimde kattığım para, fotokopi makineleri satmak için kapıları çalarak kazandığım para değil, benim için çalışan paraydı. Zengin babamın öğüdü daha da anlam kazanıyordu. Çok geçmeden gayrimenkullerimden gelen nakit akışı öyle fazlaydı ki, şirketim sayesinde ilk Porsche arabamı alabildim. Xerox'un satış ekibindeki iş arkadaşlarım aldığım komisyonları harcadığımı sanmıştı. Harcamadım. Komisyonlarımı aktiflere yatırıyordum.

Param daha çok para yapmak için sıkı çalışıyordu. Aktif sütunuma giren her bir dolar harika bir işçiydi, işe daha çok eleman almak, vergi kesintisinden önceki dolarlarla patrona yeni bir Porsche satın almak için canını dişine takıyordu. Xerox'ta daha da çok çalışıyordum. Plan işliyordu; kanıtı da Porsche arabamdı.

Zengin babamdan öğrendiğim dersleri kullanarak erken yaşta 'efsanevi fare yarışı'nın dışına çıkabilirdim. Onun verdiği derslerde edindiğim sağlam finans bilgileri sayesinde başaracaktım bunu. Finansal IQ adını verdiğim o finans bilgileri olmasaydı ekonomik bağımsızlık yolunda attığım adımlar çok daha zorlu olurdu. Şimdi de verdiğim seminerlerde bu bilgiyi başkalarıyla paylaşabilmeyi umut ediyorum. Her konuşmamda, katılanlara finansal IQ'nun dört uzmanlık alanından gelen bilgilerden oluştuğunu anlatırım.

1: **Muhasebe.** Ben buna finans bilgisi derim. Bir imparatorluk kurmak istiyorsanız bu becerinizin olması hayati önem taşır. Ne kadar çok paranın sorumluluğunu üstlenirseniz o kadar titiz olmanız gerekir; yoksa her şey tepetaklak oluverir. Bunu denetleyen beynin sol tarafı, diğer bir deyişle ayrıntılardır. Finans bilgisi hesap ekstrelerini okumak ve anlamaktır. Bu yetenek herhangi bir kuruluşun güçlü ve zayıf noktalarını belirlemeye olanak tanır.

2: **Yatırım**. Para kazanma bilimi dediğim "şey" para kazanma yoludur. Stratejilerle denklemlerin bunda önemi büyüktür. Bunu denetleyense beynin sağ tarafı ya da yaratıcı yönüdür.

3. **Piyasaları Anlama.** Arz ve talep bilimidir. Piyasaların 'teknik' yönlerini bilmek gerekir ki, bu da bir yatırımın temel ya da ekonomik boyutuna ek olarak onları yön-

lendiren duygulardır. Bir yatırımın mantıklı olup olmadığı, onun güncel pazar şartlarına dayanmaz mı.

4: Yasalar. Diyelim ki muhasebe, yatırım ve piyasayla ilgili teknik becerilerle donanmış bir şirketin kazanımları hızlı büyümeye katkıda bulunur. Vergi avantajı bilgisi olan ve bir şirket kalkanı altında bulunan bir kimse başkası için çalışan birinden ya da yalnızca küçük işletme sahibi birinden çok daha süratle zengin olabilir. Bu, yaya giden biriyle uçakla yolculuk eden biri arasındaki farka benzer. Fark, uzun vadeli servet söz konusu olduğunda, çok büyüktür.

- **Vergi avantajları:** Bir şirket, bireyin yapabileceklerinden çok daha fazlasını yapabilir. Vergi ödemeden önce masrafları ödemek buna bir örnektir. Heyecan verici olan bir uzmanlık alanı olmasına rağmen, büyük miktarda aktifleriniz ya da büyük bir işyeriniz olmadığı sürece içine girmeniz gerekmez.

Çalışanlar kazanır ve vergi öder, geriye kalanla yaşamaya çalışır. Şirket kazanır, kasasındakileri harcar ve geriye kalan miktar üzerinden vergi öder. Bu, zenginlerin başvurduğu en büyük yasal vergi kaçamaklarından biridir. İyi bir nakit akışı sağlayan yatırımlarınız varsa kolay elde edilir ve pahalı değildir. Örneğin kendi şirketinizle tatil gezilerinizi Hawaii'de yönetim kurulu toplantılarına dönüştürebilirsiniz. Otomobil ödemeleri, sigorta, tamir harcamaları şirket giderlerine dönüşür. Spor kulübü üyelik aidatınızı şirket gideri olarak gösterebilirsiniz. Lokantalarda yediğiniz yemek masraflarının çoğunu şirket harcamalarına katabilirsiniz. Bunun gibi daha pek çok avantaj sıralanabilir; ne var ki bunları vergi öncesinde yapmak gerekir.

- **Yasal davalardan korunma:** kavgacı bir toplumda yaşıyoruz. Herkes her attığınız adımdan kendine pay çıkarmakta. Zenginler servetlerinin çoğunu saklar, aktiflerini alacaklılardan korumak için şirketler ya da vakıflar gibi araçları kullanırlar. Birisi kalkıp da varlıklı birini mahkemeye verdiğinde karşısına yasal koruma kalkanı dikilir ve çoğu kez o varlıklı kimsenin hiç malı mülkü yoktur. Zenginler her şeyin denetimini ellerinde tutarlar, ama malları mülkleri yoktur. Yoksul ve orta sınıf her şeye sahip olmaya çalışır ve bunları ya devlete ya da zenginleri mahkemeye vermeye bayılan kişilere kaptırır. Bu kişiler Robin Hood öyküsünden akıl almışlardır. Zenginlerden alır, yoksullara verirler.

Bu kitabın amacı şirket sahibi olmanın inceliklerini sıralamak değil. Fakat şunu belirtmeden geçemem, eğer yasal aktifleriniz varsa, en kısa zamanda bir şirketin size sunabileceği yarar ve koruma kalkanlarını öğrenin. Konu hakkında yazılmış pek çok kitap bulacaksınız; şirket kurma aşamalarına baksanız bile bunların ayrıntılarını görürsünüz. Özellikle de *Inc. And Grow Rich* [Şirketleşin ve Zenginleşin] adlı kitapta şahıs şirketlerinin gücü çok iyi anlatılmaktadır.

Finansal IQ aslında pek çok beceri ve yeteneğin sinerjisidir. Ama bence, finansal zekânın temelini yukarıda sıraladığım dört teknik becerinin birleşimi oluşturur. Eğer büyük bir servet yapma arzusundaysanız o zaman bu becerilerin birleşimi daha da önem kazanır.

Özetle;

Şirket Sahibi Zenginler	**Şirketlerde Çalışan Kişiler**
1. Kazanır	1. Kazanır
2. Harcar	2. Vergi Öder
3. Vergi Öder	3. Harcar

Bütün mali stratejinizin bir parçası olarak bizim önerimiz, aktiflerle donatılmış kendi şirketinize sahip olmanızdır.

Çalışma Oturumu

Ders 4:

Vergilerin Tarihçesi ve Şirketlerin Gücü

Özet

Birçok kişi Robin Hood'u, zenginden alıp fakire veren bir kahraman olarak görür. Zengin baba bu düşünceyi paylaşmadı. O, Robin Hood'u sahtekâr olarak adlandırdı.

Genel olarak hissiyat, zenginlerin daha fazla vergi ödemesi ve fakirlere vermeleri gerektiği olsa da, gerçekte vergi ağırlıklı olarak orta sınıftan, özellikle de eğitimli üst gelir seviyesindeki orta sınıftan alınır.

Robert, bu durumun nasıl meydana geldiğini açıklamak üzere, vergilerin kısa bir tarihçesini vermektedir. İngiltere ve Amerika'da ilk başta vergiler yoktu, yalnızca savaş gibi geçici durumlarda ara sıra ödenen vergiler vardı.

İngiltere 1874'te, vatandaşlarına, gelir vergisi ödemeyi kalıcı olarak zorunlu kıldı. Amerika'da, çaydan alınan vergi, Boston Çay Parti protestosuna yol açtı ve Devrimci Savaşı ateşlemeye yardım etti, 1913'te On Altıncı Anayasa değişikliğinin kabul edilmesiyle gelir vergisi kalıcı hale geldi.

Bu ülkeler, çoğunluk tarafından kabul gören vergileri toplayabildi, çünkü bunlar ilk başta yalnızca zenginlerden tahsil edilmekteydi. Halbuki gelir vergisi, zenginleri cezalandırmak için tasarlanmasına rağmen, onun için oy verenleri, yoksul ve orta sınıfı cezalandırma durumuna döndü.

Zengin baba, kendisi ve yoksul babanın, birbirinin zıddı olduğunu açıkladı. Yoksul baba bir devlet çalışanı olarak para harcayıp, insan çalıştırarak şirketini genişlettiğinde ödüllendirilir. Oysa zengin baba ne kadar az para harcar, ne kadar az insan çalıştırırsa yatırımcıları tarafından o kadar çok saygı görür.

Ve devlet büyüdükçe onu desteklemek için gerekli vergi dolarlarının toplamı da büyür.

Yoksul baba devletin halka yardım etmesi gerektiğine içtenlikle inanırdı. O ve Robert'ın annesi eğitim gönüllüleri olarak, Malezya, Tayland ve Filipinlere gitmek üzere Barış Gücü için çalıştı. Daha fazla eleman çalıştırabilmek üzere, her zaman daha çok bağış ve bütçe artışı için çabalıyorlardı.

Robert için, şehrin en büyük kapitalistiyle çalıştıktan sonra eve, seçkin bir devlet liderinin yanına gitmek zorlayıcıydı. İki babadan birine inanmak için seçim yapmak kolay değildi.

Bir zaman sonra Robert vergilerin tarihçesini çalışırken ilginç bir bakış açısıyla karşılaştı: Devletin para için iştahı arttıkça, vergilerin orta sınıfa yüklenmesi gerekmekte ve oradan aşağıya doğru inmeyi sürdürmekteydi.

Ancak zenginler bir fırsat gördüler, çünkü aynı kurallarla oynamak istemediler. Şirketler yelkenli gemiler zamanında popülerdi ve vergilerle ilgili bir yol sunmaktaydı. Yasal şirket yapısını anlamak zenginlere büyük bir avantaj sağladı ve onlara aydınları kurnazlıkla alt etme olanağı verdi.

Devletin amacı, fazla para tutmaktan kaçınmaktır. Dağıtılmış hisseleri harcamakta başarısız olursanız ondan sonraki bütçede onları kaybetmeyi göze alırsınız. Diğer taraftan, işadamları fazla paraları olduğu için ödüllendirilir ve verimli olmaları nedeniyle alkışlanırlar. Ve devlet amacına devam edip, gittikçe daha fazla para harcadıkça, bu defa orta sınıfın üstüne daha fazla vergi yükü biner ve en sonunda da yoksullara yüklenmesi gerekir.

Bir şirket basit olarak, yasal varlık yaratan, yasal bir belgedir. O, gerçek bir varlık, fabrika ya da bir grup insan değildir. Ancak şirket, bireysel vergiden daha düşük bir vergi oranı sunmaktadır ve bazı giderler şirket tarafından vergi öncesi iade dolarlarıyla ödenebilmektedir.

Eğer, her gün kalkarak işe giden ve vergi ödeyenler yalnızca zenginlerin oynadığı oyunun yöntemini anlayabilselerdi onlar da aynı şeyi yapabilirlerdi.

Sorun şu ki, işte ne kadar çok çalışırsanız onlara devlete o kadar çok vergi ödemek zorundasınız. Vergiler, sonunda oy verenleri cezalandırır.

Zenginleri cezalandırma girişimleri ender olarak işe yarar, çünkü zenginler vergi sıkıntılarını en aza indirmenin yollarını bulurlar. Bu tür yollardan biri, Devlet Geliri Yasasının 1031 numaralı bölümüdür. Bir gayrimenkul, daha pahalı bir gayrimenkulle değiştirilerek satıldığında, elde edilen kazancın vergisinin geciktirilerek ödenmesine izin verir. Bu şekilde değer artırarak ticaret yaptığınız sürece, elde ettiğiniz kazancın vergisini, gayrimenkulü paraya çevirene kadar ödemezsiniz. Bu tasarruflardan yararlanmayanlar, aktif sütunlarını geliştirme fırsatını kaçırmaktadır.

Zengin baba Robert'a rehberlik ettiği yılların tamamında, ona bilginin, güç olduğunu öğretmeye çalışmaktaydı. Ve parayla gelen büyük gücün, onu tutmak ve katlamak için bilgi gerektirdiğini. O bilgiden yoksun olunca hayat sizi ordan oraya savurur.

Vergi müfettişi, ona izin verdiğinizde gittikçe daha fazla alan kabadayıdır. Ona, paranızın sizin için çalışmasını engelleme iznini vermeyin.

Akıllı vergi danışmanları ve avukatlar ücretlerinin karşılığını vermektedir, onlara ödeme yapmak, devlete ödeme yapmaktan daha ucuza gelir. Yasaları bilmemenin bedeli pahalıdır.

Robert yirmili yaşlarının ortalarında Deniz Piyade Gücünden ayrılıp, Xerox'da çalışmaya başladığında maaş çeklerindeki kesintileri gördüğünde şaşırmıştı. Bu durum onu, 1974'te ilk şirketini kurması ve günlük işinde çok çalışıp, emlak işine yatırım yapmak için olabildiğince çok para toplaması yönünde teşvik etmişti.

Xerox'da, tepedeki satış elemanlarından biri oldu ve üç yıldan az bir zamanda kendi emlak işinde, Xerox'da kazandığından daha çok kazanmaktaydı. Şirketi ona ilk Porsche'unu satın aldı. Bu, planının işe yaradığının kanıtıydı.

Zengin babadan öğrendiği dersler, herkesin bildiği yarış ortamından erken yaşta kurtulmasını sağladı ve o da aynı şeyleri başkalarına öğreterek yardım etmek istedi.

Finansal IQ ya da finansal bilinç bunları tümüyle yapmasına olanak sağladı. Finansal bilinç, dört unsurdan oluşur: muhasebe (finansal okur yazarlık ya da sayıları okuma yeteneği ve herhangi bir işin güçlü ve zayıf yönlerini değerlendirebilme yeteneği), yatırım yapmak (paradan, para kazanma taktikleri ve bilimi), pazarı anlamak (arz ve talep bilimi ve pazar koşulları) ve yasalar (vergiden yararlanmak ve korunmak).

Bu yasal yararları anlamak, uzun süreli zenginlik söz konusu olduğunda işin özünü kavramaktır. Örneğin bir şirket vergileri ödemeden önce, giderleri ödeyebilir, mademki ilk önce çalışan vergilendiriliyor, geri kalanıyla da giderleri ödemeye çalışmalıdır. Hawaii'deki yönetim kurulu toplantıları, araba ödemeleri, sigorta ve sağlık kulübü üyelikleri, bir şirket için vergi öncesi giderleri olabilir.

Şirket ayrıca, hukuk davalarından yasal olarak korunma olanağı sunabilir. Birisi, varlıklı birini mahkemeye verdiğinde, genellikle yasal koruma maddeleriyle karşılaşır ve de sık olarak görülen şudur ki, varlıklı kişinin hiçbir şeyi yoktur. Her şeyi denetlemektedirler ama hiçbir varlıkları yoktur.

Robert, yasal aktif varlıklara sahip kişileri, şirketlerin yararları ve korumasıyla ilgili daha çok şey öğrenmeye zorlamaktadır. Garret Sutton'ın kitapları, yardımcı olabilecek pek çok şey arasındadır.

Özetle:

Şirketi Olan İş Sahipleri

1. Kazanır
2. Harcar
3. Vergi Öder.

Şirkette Çalışan Elemanlar

1. Kazanır
2. Vergi Öder
3. Harcar.

Sol-yarıküre açısı: Muhasebe, finansal okur yazarlıktır ya da sayıları okuma yeteneğidir. Eğer bir imparatorluk kurmak istiyorsanız bu hayati bir beceridir. Sorumlu olduğunuz paranın toplamı arttığında kurduğunuz yapının çökmemesi için, daha özenli davranarak hata yapmamanız gerekir.

Sağ-yarıküre açısı: Yatırım yapmak, "paradan para kazanmak" bilimidir. Bu bilim, beynin yaratıcı bölümünün kullanılmasını gerektiren taktikleri ve formülleri içerir.

Bilinçaltı açısı: Pazarı anlamak, arz ve talep bilimidir. Yatırımın temel ya da ekonomik yönlerine ek olarak, duyguların yönlendirdiği pazarın, teknik yönlerini bilmeniz gerekir.

Robert Ne Söylemekteydi

Şimdi yansıtma zamanı. Kendinize sorun, "Bu bölümde Robert ne söylemekteydi?" Ve, "Bunu *neden* söyledi? Bu bölümde Robert'le aynı fikirde olmanız ya da olmamanız gerekmiyor. Hedef, Robert'ın ne söylediğini *anlamaktır*. Hatırlayın ki, bu oturum işbirlikçi ve destekleyici olmak üzere tasarlanmıştır. İki akıl birden iyidir. Eğer Robert'ın ne söylediğini anlamıyorsanız bundan rahatsızlık duymayın. Anlamak için yardım isteyin. Her alıntıyı anlayana kadar tartışmak için zaman ayırın:

"Zengin babam şirketler vasıtasıyla, akıllıca bir oyun oynadı. Bu, zenginlerin en büyük sırrıdır."

"Gerçek şudur ki, zenginler vergilendirilmez. Yoksullar için ödeme yapan orta sınıftır, özellikle de üst gelir seviyesinde olan eğitimli orta sınıftır."

"İnsanlar her zaman zenginleri cezalandırmaya çalışmışlardır, zenginler kolayca boyun eğmez. Tepki verirler. Onlar paraya, güce ve olayları değiştirme niyetine sahiptir. Orada sadece oturup gönüllü olarak daha fazla vergi vermezler."

"Eğer para için çalışırsanız işverene güç verirsiniz. Eğer para sizin için çalışırsa güç sizde kalır ve onu denetlersiniz."

"Vergi yararlarını ve şirketin sağladığı vergiden korunma yollarını anlayan kişi, bir şirkette eleman olan ya da tek başına küçük bir iş sahibi olan birisinden daha hızlı zengin olur. Bu, yürüyen birisiyle, uçan birisi arasındaki farka benzer."

"Çalışanlar, kazanır, vergi öder ve geri kalanla yaşamaya çalışır. Bir şirket, kazanır, harcayabileceği kadar harcar ve geri kalan üstünden vergi öder. Bu, zenginlerin kullandığı en büyük yasal vergi boşluklarından biridir."

İlave Sorular

Şimdi, bu bölümdeki öyküleri, Robert'ın ne söylediğini anlayarak, kendinize ve hayatınıza uygulama zamanı. Aşağıdaki soruları kendinize sorun ve onları çalışma arkadaşınızla tartışın. Kendinize ve arkadaşınıza karşı dürüst olun. Eğer verdiğiniz bazı cevapları beğenmezseniz kendinize değişmek isteyip istemediğinizi, düşüncelerinizi ve zihin kalıplarınızı değiştirme zorluğunu kabul edip etmediğinizi sorun.

1. Zengin babanın, Robin Hood'un sahtekâr olduğu değerlendirmesini uygun buluyor musunuz? Neden ya da neden uygun bulmuyorsunuz?
2. Devlet harcamalarıyla vergiler, daha büyük bir sorun yaratmış mıdır?
3. Sizce orta ve yoksul sınıfa giren kişiler, vergi sıkıntısını yüklendiklerinin farkındalar mı? Bu konuda gördüğünüz sonuçlar hangileridir?
4. İnançlarınız, kapitalizm ve sosyalizm başlıklarından hangisine daha yakın? Bu iki düşünce şeklinin yararları ve başarısız oldukları yönler hangileridir?
5. Zenginler, şirketlerden yararlanarak vergiden kaçınmakta haklı mıdırlar? Sistemi daha iyi anlayan daha çok insan bu takımı izlemeli mi?
6. Aktif varlıklarınızı artırmak için, bir şirketi kullanarak, kendinizin belirlediği hangi yollarla yarar sağlayabilirsiniz?

Terim Tanımlamaları:

1031: Devlet Geliri Yasası, 1031 numaralı bölümü için kullanılan özel dil. Bu bölüm satıcıya, bir gayrimenkulü daha pahalı bir gayrimenkulle değiştirdiği zaman elde ettiği kazancın vergisini erteleme izni vermektedir.

ŞİRKET: Ruhsuz, yasal bir yapı yaratan yasal belge. Büyük bir yapı, fabrika ya da bir grup insan değildir. Zenginin varlığı, bu belgeyi kullanarak korunmaktadır.

FİNANSAL İQ: Finansal eğitim sonucunda gelişen finansal bilinç. Yüksek finansal IQ'ları olan kişiler, başkalarının paralarını kullanarak, zengin olmayı öğrenmektedir.

FİNANSAL OKUR YAZARLIK: Herhangi bir işin güçlü ve zayıf yönlerini tanımlamanıza yol açan finansal ifadeleri okuma ve anlama becerisi.

Bölüm 5

Ders 5: Zenginler Parayı Bulur

Gerçek dünyada başarılı olanlar akıllılar değil, cesurlardır.

Dün gece yazı yazmaya ara verip Alexander Graham Bell adındaki genç bir adamın hayatı hakkında bir televizyon programı seyrettim. Bell telefonunun patentini henüz almıştı, ancak yeni icadına talep öyle çoktu ki başına ağrılar giriyordu. Daha büyük bir şirket gereksinimiyle, dönemin devi Western Union'ın kapısını çaldı, patentini ve küçük şirketini onlara satmayı teklif etti. İkisine toplam 100 bin dolar istiyordu. Western Union'ın başındaki kişi onunla alay etti, istediği rakamın akılalmaz olduğunu söyleyerek reddetti. Gerisi tarih sayfalarında yazılı. Milyarlarca dolarlık bir endüstri çıkacaktı ortaya; o da AT&T gibi bir dev doğuracaktı.

Alexander Graham Bell öyküsünün hemen ardından akşam haberleri başladı. Haberlerde yerel bir şirketin küçülmeye gittiği anlatılıyordu. İşçiler öfkeliydi, şirket patronlarının adil olmamalarından yakınıyorlardı. İşten çıkarılan kırk beş yaşlarındaki bir yönetici, karısı ve iki çocuğuyla birlikte fabrika binasına gelmiş, işten çıkarılma kararını bir daha gözden geçirsinler diye patronlarla konuşabilmek için güvenlik görevlilerine dil döküyordu. Kısa süre önce bir ev satın almıştı ve evin elinden gitmesinden korkuyordu. Kamera, bütün dünya görsün diye onun dil döküşüne odaklandı. Dikkatimi çektiğini söylemeye gerek yok.

1984 yılından beri profesyonel olarak ders vermekteyim. Büyük bir deneyim ve onun sonucunda da ödül kazanmış bulunuyorum. Ama öğretmenlik aynı zamanda rahatsızlık verici bir meslek. Binlerce kişiye ders verdim; bundan öğrendiğim, ben de dahil olmak üzere hepimizin ortak bir yanı olduğu. Korkunç bir potansiyele sahibiz, hepimizin doğuştan gelen yetenekleri var. Ancak ilerlememizdeki engel teknik bilgiden yoksun oluşumuz değil, özgüven eksikliğimiz. Bu durum kimilerini ötekilerden daha çok etkiliyor.

Okulu bitirdiğimizde, aldığımız yüksek notların pek bir önemi olmadığını artık öğrenmişizdir. Akademik sınırların dışındaki gerçek dünyada iyi notlardan fazlası gereklidir. Kimilerinin buna 'cesaret', 'cüret', 'saçma', 'küstahlık', 'kabadayılık', 'kurnazlık', 'yiğitlik', 'tuttuğunu koparmak', 'zekilik' dediğini duyarım. Etiketi ne olursa olsun, bu etken kişinin geleceğini okulda alınan notlardan daha çok belirleyicidir.

Hepimizin içinde cesur, çok zeki ve tuttuğunu koparan olma özelliklerinden biri bulunur. Ama madalyonun bir de diğer yüzü var: İnsan gerekirse dizlerinin üstüne çöküp yalvarabilir de. Vietnam'da Deniz Piyade Gücünde pilot olarak bir yıl geçirdikten sonra bu özelliklerin her ikisine de sahip olduğumu anlamıştım. Biri ötekinden daha iyi değil.

Ancak öğretmen olarak yaptığım gözlemler sonucunda insan dehasını körelten en büyük etkenlerin korku ve kendinden kuşku duymak olduğunu gördüm. Öğrencilerimin yanıtları bilmelerine rağmen bunu söyleme yürekliliğini göstermediklerini izlemek acıydı. Gerçek dünyada, akıllı olanlar değil cesurlar ilerler.

Kişisel deneyimlerime dayanarak şunu söyleyebilirim; finansal dehanız teknik bilgi kadar cesaret de gerektirir. Eğer korku oldukça güçlüyse deha bastırılır. Derslerde öğrencilerime risk almayı, cesur olmayı, dehalarını kullanarak korkuyu güce dönüştürmeyi ve zeki olmayı öğrenmeye zorlarım. Kimilerinin aklı buna yatarken kimileri ürperir. Para söz konusu olduğunda çoğu kimse sağlam adım atmak ister. Şu sorularla çıkarlar karşıma: Niçin risk alalım? Niçin finansal IQ'mu geliştirmeye zaman harcayayım? Niçin finans bilgim olmalı?

Yanıtım: "Daha çok seçeneğiniz olması için."

Önümüzdeki günler korkunç değişimlere gebe. Tam da genç mucit Alexander Graham Bell'den söz açılmışken, gelecek yıllarda onun gibilerin sayısı artacak. Her geçen yıl dünya çapında Bill Gates gibi birçok kişi olacak, Microsoft benzeri nice başarılı şirket mantar gibi bitecek. Ayrıca iflas eden, işçi çıkaran, küçülen pek çok şirket ortaya çıkacak.

Peki finansal IQ'yu geliştirmeye zaman harcamanın gereği var mı? Bunun yanıtını yalnızca siz verebilirsiniz. Ancak kendi adıma konuşabilirim; ben buna zaman harcıyorum, çünkü bu, hayatta olmanın en heyecan verici dönemi. Değişime karşı koymak yerine onu kabullenmeyi yeğlerim. Zam peşine düşmek yerine milyonlarca dolar kazanmanın düşünü kurarım. Yaşadığımız yıllar dünya tarihinde çok heyecanlı, eşsiz bir dönem. Bizden sonraki kuşaklar bu yıllara baktıklarında, ne kadar heyecan verici bir çağ yaşandığını göre-

---

20 YIL ÖNCE BUGÜN...
FIRSAT

Girişimcilerin başarı öykülerinin listesi, uzuyor ve Jobs, Zuckerberg, Bezos ve Brin gibi isimler, dünya genelinde tanınmakta. Uber gibi sıçrama yapanlar, Fırsatlar Diyarında ve küresel ekonomi de çok ilgi görmekte...

---

cekler. Bu, eskinin ölümü, yeninin doğuşu. Kargaşa dolu ve heyecan verici...

Peki finansal IQ'yu geliştirmeye neden zaman harcamalı? Çünkü geliştirirseniz refaha kavuşursunuz. Geliştirmezseniz bu zaman periyodu heyecan yerine korku verici olacaktır. Birilerinin cesur atılımlarda bulunduğu bir dönemde, başkaları hayatın çürümeye yüz tutmuş halkalarına tutunurlar.

Üç yüz yıl önce toprak servetti. Dolayısıyla toprak sahibi kimse aynı zamanda servet sahibiydi. Derken fabrikalar ve üretim önem kazandı ve Amerika egemenliğe yükseldi. Serveti sanayiciler ele geçirdi. Bugünse bilgi. En güncel bilgiye ulaşan kişi serveti ele geçiriyor. Sorun, bilginin dünyanın çevresinde ışık hızıyla dolaşmasından ileri gelmekte. Sınırlarla çevrili toprak ve fabrikaların tersine yeni serveti sınırlar ardına kapatmanın yolu yok. Değişim çok daha hızlı ve daha büyük boyutlarda yaşanacak. Yeni multimilyonerlerin sayısında muazzam bir artış görülecek. Elbette nal toplayanlar da olacak.

Günümüzde pek çok kişinin mücadele ettiğini, daha çok çalıştığını gözlüyorum; bunun tek nedeni eski fikirlere bağlı kalmaları. Kimilerinin işlerinden ya da evlerinden olduklarını biliyorum, suçu teknolojiye, ekonomiye ya da patronlarına attıklarını da. Sorunun kendilerinden kaynaklanabileceğini anlamamaları pek yazık. Eski fikirler onların en büyük pasifi. Yalnızca bir pasif, çünkü o fikirlerin ya da işlerin yürüme biçimi dün aktifti, oysa dün geçmişte kaldı.

İnternette, www.richdad.com adresinde bulunan CASHF LOW classic oyununu oynayabilir ve paranın nasıl çalıştığını öğrenebilirsiniz.

Bir öğleden sonra kendi icat ettiğim, *CASHFLOW® [Nakit-akışı]* adlı bir oyunu kullanarak yatırım yapmayı öğretiyordum. Arkadaşlardan biri, sınıfa birini davet etmişti. Arkadaşın arkadaşı yeni boşanmıştı ve boşanma davasından fena halde zararlı çıkmıştı; şimdi de çözüm arayışına girmişti. Bu kadının arkadaşı da bizim derslerin ona yol gösterebileceğini düşünmüştü.

Oysa oyun, paranın nasıl işlediğini öğretmek üzere tasarlandı. Oyunu oynarken gelir hesaplarıyla bilanço arasındaki etkileşimi öğreniyorsunuz. İkisi arasındaki nakit akışlarını ve servete giden yolun aktif sütununuzdan gelen aylık nakdi artırmak ve aylık harcamalarınızın üzerine geçmek için nasıl kıvrandığını da... Bunu öğrendikten sonra 'fare yarışı'ndan kurtulup 'ekspres yol'a çıkıyorsunuz.

Daha önce de belirtmiştim, kimileri bu oyundan nefret eder, kimileri çok sever, kimileriyse amacını anlamaz. Bu kadın da bir şey öğrenmenin eşsiz fırsatını kaçırmıştı. İlk turda üstünde bir tekne resmi olan cicili bicili bir kart çekti. Sevinçliydi, "Oh, tekne sahibi oldum," diyordu. Sonra, arkadaşı gelir hesaplarıyla bilançosundaki rakamların ne anlama geldiğini açıklamaya çalıştıkça, sevincin yerini öfke aldı, çünkü kadın matematikten nefret ediyordu. Arkadaşı gelir hesabı, bilanço ve aylık nakit akışı arasındaki ilişkiyi anlatırken masada bulunan diğer oyuncular bekliyordu. Derken, rakamların anlamını kavradığında teknenin onu yiyip bitirdiğini anladı. Oyunun ileriki aşamalarında 'küçülmek' zorunda kaldı, bir de çocuğu oldu. Kadın açısından berbat bir oyundu.

Dersten sonra arkadaşı yanıma geldi, kadının canının sıkıldığını söyledi. Sınıfa gelmesinin nedeni yatırım yapma konusunda bir şeyler öğrenmekti, ama saçma sapan bir oyuna bunca zaman harcamak zorunda bırakılmaktan hoşlanmamıştı.

Arkadaşı ona oyunda kendi yaşantısından kesitler, 'yansımalar' bulmasını önerdi. Bunu duyunca kadının tepkisi parasını geri istemek oldu. Bir oyunun kendini yansıtması fikri ona göre saçmaydı. Verdiği para hemen kendisine iade edildi ve kadın kapıdan çıkıp gitti.

1984 yılından bu yana, okul sisteminin yapamadığını yaparak milyonlarca dolar kazandım. Okulda öğretmenler nutuk çeker. Öğrenciyken bunlardan nefret ederdim; kısa sürede sıkılır, dikkatim dağılırdı.

1984'te oyunlar ve simülasyonlar yardımıyla ders vermeye başladım. Her zaman, yetişkin öğrencilerime oyun oynarken öğrendikleriyle eski bilgilerini karşılaştırmalarını salık verdim. En önemlisi de oyunun kişinin davranışlarını yansıtmasıdır. Anında bilgiye dönüşen bir sistem. Öğretmenin size nutuk çekmesi yerine, oyun sayesinde kendi dersinizi kendiniz alıyorsunuz: Üzerinize göre biçilmiş bir giysiden farksız.

Giden kadının arkadaşı, daha sonra, beni olup bitenlerden haberdar etmek üzere aradı. Arkadaşının iyi olduğunu, sakinleştiğini anlattı. Sakinleşme aşamasında oyunla kendi yaşantısı arasında azıcık bir benzerlik kurabilmişti.

Kocasıyla bir tekneleri olmamıştı, ama ondan başka akla gelebilecek her türlü ıvır zıvıra sahiptiler. Boşanmak onu öfkeden deliye döndürmüştü. Çünkü birincisi, kocası onu daha genç bir kadınla aldatmıştı; ikincisi, yirmi yıllık evliliklerinin ardından aktif varlık olarak pek az birikimleri vardı. Dolayısıyla boşanırken paylaşacak fazla malları yoktu. Evli kaldıkları yirmi yıl boyunca çok eğlenmişlerdi, ama birikimleri bir sürü cicili bicili eşyadan ibaretti.

Oyunlar davranışı yansıtmaktadır. Onlar, anında geribildirim veren sistemlerdir.

Kadın öfkesinin, gelir hesabıyla bilançosunu karşılaştırırken rakamları anlamadığı için duyduğu utançtan kaynaklandığını fark etmişti. Eskiden hesap işlerinin erkeğin sorumluluğunda olduğunu düşünürdü. Kendisi evi çekip çevirir, konukları ağırlarken kocası hesapları görürdü. Evliliğinin son beş yılında, kocasının kendisinden para kaçırdığından hiç kuşkusu kalmamıştı. Paranın nereye gittiğini takip etmediği için kendine kızıyor, ayrıca öteki kadından haberdar olmamayı kendine yediremiyordu.

Tıpkı bu oyun gibi, dünyanın da bize gönderdikleri anında bilgiye dönüşür. Dikkatimizi verdikçe daha çok şey öğrenebiliriz. Geçenlerde bir gün, pantolonumun kuru temizleyiciden küçülmüş olarak geri geldiğinden yakınıyordum. Karım gülümsedi, parmağıyla göbeğimi dürterek pantolonumun küçülmediğini, benim genişlediğimi ima etti.

CASHFLOW oyunu her oyuncuya, kişiye özel geri bildirim vermek üzere tasarlanmıştır. Amacı önünüze seçenekler koymaktır. Tekne kartını çekerseniz borca girersiniz, o noktada ne yapacağınız önemlidir. Kaç değişik seçenek düşünebilirsiniz? Oyunun amacı, oyuncuya düşünmeyi, yeni ve çeşitli mali seçenekler yaratmayı öğretmektir.

Bugüne dek bini aşkın kişiyi oyunu oynarken izlemişimdir. Oyundaki 'fare yarışı'ndan çabuk çıkanlar rakamları anlayan ve yaratıcı mali zekâsı olan kişiler oluyor. Onlar farklı mali seçenekleri anlamakta gecikmiyor. Çıkış yolunu bulmaları uzun zaman alanlarsa rakamlara aşina olmayan ve yatırım yapmanın gücünün farkında olmayanlardır. Zengin kimselerin çoğu yaratıcıdır ve hesapladıkları riskleri alırlar.

CASHFLOW classic oynayarak oyunda çok para kazanan bazıları bu parayla ne yapacağını bilemez. Bunlar çoğunlukla gerçek yaşamda da maddi yönden başarılı değildir. Para onların elinde olsa da, hemen herkes onların bir adım ilerisinde gibidir. Çok paraya sahip olup da mali durumunu daha da iyileştirmeyen kimselerin sayısı hiç de az değildir.

İnternette www.richdad.com adresinden CASHFLOW classic oyununu oyna.

Oyundan, kendi gerçek davranışın hakkında ne öğrendin?

Seçeneklerinizi kısıtlamakla eski fikirlere saplanıp kalmak arasında hiçbir fark yok. Liseden bir arkadaşım, şimdi üç işte birden çalışıyor. Yirmi yıl önce sınıf arkadaşlarımız arasında en zengin olanımızdı. Bölgedeki şekerpancarı fabrikası kapatılınca çalıştığı şirket de kapandı. Ona göre önünde tek bir seçenek vardı. Eski seçeneği: Çok çalışmak. Ama eski şirketindeki kıdemini dikkate alan eşdeğer bir iş bulamadı. Şimdi çalıştığı işler için fazla nitelikli; üstelik maaşı da düşük. Yaşamını sürdürmeye yeterli olanı kazanmak için üç işte birden çalışıyor şimdi.

CASHFLOW oynarken kimilerinin 'doğru' fırsatlar içeren kartların ellerine gelmediğinden yakındığını duyarım. Öylece otururlar. Gerçek yaşamda da bunu yapanları tanırım. 'Doğru' fırsatın önlerine çıkmasını beklerler.

'Doğru' fırsat kartını almalarına rağmen yeterince para kazanamayanları da bilirim. Sonra kalkıp daha çok paramız olsaydı 'fare yarışı'ndan kurtulabildik diye hayıflanırlar. Getirisi büyük olacak yatırımları görürler, ama paraları yoktur.

Bir de büyük bir fırsat kartı yakalayanlar var; yüksek sesle okurlar yazanı, gelgelelim büyük fırsatın ne olduğu hakkında en ufak bir fikirleri yoktur. Paraları vardır, zamanlama mükemmeldir, kart da ellerindedir, ancak fırsatın önlerinde durduğunu bir türlü göremezler. 'Fare yarışı'ndan kaçış planlarıyla nasıl bağdaştıracaklarını anlayamazlar. Tanıdıklarım arasında böylelerinin sayısı diğerlerinin toplamından çoktur. Hayat boyunca bulunacak fırsat kapısı pek çok kişinin önünde öylece durur, ama onlar bunu göremezler. Bir yıl geçer, kendilerinden başka herkes para kazandıktan sonra durumu anlarlar.

Finansal zekâ yalnızca daha fazla seçeneğe sahip olmaktır. Eğer fırsatlar önünüze çıkmazsa mali durumunuzu iyileştirmek için başka ne yapabilirsiniz? Eğer fırsat pat diye kucağınıza düşerse, ama paranız yoksa, banka da sizinle görüşmeyi bile kabul etmiyorsa o fırsatı lehinize çevirmek için başka ne yapabilirsiniz? Eğer varsayımınız yanlış çıkarsa, güvendiğiniz hesap öyle işlemezse bir limonu milyonlarca dolara çevirmenin yolu nedir? Bu finansal zekâdır. Pek sık gerçekleşmese de bir limondan milyonlar kazanmak için kaç değişik mali çözüm düşünebildiğinizdir. Finansal sorunlarınızı çözmede ne kadar yaratıcı olduğunuzdur.

Pek çokları tek bir seçenek bilir: Çok çalışmak, para biriktirmek ve ödünç almak.

Peki öyleyse, neden finansal zekânızı artırmak isteyesiniz ki? Çünkü kendi şansını yaratan kişilerden olmak istersiniz. Karşınıza ne çıkarsa çıksın, göğüsler ve durumu düzeltirsiniz. İnsanın şansını kendinin yarattığının farkına varanların sayısı bir avuç kadar. Paranın yaratılabileceğinin farkına varanlar da öyle. Daha şanslı olmak ve çok çalışmak yerine parayı yaratmak istiyorsanız finansal zekânın önemi büyüktür. 'Doğru' fırsatın gelmesini bekleyenlerdenseniz uzun süre beklemeniz gerekebilir. Yola çıkmadan sekiz kilometre önce bütün trafik ışıklarının yeşil yanmasını beklemek gibi bir şey.

Küçükken, zengin baba Mike'la bana sürekli "Para gerçek değildir," derdi. Daha ilk görüşmemizin ertesinde alçıdan 'para yapmaya' başlamakla paranın sırrını öğrenmeye ne kadar yaklaştığımızı hatırlatırdı bize sık sık. "Yoksul ve orta sınıf para için çalışır," der ve eklerdi: "Zenginlerse para yapar. Paranın gerçek olduğunu düşündükçe onu elde etmek için daha çok çalışırsınız. Para kavramının gerçek olmadığını ne kadar iyi kavrarsanız o kadar çabuk zengin olursunuz."

"Ne peki?" diye sorardık Mike'la. "Para gerçek değilse ne?"

"Ne olmasını istersek o," olurdu zengin babanın yanıtı.

Sahip olduğumuz en güçlü aktif zihnimizdir. İyi eğitilirse ânında büyük bir servet yaratabilir. Hem de 300 yıl önce krallarla kraliçelerin düşlerini süsleyen servetten çok fazlasını. Eğitimsiz zihne gelince, o kuşaklar boyu aileden aileye aktarılacak bir ömür boyu aşırı yoksulluk yaratır.

Bilgi Çağında para katlanarak artıyor. Bir avuç insan yoktan zengin oluyor, tek yaptıkları fikir satmak ve anlaşma yapmak. Yaşamlarını kazanmak için hisse senedi ya da başka yatırım türlerinin ticaretini yapanlara sorarsanız bunu sık gördüklerini söyleyeceklerdir size. Bir anda hiçten milyonlarca para kazanılır. Hiç derken, hiç para alışverişi yapılmamasından söz ediyorum. Bu, anlaşmalar aracılığıyla gerçekleşir. Borsada bir el hareketiyle; Toronto'daki borsacının bilgisayarından gönderdiği bir mesajın Lizbon'daki bir başka borsacının bilgisayar ekranına yansımasıyla; hisseleri satmak için doğru anın geldiğini bildirmek üzere komisyoncunun müşterisine telefon etmesiyle. Para el değiştirmez. Anlaşmalar yapılır.

Hepimizin sahip olduğu en güçlü aktif varlık beynimizdir. Eğer iyi eğitilirse sınırsız servet yaratabilir.

Öyleyse finansal dehamızı geliştirmenin gereği niye? Bu soruya yanıtı siz vereceksiniz. Ben size, ancak zekâmı neden bu alanda geliştirdiğimi anlatabilirim. Çünkü kısa zamanda zengin olmak istiyorum. Zengin olmak gerekmiyor, ama bunu istiyorum. Üstelik öğrenme süreci çok güzel geçiyor. Finansal zekâ düzeyimi geliştirmemin bir diğer nedeni de dünyanın en hızlı ve büyük oyununa katılma arzum. Kendi çapımda insanlığın öngörülmedik evriminde, insanların yalnızca kafa emeğiyle çalışıp kol gücünü kullanmadıkları çağda ben de yer almak istiyorum. Ayrıca hareket burada. Olay bu. Moda bu. Korku veren bu. Hem de eğlenceli.

İşte bu nedenle finansal zekâma yatırım yapıyor, elimdeki en güçlü varlığı geliştiriyorum. Çevremde gözünü hiçbir şeyden sakınmadan ilerleyen kimseler istiyorum. Geride kalıp nal toplayanların yanında yer almaya niyetim yok.

Size para yaratmakla ilgili basit bir örnek vereyim. 1990'ların başında Phoenix'in ekonomisi içler acısıydı. Televizyonda 'Günaydın Amerika' programını izlerken mali müşavir çıkageldi ve durumun vahametinden, insana verdiği kasvetten söz etmeye başladı. Önerdiği 'tasarruf' idi. Her ay

100 doları bir kenara ayırırsanız kırk yıl içinde multimilyoner olursunuz, diyordu.

Pekâlâ her ay bir köşeye para atmak kulağa hoş geliyor. Seçeneklerden biri bu; çoğu kimsenin işaretlediği seçenek... Sorun şurada: Bu seçenek insanın gözünü gerçeklere kapatır. Kişi parasından daha çok para kazanmak için önüne çıkan büyük fırsatları kaçırır. Dünya onu sollar gider.

Yukarıda da belirttiğim üzere o dönemde ekonomi berbattı. Yatırımcılar açısından bu durum eşsiz piyasa koşulları demektir. Paramın bir bölümü borsada ve apartman dairelerinde yatıyordu. Nakte sıkışıktım. Herkes elindeki avucundakini satıp savdığı için onları satın alıyordum. Yatırım yapıyordum. Süratle yükselen borsada karımla benim için işleyen bir milyon dolardan fazla nakit paramız vardı. Yatırım yapmak için bulunmaz bir fırsattı. Ekonomi berbattı. Bu küçük fırsatları görmezden gelemezdim.

---

20 YIL ÖNCE BUGÜN... TASARRUF EDENLER NEDEN KAYBEDENLERDİR?

1970'lerde, "emekliliğe doğru yol alırken" tasarruf edebilirdik. Banka cüzdanlı tasarruf hesapları, çift haneli faiz kazanmaktaydı ve tasarruf hesapları gerçekten varlığımızı büyütebilirdi. O günler çoktan geride kaldı. OFO- olumsuz faiz oranları ya da faiz oranları sıfırın altındadır. Günümüzde birçok banka "tasarruf edenlerin" birikimlerinden ücret almaktadır... ve tasarruf edenler, kaybedenlerdir.

Bir zamanlar 100 bin dolara satılan evler 75 bine düşmüştü. Ama emlak bürosunda alışveriş yerine, icra-iflas avukatlarının bürolarında ya da mahkeme basamaklarında alışverişe başladım. Bu alışveriş mekânlarında 75 bin dolarlık evi 20 bin dolar ya da daha altında bir fiyata almak mümkün oluyordu. Doksan günlüğüne 200 dolar faizle bir arkadaşımdan aldığım

2 bin dolar borçla avukatlık bürosuna evin depozitosunu ödemiştim. Satış işlemleri sürerken gittim, 75 bin dolarlık evi 60 bin dolara hiç ön ödemesiz satılığa çıkardığıma dair gazete ilanı verdim. Telefon susmak bilmiyordu. Alıcı adaylarının mali durumları incelendikten ve tapu devrini üzerime aldıktan sonra, olası alıcılara evi gezdirdim. Hepsi çılgına dönmüş gibiydi. Birkaç dakika içinde evi satmıştım. Gerekli işlemleri başlatmak için 2500 dolar istedim, parayı aldıktan sonra geri kalanı yediemin ve tapu dairesi tarafından yürütüldü. Arkadaşımdan aldığım 2 bin doları 200 dolar fazlasıyla geri ödedim. O mutluydu; evi alan da, avukat da, ben de. Bana 20 bin dolara mal olan bir evi 60 bin dolara satmıştım. 40 bin dolar alıcıdan aldığım senet karşılığı olarak aktif sütunuma girmişti. Oysa bütün bunlara topu topu beş saat zaman harcamıştım.

Vergisiz nakit aktif sütununda ortaya 40 bin dolar çıkardı. Yüzde 10 faizle. Yılda 4 bin dolar nakit akışı yarattınız.

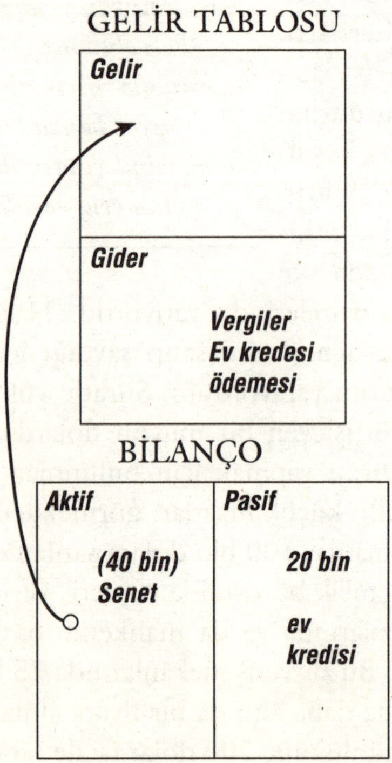

Eğer finansal bilginiz varsa ve rakamları okuyabiliyorsanız size bu işlemin neden para yaratmaya örnek olduğunu göstereceğim.

Piyasaların sıkışık olduğu bu dönemde, karımla ben boş zamanlarımızda böyle altı basit alışveriş yaptık. Paramızın büyük bölümünü daha büyük gayrimenkullere ve borsaya yatırmış olmamıza rağmen, altı tane satın al, yarat ve sat işleminde 190 bin dolardan fazla (senetlere yüzde 10 faiz uygulandı) aktif yaratmıştık. Bu yılda yaklaşık 19 bin dolar gelir demekti, onu da özel şirketimize aktardık. O 19 bin doların çoğu şirket arabalarını, onlara konan benzini, çıktığımız yolculukların faturalarını, sigorta poliçelerini, müşterilerle birlikte yediğimiz akşam yemeklerini ve daha başka harcamaları karşılıyor. Devlet o geliri vergilendirme aşamasına gelene dek vergi önceki harcamalarımızı yasal olarak yapmış bulunuyoruz.

Devlet yüzde 50 vergi alırsa ne kadar gelir elde edersiniz?

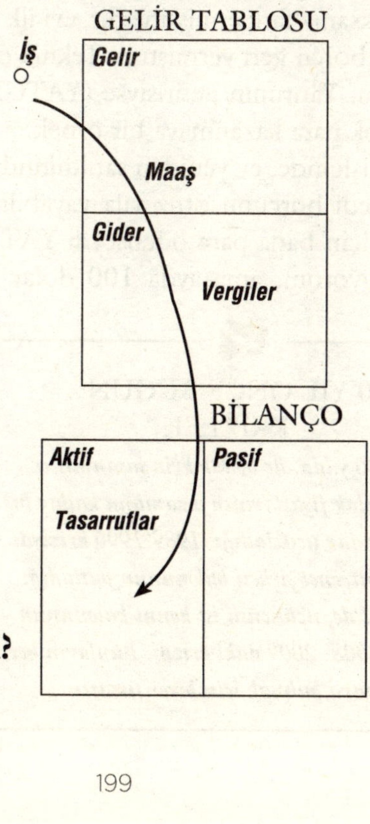

40 bin dolar biriktirmeniz ne kadar sürerdi?

Finansal zekâyla paranın nasıl icat edildiğine, nasıl yaratıldığına ve nasıl korunduğuna basit bir örnekti bu.

Kendinize bir sorun, 190 bin dolar biriktirmek ne kadar sürer? Banka paranıza yüzde 10 faiz öder mi? Senet otuz yıl boyunca geçerli. Dilerim bana 190 bin dolar asla ödemezler. Eğer bana anaparayı öderlerse, vergi ödemek zorunda kalırım, üstelik otuz yıl boyunca ödenen 19 bin dolar gelir olarak 500 bin dolardan biraz daha fazla.

Kişi ödeme yapmazsa ne olur, diye sorarlar. Öyle de oldu, ama iyi oldu. Phoenix emlak piyasası 1994'ten 1997 yılına kadar ülkenin en kaynar kazanıydı. O 60 bin dolarlık ev geri alındı, bu kez 70 bin dolara satıldı, kredi işlemleri karşılığında 2 bin 500 dolar daha kazanıldı. Yeni alıcının gözünde yine düşeş bir alışverişti. Süreç böylece tekrarlanabilir.

Uyanıksanız fark etmişsinizdir, evi ilk sattığımda aldığım 2 bin dolar borcu geri vermiştim. Teknik olarak işleme hiç para koymadım. Yatırımın getirisiyse (YATGET) sonsuz. İşte hiç parasız çok para kazanmaya bir örnek...

İkinci işlemde, ev yeniden satıldığında cebime 2 bin dolar koyup kredi borcunu otuz yıla yayabilirdim. Eğer para kazanmam için bana para ödenseydi YATGET ne kadar olurdu? Bilmiyorum, ama ayda 100 dolar –daha doğrusu 150 dolar, çünkü kırk yıl boyunca yüzde 5'ten hesaplarsak, vergi sonrası gelirden söz ediyoruz ve daha sonra bir kez daha yüzde 5 vergilendirilme söz konusu– tasarruf etmekten daha cazip

20 YIL ÖNCE BUGÜN... KRİZLER

Son 30 yılda, üç büyük kriz yaşanmıştır. Birincisi emlak fiyatlarının o zamana kadar hiç olmadığı kadar ucuzladığı, 1989-1990 kriziydi. İkincisi, internet şirketi balonunun patladığı 2001-2002'de, üçüncüsü ise konut balonunun patladığı 2008- 2009'daki krizdi. Bunların her biri para bulmak için birer fırsattı.

olduğuna kuşku yok. Bu yolu seçmek hiç de akıllıca değil. Daha güvenli olabilir, ama zekice değil.

Birkaç yıl sonra Phoenix emlak piyasası güçlendiğinde 60.000 dolara sattığımız evlerin değeri, 110.000 dolar oldu. Ucuza kapatılacak ipotekli evler hâlâ mevcut, ancak bu kez daha nadir bulunur oldular. Çıkıp onları aramak, değerli aktif varlıklarından olan zamanıma mâl oluyor. Binlerce alıcı böyle kelepir evlerin peşinde, ama bunları mali yönden anlamlı kılacakların sayısı çok az. Piyasa değişti. Şimdi harekete geçip aktif sütununa eklenecek başka fırsatlar arama zamanı.

"Burada işe yaramaz," "Yasalara aykırı," "Uyduruyorsun."

"Nasıl yapıldığını bana gösterebilir misin?" sorusundan çok duyarım bu yorumları.

Hesap ortada. Cebir ya da hesap bilmeye gerek yok. Çok fazla yazıp çizmeme gerek kalmıyor, ne de olsa yasal işlemleri ve ödeme anlaşmalarını komisyoncu yürütür. Ne akıtan damım ne de sifonu çekilecek tuvaletlerim var, çünkü bu da ev sahiplerinin işi. Ev onların. Arada bir taksidini ödemeyenler çıkar. Harikulade, çünkü gecikme faizi gelir ya da tası tarağı toplayıp evden çıkarlar ve ev yeniden satılır. Buna mahkeme düzeni el atar.

Sizin oturduğunuz yerde işlemeyebilir. Piyasa koşulları farklı olabilir. Ne var ki, bu örnek basit bir mali işlemin nasıl yüz binlerce dolar para çıkarabileceğini gözler önüne sermekte; hem de çok az para ve düşük riskle. Paranın salt bir anlaşma olarak yer almasına bir örnek bu. Lise mezunu herkesin üstesinden gelebileceği bir iş.

Yine de çoğu kimse bunu yapmaz. Onlar basmakalıp "çok çalış ve tasarruf et" öğüdüne kulak verir.

Otuz yıllık bir çalışmanın karşılığı olan 190 bin dolar aktif sütununa aktarılmış bulunuyor, hem de hiç vergi ödenmeden.

Şimdi, size hangisi daha zor geliyor?

1. Çok çalış, yüzde 50 vergi öde ve kalanı tasarruf et. Birikimlerin yüzde 5 kazansın, bir de bundan vergi ver.

Ya da

2. Finansal zekânı geliştirmeye zaman ayır ve hem beyin gücünü hem de aktif sütununu donat.

1 numaralı seçeneği izlerseniz buna, 190 bin dolar tasarruf etmek için ne kadar zaman ayırmanız gerektiğini ekleyin bir de; ne de olsa zaman en büyük değerlerinizden biri.

Belki şimdi bir ebeveyn, "Çocuğum okulda başarılı, iyi bir eğitim görüyor," dediğinde neden onu onaylamadığımı anlarsınız. İyi olabilir, ama yeterli mi?

Yukarıdaki yatırım stratejisinin küçük çaplı olduğunu biliyorum. Amaç, küçük bir şeyin büyüğe dönüştürülebileceğini göstermek. Bir kez daha belirteyim, başarım güçlü bir maddi temelin önemini yansıtır, bu da sağlam bir finansal eğitim gerektirir. Bir kez daha tekrarlamakta yarar var: Finansal zekâ dört teknik beceriden oluşur:

20 YIL ÖNCE BUGÜN... ONLAR ESKİ GÜNLERDİ

Tasarruf hesabından %5 kazanmak? Onlar eskidendi! 20 yılda çok şey değişti ve bugün, alışkın olduğumuz tavsiyelerin çoğu eskimiş, modası geçmiş tavsiyeler olarak görünmekte. Uzun zaman durmuş süt gibi, "para tasarrufu" tavsiyesinin de ömrü çoktan doldu.

1. Muhasebe. Finansal, diğer deyimiyle mali bilgi. Rakamları okuma yeteneği.
2. Yatırım stratejileri. Para kazanma bilimi.
3. Piyasa. Arz ve talep. Alexander Graham Bell piyasanın istediğini vermişti. Bill Gates de öyle. 20 bin dolara mal olan 75 bin dolarlık bir evin 60 bin dolara alıcı bulması piyasanın yarattığı fırsatı değerlendirmenin sonucuydu. Birisi satın alırken bir başkası satıyordu.
4. Yasalar. Muhasebe, şirket, devlet kurallarını ve yönetmeliklerini bilmek. Ben kuralların dışına çıkmamayı öneririm.

İster küçük evler, büyük apartman daireleri, şirketler satın alarak, ister hisse senetleri, tahviller, şirket hisseleri, değerli taşlar, beyzbol kartları, servet arayışında başarılı olması gereken bu basit temeldir ya da bu becerilerin bileşimidir.

"Birkaç yıl sonra emlak piyasası eski haline dönmüştü ve herkes piyasaya giriyordu." Borsa hızla yükseliyordu ve borsaya girmeyen yoktu. Amerikan ekonomisi yeniden ayaklarının üstünde durmaya başlamıştı. Bense 1996'da satmaya başladım; Peru, Norveç, Malezya ve Filipinler'e seyahat ediyordum. Yatırımların niteliği değişmişti. Gayrimenkul piyasasında mülk satın almayı bıraktık. Şimdi aktif sütununun yukarı doğru yükselmesini izlemekle yetiniyorum. Bu yıl içinde yeniden satmaya başlarım herhalde. Bu biraz da meclisten geçecek yasa değişikliklerine bağlı. Şu altı evden bazılarını satmayı, 40 bin dolarlık seneti de nakte çevirmeyi düşünebilirim. Muhasebecimi arayıp nakit işine hazır olmasını ve parayı güvence altına almanın yollarını aramasını istesem iyi olur.

Vurgulamak istediğim nokta şudur: Yatırımlar gelir, gider, piyasalar yüksek ve düşük seyreder, ekonomiler iyileşir ve çöker. Dünya her an hayatın fırsatlarını önünüze serer, hem de her gün; ne var ki biz bunları gözden kaçırabiliriz. Oysa oradadırlar. Dünya değiştikçe, teknoloji ilerledikçe, sizi ve ailenizi birkaç kuşak boyunca mali açıdan güvenceye alacak daha çok fırsat çıkacaktır.

Bana genellikle, milyonlara çevirdiğim limonlar hakkında soru sorulur. Kişisel yatırımlarımın örneklerini çok fazla kullanmakta tereddüt ederim bunun nedeni, kibirli ya da yüksekten atan biriymiş gibi izlenim yaratmaktan korkarım. Niyetim o değildir. Yalnızca, basit ve güncel durumların sayısal ve tarih sırası takip eden çizimleri gibi örnekler kullanırım. Örnekler kullanırım çünkü, kolay olduğunu bilmenizi isterim. Ve limonları milyonlara çevirmek, fİnansal zekànın dört desteğine ne kadar aşina olursanız, o kadar kolaylaşır.

Öyleyse neden finansal zekânızı geliştiresiniz? Buna tek yanıtı siz verebilirsiniz. Ben öğrenmeyi ve kendimi geliştirmeyi neden bırakmadığımı biliyorum. Bunu sürdürmemin nedeni değişimin kapıda olması. Geçmişe takılı kalmaktansa değişimi kucaklamayı yeğlerim. Piyasada hızlı büyümeler ve çöküşler yaşanacağının farkındayım. Finansal zekâmı sürekli geliştirmek istememin nedeni, her piyasa değişikliğinde dizlerinin üstüne çöküp işten atılmamak için yalvaracak kişiler olacağını bilmemdir. Diğer yandan, kimileri hayatın kendilerine sunduğu limonları alacak ve onlardan milyonlar kazanacaklar –arada sırada hepimizin eline verilir bu limonlardan– işte finansal zekâ budur.

Kişisel olarak mali büyümeyi başarmak için iki ana araç kullanmaktayım: Gayrimenkul ve küçük hisse senetleri. Gayrimenkuller temel oluyor. Bir gün alıp ertesi gün satarken, bu gayrimenkullerle nakit akışını sağlıyor ve önüme çıkan para kazanma fırsatını değerlendirmiş oluyorum. Düşük değerli hisse senetleri hızlı büyüme için kullanılıyor.

Kendi yaptıklarımı kimseye salık verdiğim yok. Yukarıda sıraladıklarım örnekten ibaret. Eğer önüme çıkan fırsat çok karmaşıksa ve yatırımın niteliğini anlamıyorsam o zaman işe girmiyorum. Mali yönden iyi durumda olmak için bana tek gereken basit matematik ve sağduyu.

Bu örnekleri vermemin beş nedeni var:

1. İnsanları daha çok şey öğrenmeye teşvik etmek.
2. Eğer temel sağlamsa işin kolay olacağını öğretmek.
3. Herkesin büyük bir servet elde edebileceğini göstermek.
4. Amaca ulaşmanın milyonlarca yolu olduğuna işaret etmek.
5. Bunun roket ilmi olmadığını kanıtlamak.

1989 yılında, Oregon eyaletinin Portland şehrinde hoş bir ortamda koşuya çıkardım. Süslü küçük evlerin bulunduğu bir banliyö semtiydi. Minicik ve sevimliydiler. Kırmızı Şapkalı Kız, o evlerin birinden çıkıp ninesinin evine doğru her an yola koyulabilirdi.

Her yerde 'satılık' tabelası asılıydı. Kereste piyasası berbat durumdaydı, borsanın ibresi hızla aşağı iniyordu ve ekonomik kriz vardı. Sokağın birinde gözüme çarpan bir satılık tabelasının ötekilerden daha uzun süredir orada durduğu dikkatimi çekti. Eski kılıklı bir evdi. Koşuya çıktığım bir gün yolda ev sahibiyle karşılaştım, canı sıkkın görünüyordu.

"Eve kaç para istiyorsunuz?" diye sordum.

Ev sahibi belli belirsiz gülümseyerek bana döndü. "Siz bir fiyat verin," dedi. "Satışa çıkaralı bir yıl oldu. Gelip bakanlardan ses seda çıkmadı."

"Bir göreyim," dedim ve yarım saat sonra evi satış fiyatının 20 bin dolar altında satın almıştım.

İki yatak odalı sevimli bir evdi, bütün pencerelerinde şatafatlı süslemeler vardı. Gri bordürlerle çevrili açık maviye boyanmış evin yapım tarihi 1930'du. İçeride şahane bir taş şömine yer alıyordu. İki yatak odası da kutu gibi ufacıktı. Kiralamak için ideal bir evdi.

Ev sahibine 5 bin dolar kaparo verdim ve 65 bin dolar değerinde olan, ancak kimsenin satın almaya yanaşmadığı evi 45 bin dolara almak üzere anlaştık. Bir hafta sonra evi boşaltan ev sahibi serbest kaldığı için sevinçliydi. Derken ilk kiracım eve taşındı; yerel bir yüksekokulda profesördü. Kesinti, harç ve öteki masraflardan sonra her ay cebime giren para 40 doları bile bulmuyordu. Hiç de heyecan verici bir alışveriş sayılmazdı.

Bir yıl sonra Oregon'daki durgun emlak piyasası toparlanmaya başlamıştı. California'dan gelen, paraya doymuş yatırımcılar, kendi emlak piyasaları hâlâ hızla büyümesine rağmen, kuzeye yönelmiş, Oregon'da, Washington'da gayrimenkuller satın alma peşine düşmüştü.

California'dan gelen genç bir çift, o küçük evi benden 95 bin dolara satın aldığında neredeyse bedavaya getirdik diye sevinç içindeydi. Yaklaşık 45 bin dolarlık kazancım 1031 no'lu vergi yasası gereğince yer değiştirdi, ben de kalkıp paramı neye harcayacağımı aramaya başladım. Aşağı yukarı bir ay sonra, Oregon'un Beaverton şehrinde bulunan Intel fabrikasının hemen bitişiğinde 12 daireli bir apartman buldum. Sahipleri Almanya'da yaşıyorlardı ve binanın değerinin ne olduğu hakkında en ufak bir bilgileri yoktu; ondan kurtulmaya can atıyorlardı. 450 bin dolarlık binaya 275 bin dolar fiyat teklif ettim. 300 bin dolara anlaştık. Orayı satın aldım ve iki yıl boyunca elimde tuttum. Yine 1031'in değişim işleminden yararlanarak, binayı 495 bin

> *"Güvenli" yatırımların sorunu, onların genellikle çok sağlama alınmasıdır, o kadar güvenli bir hale getirilmişlerdir ki, kazanımları az olur.*

dolar karşılığında sattık ve Arizona'nın Phoenix kentinde otuz daireli bir başka apartman satın aldık. Çünkü o arada yağmurdan kurtulmak için Phoenix'e taşınmıştık, zaten orayı satmamız gerekiyordu. Daha önceki dönemlerde, Oregon piyasası gibi Phoenix'deki emlak piyasası da krizdeydi. Otuz daireli apartmanı 225 bin dolar altına, 875 bin dolara satın aldık. Otuz dairenin aylık getirisi yaklaşık 5 bin dolardan biraz fazlaydı. Derken Arizona piyasası hareketlenmeye başladı ve 1996'da Colorado'dan gelen bir yatırımcı o bina için bize 1,2 milyon dolar fiyat teklifi verdi.

Karımla düşündük, taşındık ve meclisten çıkacak sermaye kazanımlarıyla ilgili yasa değişikliğini beklemeye karar verdik. Eğer yasa değişecek olursa, gayrimenkulün değeri yüzde 15-20 artabilirdi. Hem ayda 5 bin dolarlık kira geliri hiç de fena sayılmazdı.

Bu örneği vermekteki amacım küçük rakamların nasıl büyüyebileceğini göstermek. Finans özetlerini, yatırım stratejilerini, piyasayı ve yasaları anlamanın önemi, burada kendini belli eder elbette. İnsan bu konulara yabancıysa, o zaman daha güvenli olan yoldan gidip basmakalıp kaideye kulak vermeli ve yalnızca sağlam yatırımlara yönelmeli, ancak 'güvenli' yatırımların çoğu sağlam ve yavaş adımlarla ilerler. Diğer bir deyişle, öyle sağlamdırlar ki kazandırdıkları da yavaş büyür.

Büyük komisyoncular hem kendilerini hem de müşterilerini korumak adına, ellerindeki evleri spekülatif işlemlere sokmazlar. Akıllıca bir politika izlerler.

Para kazandıracak gerçek anlaşmalar piyasanın acemi alıcılarına önerilmez. Zenginleri daha da zengin kılacak en iyi anlaşmalara, oyunu bilenlere ayrılır. 'Yeterli' görülmeyen birine böyle spekülatif alımlar önermek teknik olarak yasal değildir, ama bunun yapıldığı da olur elbet.

Sözde 'yeterli' oldukça önüme çıkan fırsatlar da artıyor. Yaşamınız boyunca finansal zekânızı geliştirmenin diğer bir yolu da size daha çok firsat sunulmasıdır. Finansal zekânız ne kadar çoksa anlaşmanın iyi olup olmadığını anlamanızı kolaylaştırır. Kötü bir anlaşmayı fark edecek olan ya da aleyhinize işleyecek gibi görülen bir anlaşmayı lehinize çevirecek olan yine zekânızdır. Öğrendikçe –öğrenecek pek çok şey varken– daha çok para kazanırım, çünkü yıllar geçtikçe deneyimim ve bilgim artar. Oyunu daha sağlam oynayan arkadaşlarım var, işlerinde canla başla çalışırlar, ama finansal akıl geliştirmekten uzaktırlar; bu zaman gerektirir.

Genel felsefem aktif sütunuma büyüyecek tohumlar ekmek. Formülüm bu. Küçük adımlarla işe başlayıp tohumlar saçarım. Kimi büyür; kimi büyümez.

Emlak şirketimiz birkaç milyon dolar değerinde gayrimenkule sahip. Bu bizim gayrimenkul yatırım vakfimız, yani GAYAV. Altı çizilmesi gereken nokta, o birkaç milyon dolar henüz işe başladığımızda 5-10 bin dolarlık küçük yatırımlardan ibaretti. Gayrimenkule yatırılan bu peşinatların hepsi hızla büyüyen bir piyasa yakalayacak, vergiden muaf kazanç getirecek, birkaç yıl boyunca birkaç kez el değiştirecek kadar şanslıydılar.

Karımla benim ortak şahsi fonumuz olan şirketimiz, borsa kâğıtlarından oluşan portföyler de idare ediyor. Kimi dostlarımız ek kazanç elde etmek amacıyla, her ay bir kenara koyabilecekleri parayı bizim gibi yatırımcılara aktarır. Yüksek riskli alımlar yaparız, ABD ya da Kanada'da menkul değerler piyasasına girip halka açılmak üzere olan spekülatif özel şirketlerin hisselerini satın alırız. Örnek vermek gerekirse, halka açılmadan önce hisse başına 25 sent olan 100 bin hisseyle süratle para kazanılabilir. Altı ay sonra şirket borsaya girer, o hisselerin tanesi 2 dolara çıkar. Şirket iyi yönetiliyorsa fiyat hızla yükselir, hisse başına değer 20 dolar ya da daha fazla olabilir. 25 bin dolarımızın bir yıldan kısa bir sürede milyonu bulduğu dönemler var.

Ne yaptığınızı bildiğiniz sürece, bu kumar oynamak değildir. Ama paranızı bir yere yatırıp sonra da dua etmekle yetiniyorsanız kumar oynuyorsunuz demektir. Ne yaparsanız yapın, riskleri aza indirgemek için teknik bilginizi, aklınızı kullanmalı, oyuna gönül vermelisiniz. Öte yandan risk her zaman vardır. Riskleri olumlu yöne çeviren finansal zekâdır. Dolayısıyla biri için risk taşıyan bir yatırım, bir başkası için daha az risklidir. İşte bu nedenle, herkesin mali eğitime borsa kâğıtlarından, gayrimenkulden ya da öbür yatırım araçlarından daha çok önem vermesini öneriyorum. Ne kadar donanımlı olursanız riskleri kazanca çevirme şansınız artar.

Benim kendi adıma borsaya yaptığım yatırımlar pek çokları için yüksek risk taşır ve kesinlikle önerilmez. Ben bu oyunu 1979 yılından beri oynamaktayım ve bedelini çoktan ödedim, ancak yatırımların çoğu kimse açısından neden yüksek riskli olduğunu yeniden değerlendirirseniz yaşamınızı yeni baştan kurabilirsiniz; öyleyse 25 bin doları bir yıldan kısa bir sürede 1 milyon dolara çevirme yeteneği riski azaltır.

Bir kez daha yineleyeyim, anlattıklarımı kimseye tavsiye etmiyorum. Niyetim, yalnızca basit ve gerçekleşebilecek kazançlardan örnekler vermek. Benim yaptığım yaşanan diğer gelişmeler karşısında küçük kalır, çünkü sıradan bir birey için yılda 100 bin doları aşan pasif gelir hiç de fena değil, üstelik ulaşılması da zor değil. Piyasaya ve sizin uyanıklığınıza bağlı olarak, beşle on yıl arasında bir sürede erişilebilecek bir rakam. Eğer genel giderlerinizi düşük tutmayı başarıyorsanız bir işte çalışın ya da çalışmayın fark etmez, 100 bin dolarlık ek kazanç bayağı hoştur. Dilerseniz bir işte çalışın ya da işinizden ayrılın ve vergi sisteminin aleyhinize işlemesine izin vermek yerine onu lehinize çevirin.

Ne yaptığınızı biliyorsanız bu, kumar oynamak değildir. Kumar oynamak, paranızı bir işin içine öylece atmak ve dua etmektir.

Kişisel olarak benim temel yatırım alanım gayrimenkuller. Onu tercih etmemin nedeni hem istikrarlı olması hem de yavaş hareket etmesi. Temeli sağlam tutarım. Eğer iyi idare edilirse nakit akışı düzenli olur, üstelik iyi bir değer artışı söz konusudur. Gayrimenkulün sağlam temelinin güzel yanı, satın aldığım daha riskli spekülatif hisselere yönelme olanağı tanımasıdır.

Eğer senet piyasasında büyük kârlara ulaşırsam kazançtan vergi veririm ve geri kalanını yine gayrimenkule yatırırım; böylece aktif temelimi daha da güçlendirmiş olurum.

Emlak üzerine son bir söz: Bütün dünyayı dolaştım ve yatırımcılığı öğrettim. Gittiğim her kentte, "Ucuza gayrimenkul satın alamazsın," denildiğini duyarım. Oysa benim yaşadığım deneyim bu değil. New York ve Tokyo'da ya da şehrin eteklerinde bile çoğu kimsenin gözden kaçırdığı kelepir evler bulunur. Singapur'da emlak piyasasının yüksek fiyatlarda seyretmesine rağmen, kısa mesafeli yolculuklardan sonra düşük fiyata satılığa çıkarılan evler bulmak mümkün. Dolayısıyla kim bana, "Bunu burada yapamazsın," dese, ona belki de söylenebilecek tek sözle karşılık veririm: "Burada nasıl olduğunu bilmiyorum, henüz."

Büyük fırsatlar gözlerinizle değil, zihninizle görülür.

Büyük fırsatlar gözlerinizin önüne gelmez. Zihninize görünürler. Servet edinemeyen kimselerin çoğu, önlerine çıkan fırsatları tanıyacak finansal eğitimden yoksun kalmış kişilerdir.

Sık sık bana şöyle sorulur: "Nasıl başlayayım?"

Kitabın son bölümünde mali özgürlüğüme doğru izlediğim yolda attığım on adımı sıralıyorum. Eğlenmeyi de hiçbir zaman ihmal etmedim. Bu bir oyun. Bazen kazanırsınız, bazen ders alırsınız. Sakın eğlenmeyi unutmayın. Kimileri hiç kazanmaz, çünkü kaybetmekten korkarlar. Zaten okulun bana anlamsız gelmesinin nedeni de buydu. Okulda bize yanlış yapmanın kötü olduğu öğretilir ve yanlış yaptığımızda cezalandırılırız. Oysa yürümeyi düşe kalka öğreniriz. Hiç düşmezsek yürümesini asla öğrenemeyiz. Bisiklete binerken de aynısı geçerlidir. Dizlerimdeki yara izlerini hâlâ taşırım, ama bugün bisiklete binerken ne yapacağımı düşünmem bile. Zengin olurken de aynısını yaşarız. Çoğu kimsenin zengin olmamasının başlıca nedeni kaybetmekten korkmalarıdır. Kazananlar kaybetmekten korkmaz. Ama kaybedenler korkar. Hata yapmak, başarıya erişme sürecinin bir parçasıdır. Hataya düşmekten kaçınanlar başarıdan da uzaklaşırlar.

Paraya bakışım tenis oyununa yaklaşımımdan farklı değildir. Canla başla mücadele eder, hata yaparım, düzeltirim, yanlış oynarım, onları düzeltirim ve giderek kendimi geliştiririm. Oyunu kaybedersem ağın öbür tarafina geçer, rakibimin elini sıkar, gülümseyerek, "Gelecek cumartesi görüşürüz," derim.

İki tür yatırımcı vardır:

1. İlki ve en sık görülen yatırımcı tipi, paket yatırımlara para yatıranlardır. Gayrimenkul şirketi, borsa simsarı, mali müşavir gibi perakende satış yerini arar ve bir şey satın alırlar. Aldıkları bir borsa kâğıdı, GAYAV, hisse ya da bono olabilir. Temiz ve basit bir yatırım yoludur bu. Alışverişe çıkan birinin bir bilgisayar mağazasına gidip raftaki bilgisayarlardan birini satın alıp çıkmasına benzer.
2. İkinci tip yatırımcılar, yatırımları yaratanlardır. Bu türe giren kimseler bilgisayar parçalarını ayrı ayrı satın alıp onu kendi birleştirenlere benzer. Özel terziye giysi diktirmek gibi. Bilgisayar parçalarını birleştirmekle ilgili herhangi bir bilgim yok. Ama ufak tefek fırsatları bir araya getirmesini bilirim, böyle kimseleri de tanırım.

Profesyonel olan ikinci tip yatırımcı olsa gerek. Bazen parçaları birleştirmek yıllar sürebilir. Bazen de o parçalar asla bir araya gelmeyebilir. Zengin baba beni bu tür bir yatırımcı olmaya teşvik etmişti. Parçaları nasıl bir araya getireceğin önemli, çünkü büyük kazanımlara ulaşmanın yolu bu; ama rüzgâr ters yönden estiğinde büyük kayıplara da yol açabilir.

İkinci tip yatırımcı olmak isterseniz belli başlı üç beceri geliştirmeniz gerekir. Finansal zekânın yanı sıra gerekli olan beceriler şunlardır:

1. **Herkesin kaçırdığı bir fırsatı bul.** Başkalarının gözleriyle göremediklerini siz zihninizle görün. Diyelim ki bir arkadaşınız yıkık dökük eski bir ev satın aldı. Bakmaya bile değmeyen bir virane. Neden kalkıp da böyle bir eve para ödediğini herkes merak eder. Bizim gözümüzden kaçıp da onun gördüğü, evin yanındaki dört boş arsa. O bunu tapuda öğrenmiştir. Satın aldıktan sonra evi yıktırır, arsaları ödediği paranın üç katına bir inşaat firmasına satar. İki aylık emeğin karşılığında 75 bin dolar para kazanmıştır. Çok büyük para değil, ama yıllık asgari ücretin üstünde, hem de teknik olarak zor değil.
2. **Parayı yatırın.** Herhangi biri, yalnızca bankaya başvurur. İkinci tip yatırımcı sermaye bulmasını bilmek zorundadır. Bunun da bankaya gitmeyi gerektirmeyen pek çok yolu vardır. İşe ilk başladığımda bankaya gitmeksizin ev satın almayı öğrendim. Evler için aynısını söyleyemem, fakat para bulma becerisini edinmenin değeri ölçülemezdi. Pek çoklarının, "Banka bana kredi vermiyor" ya da "Satın almaya param yok" diye yakındığını duyarım. İkinci tip yatırımcılardan olmak isterseniz, çoğu kimsenin elini kolunu bağlayan şeyi yapmasını öğrenmek gerekir. Başka deyişle çoğunluk parasızlığın

önlerine engel çıkmasına boyun eğer. Bu engeli aşabilirseniz o becerilerden yoksun kişileri sollar, geçersiniz. Çok kere bankada tek kuruşum olmadığı halde ev, hisse senedi ya da apartman satın almışımdır. Bir keresinde 1,2 milyon dolara bir apartman almıştım. Satıcı ile alıcı arasında yapılan bir yazılı anlaşmayla işi bitirdim. Sonra 100 bin dolar bulup depozit olarak yatırdım ki bu da bana paranın geri kalanını bulmak için 90 gün kazandırdı. Neden mi? Çünkü binanın 2 milyon dolar değerinde olduğunu biliyordum, ama o kadar parayı bulup çıkarmadım. Onun yerine, 100 bin doları sağlayan kişi, böyle kelepir bir binayı satın alma anlaşmasını ayarladığım için, yarısını bana verdi ve alıcı olarak yerime geçti, ben de yoluma gittim. Bu iş için toplam çalışma sürem üç gündü. İşte size ne satın aldığınızdan çok, ne bildiğinizin önemine bir örnek. Yatırım yapmak ille de satın almak değildir. Kısaca bu bir bilgi meselesidir.

3. **Zeki insanları örgütleyin.** Zeki kimseler kendilerinden daha zeki insanlarla çalışır ya da onları işe alırlar. Akıl danışacak birine ihtiyaç duyarsanız akıl hocanızı seçerken akıllı davranın.

Öğrenecek çok şey var, ne var ki ödülü de astronomik olabilir. Bu yetenekleri öğrenmek ilginizi çekmiyorsa o zaman çoğunlukla salık verilen birinci tip yatırımcı olacaksınız. Ne de olsa en büyük servetiniz ne bildiğinizdir. En büyük riskiniz de ne bilmediğiniz...

Risk her zaman vardır, öyleyse siz de ondan kaçınmak yerine riski idare etmesini öğrenin.

Çalışma Oturumu

Ders: 5
Zenginler
Parayı Bulur

Özet

Robert, iki karşıt örnek vermektedir: Birincisi Alexander Graham Bell'in, ürününe olan talebin çokluğu nedeniyle bunalarak, şirketini Western Union'a 100.000 dolara satmak istemesidir. Western Union fırsatı görememiş, onu geri çevirmiştir ve milyar doları aşan bir endüstri ortaya çıkmıştır.

İkinci örnek televizyonda, haber yayını sırasında gördüğü, yerel bir şirketin küçülmesiyle işine son verilen bir müdürün, kameralar önünde işine geri dönmek için yalvarmasıdır. Henüz bir ev almıştır ve onu kaybetmekten korkmaktadır.

Korku ve kendinden şüphe hepimizin içinde vardır. Robert 1984'ten beri profesyonel olarak ders vermektedir ve bunu, binlerce kişide ve kendinde gözlemlemiştir. Hepimiz çok büyük bir potansiyele sahibiz ve hepimiz kendimizden kuşku duymaktayız.

Cesaret, başarılı bir hayat yaşamakta fark yaratabilir. Robert öğretmenliği sırasında, cevabı bildiği halde, korktuğu için söylemeye çekinen öğrencileri görmekten üzüntü duymaktaydı.

Finansal deha cesaretin yanında, teknik bilgi de gerektirmektedir. Risk alın, cesur olun, dehanın korkuyu güce ve mükemmelliğe dönüştürmesine izin verin. Bu tavsiye bazılarını ürkütecektir, çünkü paraları söz konusu olduğunda, pek çok kişi, sağlam adım atmaktan yanadır.

Dünyamızda ileriye doğru birçok değişim söz konusudur. Finansal IQ'nuzu geliştirmek, değişimin geleceğini endişe değil, heyecan merceği vasıtasıyla görmenize yol açar. Korkularının kendilerine engel olmasına izin vererek, kenarda kalan ve cesaretle ileriye doğru atılım yapanları seyreden kişilerin tersine, fırsatları göreceksiniz ve onları kullanarak etki yaratacaksınız.

300 yıl önce toprak varlıktı. Daha sonra fabrikalar ve ürünler varlık olarak adlandırıldı. Günümüzde varlık bilgidir. Bilgi dünya çevresinde ışık hızıyla uçmaktadır, değişimler daha hızlı ve etkileyicidir. Yeni multimilyonerlerin sayısında, heyecanlandırıcı bir artış olacak, aynı zamanda geride kalanların sayısı artacaktır.

Bazısı eski düşüncelere tutunur ve mücadele ederken teknoloji ve ekonomiyi suçlar. Görmediği şey, eski düşüncelerin, en büyük pasif olduğudur. Bir düşünce ya da bir ürünü ortaya çıkarma yolu dün bir aktif durumundayken, bugün öyle değildir.

Robert ders verdiği sınıfa, kendi icat ettiği NAKİTAKIŞI oyununun nasıl kullanıldığını öğretirken gelen bir kadını, örnek olarak vermektedir. Oyun kişilere paranın nasıl işletildiğini ve gelir çizelgesiyle bilanço arasındaki etkileşimi öğretmektedir.

Bazı kişiler oyunu sever, bazısı nefret eder, bazısıysa anlayamaz. Verdiği örnekteki kadın, tekne gibi, aktif varlık olduğunu zannettiği şeylerin, nakit akışını olumsuz olarak etkilediğini görmekten dolayı rahatsız oldu. Birkaç adet zorlayıcı kart çekti ve oyun onun için sıkıcı bir hale geldi. Sonunda, öfkelenerek parasının iadesini istedi. Oyunun kendisi hakkındaki gerçeği yansıttığını reddetti.

Oyunlar, öğretme konusunda güçlü araçlardır, çünkü davranışı yansıtarak anında geribildirim veren sistemlerdir. Daha sonra Robert bu mutsuz kadından güncel bir haber aldı. Sakinleşmişti, oyun ve kendi hayatı arasındaki hafife aldığı ilişkiyi görmeye başlamıştı. Daha önceki hayatında kendisi ve eski kocasıyla ilgili parasal konulara hiç önem vermemiş, bu yüzden zor durumda kalmıştı.

CASHFLOW'nın amacı oyunculara düşünerek yeni ve çeşitli finansal seçenekler yaratmayı öğretmektir. Bazıları bunu kolaylıkla yapar, diğerleri mücadele eder. Yaratıcı finansal zihinleri olanlar yarış ortamından en hızlı kurtulanlardır.

Bazısı oyun oynarken çok paraya sahip olur ama onunla ne yapacağını bilemez. Aynı şey, hayatı için de geçerlidir. Bazısı oyun oynarken kendisine doğru kartların gelmediğinden şikayet ederek orada öylece oturur. Bazısı büyük fırsat içeren bir kart çeker ama onu kullanacak parası yoktur. Ve diğerlerinin paraları vardır, çok iyi bir kartları vardır, oysa onun fırsat olduğunu görmezler. Bu davranışların tümü, gerçek hayatta da tekrarlanır.

Finansal zekâ tam olarak, daha fazla seçeneğe sahip olmak, fırsat yaratacak yeni yollar bulmak ya da durumları değiştirerek, kendi iyiliğiniz için uygun bir hale getirmektir.

Şans yaratılır. Öyleyse, kendinizinkini yaratmak için harekete geçin.

Yeri gelmişken söyleyelim, gerçek olmayan ama bizim yine de öyle kabul ettiğimiz para, bizim en büyük aktif varlığımız değildir. Gerçek aktif varlık zihnimizdir. Onu iyi eğitin. Düşüncelerin ve anlaşmaların yapabileceğinden daha fazla hiçbir şey milyonlar kazandıramaz.

Her ay kenara para koymak, akla yatkın bir düşüncedir ancak sizin gerçekte neler olup bittiğini görmenizi engeller ve çok daha fazla anlamlı bir büyümenin fırsatlarını kaçırmanıza neden olur.

1990'ların başlarında Phoenix'te ekonomi kötüydü. Robert ve eşi Kim, bu durumdan yararlanarak gayrimenkule yatırım yaptılar ve kazandı. Robert, 75.000 dolar değerindeki bir evi 20.000 dolara, 2000 dolar kaparo vererek ve bunu 200 dolar karşılığında arkadaşından borç alarak bulmasını örnek olarak vermektedir. Bu satın alma devam ederken, 75.000 dolarlık evi ön ödeme olmadan 60.000 dolara satacağına dair bir ilan yayınladı. Ev yasal olarak onun olur olmaz, birkaç dakika içinde sattı. Herkes mutluydu. Ve böylece yaratılan para, Robert'ın aktif varlık sütununa, alıcıdan aldığı 40.000 dolarlık senet karşılığı olarak girdi. Gelirine, %10 faizle, yılda 4000 dolar eklenmiş oldu. Bunun için toplam beş iş saati çalıştı. Alıcı sonunda ödeyemezse yapacakları basitti, evi geri alıp, tekrar satacaklardı. Matematik yine, her ay vergi sonrası tasarruf edilen paraya üstün gelmişti.

Emanetçi şirket yasal olan ödemeler hizmetini vermekteydi, Robert ve Kim dam ya da tuvalet onarımı gibi işlerle uğraşmak zorunda değildi, çünkü evin sahibi alıcıydı.

Birkaç yıl sonra Phoenix emlak piyasası güçlendi, alışveriş için zaman ayırmaya değmezdi, onun için taşındılar.

Sizin bulunduğunuz yerde piyasa koşulları farklı olabilir ve bu taktik sizin için işe yaramayabilir. Ancak örnek, finansal sürecin ne kadar kolaylıkla, az parayla ve düşük riskle yüzlerce, binlerce dolar yarattığını göstermektedir. Bu, yalnızca anlaşmayla oluşan paraya bir örnektir.

Çok çalışıp, vergi ödeyip, geri kalanından tasarruf ederek ve herhangi bir büyüme nedeniyle ayrıca vergi mi ödeyeceksiniz ya da zaman ayırarak, finansal zekânızı mı geliştireceksiniz?

Piyasalar yükselir, düşer ve yatırımlar gelir, gider. Dünya size hayat boyu fırsatlar verir; sizin onları yalnızca görebilmeniz gerekir.

Robert, Oregon, Portland piyasanın durgunluğu sırasında aldığı ve az bir para karşılığı kiraya verdiği, 45.000 dolarlık başka bir ev örneğini paylaşmaktadır. Ancak bir yıl sonra piyasa yükseldi ve evi 95.000 dolara sattı. Sermaye kazanımlarını, Oregon, Beaverton'da 12 daireli, 300.000 dolarlık bir apartmana yatırdı. İki yıl sonra onu da sattı ve elde ettiği kazancı, Phoenix'te 30 dairelik, 875.000 dolarlık apartmana koydu. Birkaç yıl sonra bir yatırımcı binaya, 1,2 milyon teklif verdi. Bu, küçük miktarda bir paranın büyük miktarlara varabileceğinin örneğidir.

Finansal zekânızı geliştirmek zaman alacaktır, ancak bunu ne kadar başarırsanız size o kadar çok fırsat sunulacaktır.

Robert'ın felsefesi, aktif varlık sütununa tohumlar ekmektir. Küçükten başlar ve bitki döllenir. Bazısı büyür; bazısı büyümez. Bazı küçük yatırımlar, milyonlara dönüşerek büyüyebilir.

Robert ve Kim'in ayrıca, yüksek risk aldıkları, halka açılmak üzere olan spekülatif özel şirketlere ait bir borsa portföyleri vardır. Bu risklidir ancak finansal zekânızı ne kadar geliştirirseniz risk o kadar düşer. Ne kadar akıllı olursanız zorlukları aşma şansınız o kadar çok olur.

Bazıları bulundukları yerde gayrimenkul pazarı olmadığını iddia edebilir ama Robert, her yerde gözden kaçmış önemli fırsatlar olduğunu söylemektedir. Çoğu kişinin önlerindeki fırsatları fark edecek kadar finansal eğitimi yoktur.

Finansal zekânızı geliştirirken uygulama yapmaya başlayın ve eğlenmeyi unutmayın. Bazen kazanır, bazen kaybedersiniz ama her zaman eğlenin. Kaybetmekten korkmayın, çünkü başarısızlık, başarı sürecinin bir parçasıdır.

İki tür yatırımcı vardır: 1) Perakende satış yerinden, örneğin bir finansal planlamacıdan paket yatırım satın alanlar 2) Yatırım yaratanlar; aynı zamanda profesyonel yatırımcı olarak bilinirler.

Eğer ikinci tür yatırımcı olmak istiyorsanız başlıca üç beceri geliştirmeniz gerekir. Birincisi, herkesin kaçırdığı fırsatları bulmaktır. İkincisi parayı artırmaktır. Üçüncüsü akıllı insanları organize etmek ve kendinizden daha zeki kişileri çalıştırmaktır.

Risk her zaman vardır, onun için ondan kaçınmak yerine, onu yönetmeyi öğrenmeniz gerekir.

Sol-yarıküre açısı: Küçük miktarda paralar akılla, iyi zamanlarımız yatırımlara büyük miktarlara dönüştürülebilir.

Sağ-yarıküre açısı: Robert yetişkin öğrencileri her zaman oyunlara dikkat etmeye teşvik eder, çünkü onlar kişinin, ne bildiğini ve neyi öğrenmeye ihtiyacı olduğunu yansıtır. En önemlisi oyunlar davranışı yansıtırlar. Anında geribildirim veren sistemlerdir. Oyun, öğretmenin verdiği ders yerine, kişiselleştirilmiş, yalnızca sizin için, size özel tasarlanmış, ders vermektedir.

Bilinçaltı açısı: Hepimizin çok büyük bir potansiyeli var ve hepimiz doğuştan yeteneklerle kutsanmışız. Buna rağmen hepimizi geri çeken şey, kendimizden çok fazla kuşku duymamızdır. Bizi geri çeken şey teknik bilgi eksikliği değil, daha çok özgüven eksikliğidir.

Robert Ne Söylemekteydi

Şimdi yansıtma zamanı. Kendinize sorun, "Bu parçada Robert ne söylemektedir? Ve "Bunu *niye* söylemektedir?" Bu bölümde Robert'le aynı fikirde olmak zorunda değilsiniz. Hedef, Robert'ın ne dediğini *anlamaktır*.

Hatırlayın ki, bu eğitim programı işbirlikçi ve destekleyici olmak için tasarlanmıştır. İki akıl birden iyidir. Eğer Robert'ın ne dediğini anlamıyorsanız bundan rahatsız olmayın. Anlamak için yardım isteyin. Her alıntıyı anlayana kadar tartışmaya zaman ayırın:

"Gerçek dünyada başarılı olanlar genellikle akıllılar değil, cesurlardır."

"Öğretmenliğim sırasında, kişisel dehaya en çok değer kaybettiren etkenlerin, aşırı korku ve kendinden şüphe olduğunu fark ettim."

"Eski düşünceler bazı kişilerin en büyük pasifidir. Onlar pasiftir, çünkü dün aktif olan bir düşüncenin ya da bir şey yapma şeklinin dünde kaldığını fark edemezler, dün gitmiştir."

"Zenginler genellikle yaratıcıdır ve hesaplanmış riskler alırlar."

"Finansal zekanızı artırmayı neden isteyeceksiniz? Çünkü kendi şansını yaratacak türde bir insan olmak istiyorsunuz."

"Hepimizin sahip olduğu tek en güçlü aktif varlık zihnimizdir. Eğer iyi eğitilirse hudutsuz bir serveti anında yaratabilir. Zihin eğitimsiz olduğunda ise, bütün bir aileyi nesiller boyunca ezecek aşırı bir yoksulluk yaratabilir."

"Eğer fırsat çok karmaşıksa ve yatırımı anlamazsam vazgeçerim. Finansal olarak iyiyi yapmanız için bütün ihtiyacınız, basit matematik ve sağduyudur."

"'Güvenli' yatırımların sorunu, genellikle çok fazla sağlama alınmış olmalarıdır. O nedenle kazanımları azdır."

"Ne yaptığınızı biliyorsanız o kumar değildir. Kumar, bir işin içine paranızı neredeyse atmak ve sonra dua etmektir."

"Büyük fırsatlar gözlerinizle değil, zihninizle görülür."

"En büyük varlığınız, bildikleriniz, en büyük riskiniz bilmediklerinizdir.

İlave Sorular

Şimdi, bu bölümdeki öyküleri, Robert'ın ne söylediğini anlayarak, kendinize ve hayatınıza uygulama zamanı. Aşağıdaki soruları kendinize sorun ve onları çalışma arkadaşınızla tartışın. Kendinize ve arkadaşınıza karşı dürüst olun. Eğer verdiğiniz bazı cevapları beğenmezseniz kendinize değişmek isteyip istemediğinizi, düşüncelerinizi ve zihin kalıplarınızı değiştirme zorluğunu kabul edip etmediğinizi sorun.

1. Robert bizi geri çeken şeyin, teknik bilgi eksikliği değil, daha çok özgüven eksikliği olduğunu söylemektedir. Sizin ya da bir başkasının hayatında kendinden şüphenin büyük bir fırsatın önünü tıkadığı örnek hangisidir?
2. Bazı kişiler çok fazla paraları olduğu halde, finansal olarak başarılı değildir. Bunun nedeni nedir?
3. Kendi finansal zekanızı geliştirmiş olmanız, bir işin olumlu ya da olumsuz yönlerini kolayca görmekte size nasıl yardım etmektedir?
4. Robert'ın felsefesi, aktif varlık sütununa tohum ekmek, küçükten başlayarak büyüyeni izleyerek, ne olduğunu görmektir.
   Siz aktif sütununuza şu anda nasıl ekim yapmaktasınız? Eğer yapmıyorsanız başlayabilmeniz için gerekli olan nedir?
5. Robert iki tür yatırımcı olduğunu belirtmektedir: Paket yatırım alanlar ve yatırımı yaratanlar. Siz hangi türdensiniz, olmak istediğiniz bu mu?
6. Başarısızlık korkusunun hayatınızda nasıl bir rol oynadığını gördünüz ve bu sizin fırsatlardan yararlanmanıza nasıl engel oldu? Gelecekte bu korkuyu yenmek için ne yapabilirsiniz?

NOTLAR

Bölüm 6

Ders: 6
Para İçin Değil Öğrenmek İçin Çalışın

Eğitimli babam için iş güvencesi, zengin babam içinse öğrenmek her şeydi.

Birkaç yıl önce Singapur'da yayımlanan bir gazete benimle röportaj yaptı. Genç kadın muhabir randevuya tam vaktinde gelmişti ve hemen işe koyulup röportaja başlamıştı. Lüks bir otelin lobisinde oturmuş, kahvelerimizi yudumlarken Singapur'u ziyaretimin amacını konuşuyorduk. Zig Ziglar ile aynı kürsüyü paylaşacaktım. O motivasyondan söz edecek, bense "Zenginlerin Sırrı" üzerine bir konuşma yapacaktım.

Muhabir, "Bir gün ben de sizin gibi kitapları çok satan bir yazar olmak isterdim," dedi. Gazete için yazdığı makalelerin bazılarını okumuştum; sözleri hoşuma gitti. İyi yazılar yazardı, açık bir anlatımı vardı. Makaleleri okurun dikkatini çekerdi.

"Sizin üslubunuz da harika," diye karşılık verdim. "Düşünüzü gerçekleştirmek için önünüzde engel mi var?"

"Benim yazılarımdan hiçbir şey olacağı yok," dedi kısık sesle. "Herkes romanlarımı çok beğeniyor, ama o kadar. Bu yüzden gazetedeki işimde çalışmayı sürdürüyorum. En azından faturalarımı ödeyebiliyorum. Başka bir öneriniz mi var?"

"Evet, var," dedim heyecanla. "Singapur'da bir arkadaşım açtığı okulda insanlara satış yapmayı öğretiyor. Singapur'un en iyi kurumlarına satış kursları veriyor. Kanımca bu kurslardan birine katılırsanız kariyeriniz için çok faydalı olacaktır."

Oturduğu yerde kaskatı kesildi. "Şimdi siz bana satış yapmayı öğrenmek üzere okula gitmemi mi söylüyorsunuz?"

Kafa salladım.

"Ciddi değilsiniz herhalde?"

Ciddiyim anlamında bir kez daha kafa salladım. "Sizce bunda bir yanlışlık mı var?" Geri adım atıyordum. Muhabir bir şeye içerlemişti; içimden, keşke bu konuyu hiç açmasaydım, diye geçiriyordum. Yardımcı olayım derken kendimi savunacak duruma düşmüştüm.

"İngiliz edebiyatında yüksek lisans yaptım. Satıcı olmayı öğrenmek için neden okula gideyim? Ben bir profesyonelim. Satıcı olmak zorunda kalmayayım diye bunun okulunu okudum ben. Satıcılardan nefret ederim. Tek istedikleri paradır. Şimdi neden kalkıp pazarlama okuyayım?" Evrak çantasını toplarken sinirliydi. Röportaj sona ermişti.

Sehpanın üstünde daha önce çok satanlar listesine giren bir kitabım duruyordu. Not kâğıtlarıyla birlikte onu da elime alıp muhabire uzatırken "Bunu görüyor musun?" diyerek karaladığı notları işaret ettim.

Göz ucuyla baktı. "Neyi?" diye sorarken kafası karışmıştı.

Bir kez daha kendi tuttuğu notları işaret ettim. Şöyle yazmıştı: "Robert Kiyosaki, en çok satan yazar."

"Bak, 'en çok satan yazar' diyor, en iyi 'yazan' yazar değil."

Gözleri fal taşı gibi açıldı.

"Ben berbat bir yazarım. Sen büyük bir yazarsın. Ben pazarlama okudum. Sen yüksek lisans sahibisin. Bunları birleştir, karşında bir 'en çok satan yazar,' bir de 'en iyi yazan yazar' olduğunu göreceksin."

Gözleri öfkeyle parladı. "Satmayı öğrenmek için asla o kadar alçalmayacağım. Sizin gibilerin yazı yazmaya hakkı yok. Ben profesyonel olarak yazma eğitimi almış biriyim, sizse satıcısınız. Bu adil değil."

Kâğıtlarını çantasına tıkıştırdıktan sonra kalktı, koşar adım geniş cam kapılardan telaşla çıkıp Singapur'un nemli sabahında uzaklaştı.

Yine de, ertesi sabah çıkan makalesinde benim hakkımda dürüst ve güzel şeyler yazmıştı.

Dünya uyanık, becerikli, eğitimli ve doğuştan yetenekli kişilerle dolu. Onlarla her gün burun buruna geliriz. Çevremizde yaşarlar.

Birkaç gün önce arabam arıza yaptı. Bir tamirciye gittim, genç tamirci birkaç dakikada sorunu çözdü. Motorun sesini dinlemek arızanın kaynağını anlamasına yetmişti. Ağzım açık kaldı.

Acı gerçek şu ki, büyük yetenek yeterli değildir.

Yetenekli kimselerin ne kadar az para kazandıklarına hep şaşırırım. Geçen gün 100 bin dolar kazanan Amerikalıların oranının yüzde 5'in altında olduğunu duydum. Yıllık geliri 20 bin doların altında olan zeki, yüksek eğitimli kimseler tanırım. Tıp malzemeleri alım satımı konusunda uzman olan bir danışman bana doktorların, diş doktorlarının ve fizik tedavi uzmanlarının maddi zorluklar yaşadıklarını anlattı. Oysa ben onların okuldan mezun oldukları anda ceplerinin dolarlarla dolduğunu sanırdım. Danışman dostum durumu şöyle özetledi: "Büyük servetin bir adım uzağındalar."

Bunun anlamı şu, çoğu insan becerilerine bir tane daha eklerse gelirini büyük oranda artırmayı başarabilir. Daha önce de belirtmiştim, finansal zekâ muhasebecilik, yatırımcılık, pazarlamacılık ve hukukun sinerjisidir. Bu dört teknik beceriyi birleştirirseniz paradan para kazanmak daha kolaydır. Para söz konusu olduğunda, çoğunluğun bildiği tek çözüm yolu çok çalışmaktır.

Muhabirlik yapan genç kadın yazar becerilerin sinerjisine, yani birbirini güçlendirmesine güzel bir örnektir. Eğer satış ve pazarlama becerisini de öğrenseydi geliri korkunç bir şekilde artacaktı. Onun yerinde olsaydım satıcılıktan başka telif haklarının tanıtımıyla ilgili kursa da giderdim. Reklamcılık şirketinde iş arardım. Maaşı daha düşük bile olsa başarılı reklamcılıkta işe yarayacak 'kestirmeler' öğrenirdim. Aynı zamanda halkla ilişkiler alanında kendimi geliştirmeye bakardım; bu da önemli bir yetenek. Bedelsiz tanıtımla kitlelere ulaşmayı öğrenirdim. Gecelerimi ve hafta sonlarımı da büyük bir roman yazmaya adardım. Son noktayı koyduğumda, kitabı satabilme imkânım daha çok olurdu. Zaten çok geçmeden "en iyi yazan yazar" olurdum.

If You Want To Be Rich and Happy, Don't Go to School [Zengin ve Mutlu Olmak İstiyorsanız Okula Gitmeyin] adlı ilk kitabımla bir yayınevinin kapısını çaldığımda bana kitabın adını "Eğitim Ekonomisi" olarak değiştirmememi önerdi. Böyle bir isimle, toplam kitap satışının iki kitabı geçmeyeceğini söyledim; biri aileme, biri en iyi arkadaşıma. Hem de parasını vermeye

---

20 YIL ÖNCE BUGÜN...
EĞİTİM NEDEN BAŞARISIZ

Çoğu öğretmen gerçek dünya deneyiminden yoksundur ve öğrettiklerini deneyimlememiştir. Öğrettiklerini gerçek hayatta uygulamamış, hata yaparak, o hatalardan ders çıkararak ve öğrendiklerini uygulamaya devam ederken tatbik ederek, gittikçe daha iyiye varamamıştır. Okullar bize, okumayı ve ezberlemeyi öğretmekte. 'Çalışmanın,' öğrendiğimizi uygulamak için anahtar olduğuna inanıyorum. Kim ve ben yılda birkaç kez Danışmanlarımızla buluşuyoruz ve okumak için kitaplar seçerek birlikte çalışıyoruz. Öğrenme Konisinin gösterdiği gibi, tartışma ve işbirliği, öğrenmek için en iyi yol.

---

yanaşmazlardı. *Zengin ve Mutlu Olmak İstiyorsanız Okula Gitmeyecek misiniz?* gibi tutarsız bir başlığı seçmekteki amacım kitlelerin dikkatini ilk bakışta çekecek olmasıydı. Eğitim yanlısı biriyim, üstelik eğitimde reform yapılması gerektiğine inanırım. Aksi takdirde, modası geçmiş eğitim sistemimizin değişmesi gerektiğini neden dilime pelesenk edeyim? Kitabın adını koyarken TV ve radyo programlarına çıkmamı sağlayacak bir başlık seçtim; nedeni basit, aykırı biri olarak görülmek istiyordum. Çoğu kimse boşa kürek çektiğimi düşündü, fakat kitap sattıkça sattı.

Zengin babanın önerisi şuydu: "Çok şey hakkında az şey bilmelisin."

Amerikan Deniz Ticaret Akademisinden 1969 yılında mezun olduğumda eğitimli babam sevinçten havalara uçuyordu. California'daki Standard Oil şirketi tanker filosunda bana iş verdi. Üçüncü kaptandım, sınıf arkadaşlarıma göre maaşım düşük olsa da okuldan sonra bulduğum ilk gerçek iş için fena sayılmazdı. Başlangıçta, fazla mesailer dahil, yılda 42 bin dolar alacak, ama yılda yedi ay çalışacaktım. Yıllık izin sürem beş aydı. İstersem Vietnam'a gider, şirketin yan kuruluşlarından birinde çalışır ve izin yapmak yerine gelirimi ikiye katlayabilirdim.

Önümde parlak bir gelecek uzanıyordu, ancak altı ay sonra istifamı verdim ve Deniz Piyade Gücüne girerek uçmayı öğrendim. Eğitimli babamı allak bullak etmişti bu kararım. Zengin babaysa beni tebrik etti.

Gerek okulda gerek işyerinde, 'uzmanlaşma' fikri revaçtadır. Diğer bir deyişle daha çok para kazanmak ya da terfi etmek için 'uzmanlaşmak' gerek. İşte bu yüzden, tıp doktorları mezun olur olmaz ortopedi ya da pediatri gibi alanlarda uzmanlaşmaya can atar. Aynısı muhasebeciler, mimarlar, avukatlar, pilotlar ve başka meslek grupları için de geçerli.

Eğitimli babam da aynı dogmaya sarılmıştı. Sonunda doktorasını aldığında duyduğu büyük mutluluğun nedeni buydu. Okulların daha az konuda daha çok çalışan kişileri ödüllendirdiğini dilinden düşürmezdi.

Zengin baba bunun tam tersini yapmamı salık verdi bana. "Çok şey hakkında az şey bilmelisin," diye öğütlerdi. İşte bu yüzden yıllar boyu onun şirketlerinin farklı bölümlerinde çalıştım. Bir ara muhasebe departmanında görev aldım. Muhasebeci olmak gibi bir niyetim olmamasına rağmen 'geçiş', 'geçişme' yoluyla öğrenmemden yanaydı. Zengin baba terminolojiyi ve önemli olanla olmayanı birbirinden ayırt etmeyi öğreneceğimi düşünüyordu. Komilik, inşaat işçiliği de yaptım, ayrıca satış, rezervasyon ve pazarlama departmanlarında çalıştım. Zengin babanın amacı Mike'la beni yetiştirmekti. Aynı nedenle bankacılarla, avukatlarla, muhasebecilerle, simsarlarla yaptığı toplantılara katılıp onları dinlememizi isterdi. Kurduğu imparatorluğun her yönü hakkında biraz fikir edinmemiz önemliydi.

Standard Oil şirketindeki yüksek ücretli işimden ayrıldığımda eğitimli babam bana darıldı. Ne yapacağını bilemiyordu, şaşkındı. Yüksek maaş, büyük ikramiyeler, bol yıllık izin ve terfi olanakları sunan bir işi bırakma kararım kafasına yatmamıştı. Bir akşam, "Neden istifa ettin?" diye sorunca ne kadar uğraştıysam da ona anlatmayı başaramadım. Benim mantığımla onunki uyuşmuyordu. En büyük sorun mantığımın zengin babanınki gibi işlemesiydi.

Eğitimli babam için iş güvencesi her şeyden önde gelirdi. Zengin babaysa önceliği öğrenmeye veriyordu.

Eğitimli babam gemi kaptanı olmak için okula gittiğimi sanmıştı. Zengin babaysa uluslararası ticareti öğrenmek için okuduğumu biliyordu. Daha öğrenciyken, Uzakdoğu'ya ve Güney Pasifik'e giden kargo gemilerinde, büyük yük gemilerinde, petrol tankerlerinde ve yolcu gemilerinde çalıştım. Zengin baba Avrupa'ya doğru demir alan gemiler yerine Pasifik bölgesinde kalmamın önemini vurguluyordu; ne de olsa 'gelişen uluslar' Avrupa'da değil, Asya'daydı. Mike da aralarında olmak üzere sınıf arkadaşlarımın çoğu kendi aralarında partiler verirken ben Japonya, Tayvan, Tayland, Singapur, Hong Kong, Vietnam, Kore, Tahiti, Samoa ve Filipinler'de ticaret, iş şekilleri, halk ve kültürleri etüt ediyordum. Ben de partideydim, ama bir arkadaşımın evinde değil. Hızla büyüyordum.

Eğitimli babam neden işimi bırakıp Deniz Piyade Gücüne katıldığımı anlamamıştı. Ona uçak kullanmayı öğrenmek istediğimi söylemiştim, oysa asıl istediğim askeri güçleri kumanda etmesini öğrenmekti. Zengin baba bir şirket işletmenin en zor yanının insanları idare etmek olduğundan söz ediyordu. Orduda üç yıl geçirmişti; eğitimli babam askerlikten muaf tutulmuştu. Zengin baba adamları tehlikeli durumlara yöneltmeyi öğrenmenin değerini vurguluyordu. "Bundan sonra öğrenmen gereken liderlik," diyordu. "Eğer iyi bir lider değilsen, sırtından vurulursun; işyerinde de farklı değildir."

1973'te Vietnam'dan döndüğümde, uçak kullanmayı çok sevmeme rağmen, istifamı verdim. Xerox'da işe girdim. Orada çalışmak istememin bir tek nedeni vardı, ama bu neden sağlanan yan gelirler değildi. Utangaç biriydim, satış yapma fikri dünyanın en ürkütücü konusuydu. Xerox Amerika'daki satış eğitimi programlarının en iyilerinden birine sahip.

Zengin baba benimle gurur duyuyordu, eğitimli babamsa utandı. Entelektüel biri olarak satıcıları küçük görürdü. Xerox'da dört yıl boyunca çalışıp evlerin kapısını çalma ve geri çevrilme korkumu yendim. Satış ekibindeki ilk beşin arasına girer girmez istifa ettim, eşsiz bir şirkette bütün olanakları geri teperek kendi yoluma gittim.

1977 yılında ilk şirketimi kurdum. Zengin baba Mike'la beni şirket sorumluluğunu üstlenmek üzere yetiştirmişti. Şimdi sıra şirketler kurmaya ve onları bir araya getirmeye gelmişti. İlk ürünüm olan naylondan, cırt cırtlı cüzdanlar

Uzakdoğu'da imal edildi ve New York'ta, eskiden okuduğum okulun yakınlarındaki bir depoya nakledildi. Eğitimim sona ermişti, artık havalanıp kanat çırpmasını deneyebilirdim. Başaramazsam çakılacaktım. Zengin baba otuz yaşına gelmeden iflas etmenin yararından söz ediyordu. "Kendini toparlayacak vaktin olur," diyordu. Otuzuncu doğum günüme bir gün kala, Kore'den gelecek ilk parti malım New York'a doğru yola çıktı.

İŞ sözcüğü, "İflas Şimdiden" ifadesinin kısaltmasıdır.

Bugün uluslararası ticaretle uğraşıyorum. Zengin babamın bana öğütlediği gibi, gelişmekte olan uluslarla ilgileniyorum. Yatırım şirketim şimdilik Güney Amerika, Asya, Norveç ve Rusya'daki yatırım olanaklarını değerlendiriyor.

"İş 'İflas Şimdiden' deyişinin kısaltmasıdır," diyenler var. Ne yazık ki milyonlarcası için geçerli bu. Okullar finansal zekânın zekâyla ilgisini kabul etmediklerinden, işçilerin çoğu 'ayaklarını yorganlarına göre uzatır.' Çalışır ve faturalarını öder.

Bir başka korkunç yönetim teorisi de şudur: 'İşçiler işten atılmayacak kadar çok çalışır, patronlar onları istifaya zorlayacak kadar ücret öder.' Pek çok şirketin ücret bordrosuna bakarsanız dediklerimde doğruluk payı olduğunu göreceksiniz.

Kesin sonuç işçilerin oldukları yerde saymalarıdır. Kendilerine öğretileni yerine getirmekle yetinirler: "Sağlam bir iş bul." İşçiler daha çok onları kısa vadede ödüllendirecek üc-

20 YIL ÖNCE BUGÜN... ÖĞRETMENLERİNİZ KİMLERDİR?

Geçtiğimiz 20 yılda, zengin babanın açıkça belirgin hale gelmiş olan dersi: yapmak istediklerinizi, gerçekten YAPMIŞ olanları öğretmenleriniz olarak seçmenin önemidir.

ret ve ikramiye için çalışır; ancak çoğu zaman, uzun vadede sonuç felaket olur.

Benim gençlere önerim, ne öğreneceklerinden çok kendilerine bir şeyler öğretecek işler aramaları. Belli bir meslekte karar kılmadan ve 'fare yarışı'na tutsak olmadan önce, ne tür beceriler edinmek istediklerine karar vermeleri.

Kişi bir kez ömür boyu fatura ödeme kısırdöngüsüne kapıldı mı, ufak metal tekerlekleri döndüren küçük sıçanlardan farkı kalmaz. Minik tüylü bacakları hızla döner, tekerlek hızla döner. Fakat ertesi gün gelip bir daha baktığınızda hâlâ o kafeste olurlar: Ne büyük iş!

Tom Cruise'un başrolü oynadığı *Jerry Maguire* filminde pek çok büyük söz edilir. Belki de en çok akılda kalanı şudur: "Bana parayı göster." Ancak bana en gerçekçi gelen başka bir konuşma var. Tom Cruise'un firmadan ayrılırken ettiği söz. İşten atılmış, bütün şirkettekilere şu soruyu yöneltiyor: "Kim benimle gelmek ister?" Ama herkes suskun, adeta donup kalmış. Kadının biri konuşuyor yalnızca, "Gelmek isterdim, ama üç aya kadar terfi ediyorum," diyor.

Filmin başından sonuna kadar söylenen en gerçekçi söz bu belki de. Faturalarını karşılamak üzere çalışan insanların kullandıkları türden bir söz. Eğitimli babam her yıl alacağı zammı dört gözle bekler, her yıl hayal kırıklığına uğrardı. O zaman da, bir zam daha alabilmek uğruna, niteliklerine bir yenisini eklemek üzere yeniden okula yazılır, ama sonuç yine hayal kırıklığı olurdu.

Şunu herkese sorarım: "Bu günlük faaliyet sizi nereye götürüyor?" Tıpkı kafesteki kobay gibi, onlar da çok çalışmanın kendilerini nereye götürdüğüne bakıyor mı acaba diye merak ederim. Gelecekte onları neler beklemektedir?

Amerikan Emekliler Derneğinin eski Başkanı Cyril Brickfield "özel emeklilik haklarının karmakarışık" olduğunu bildiriyor. "Bir kere, günümüzdeki işgücünün yarısı emeklilik haklarından yoksun. Tek başına bu bile kaygı verici. Geri kalanın yüzde 75-80 kadarı ayda 55 dolar, 150 ya da 300 dolar gibi yetersiz miktarda emeklilik ikramiyesi alıyor."

The Retirement Myth [Emeklilik Efsanesi] adlı kitabında Craig S. Karpel şöyle yazar: "Ülkenin en büyük emeklilik danışmanlık firmasını ziyaret ettim ve üst düzey yöneticiler için şık emeklilik programları hazırlamakta uzman olan şirketin genel müdürüyle tanıştım. Bu hanıma köşebaşlarını tutmayan kimselerin emeklilikte nasıl bir gelir bekleyebileceklerini sorduğumda, kendinden emin bir gülümsemeyle aldığım yanıt şuydu: 'Gümüş Mermi'.

"Nedir bu 'Gümüş Mermi?'" diye sordum.

"Omuz silkti. 'Eğer baby boomerlar* yaşlandıklarında yeterince paraları olmayacağını fark ederlerse beyinlerini yer' dedi." Karpel, daha sonra eski usul emeklilik programlarıyla ondan daha riskli olan yeni 401K gereği yasalaşan programlar arasındaki farkı açıklıyor. Bugünün çalışan insanları için hiç de hoş bir tablo değil çizdiği. Unutmayın, yalnızca emeklilikten söz ediyoruz. Tabloya sağlık hizmetlerini, huzur evlerini de eklediğimizde her şey daha da iç karartıcı. 1995 yılında yayınlanan kitabında Karpel, huzurevi ücretlerinin yılda 30 bin ile

20 YIL ÖNCE BUGÜN... KORKU

Şu gerçeklik tekrarlanmaktadır: Yaşlanan Amerikalılar arasında #1 korku paralarının ömürlerine yetmeyeceğidir. Birçok emeklilik maaşı planı değiştiğine göre, 'tanımlanan yararlar' planı karşısındaki, mevcut toplam dolarla sınırlanmış 'tanımlanan katkı' planı, insanların emeklilik planlarının kurallarını ve muhtemelen devlet yardım programları ve yetkilerini değiştirmiştir.

* 1946-1964 yılları arasında doğan Amerikan jenerasyonu.

125 bin dolar arasında değiştiğine değiniyor. Yaşadığı yöredeki sıradan huzurevlerindeki yıllık ücret 1995'te 88 bin dolar. Ülkedeki hastanelerin çoğunun önünde alınması gereken zor kararlar çoktandır var. "Kim yaşayacak, kim ölecek?" Bu kararları verirken dikkate aldıkları tek husus, hastanın ne kadar parası olduğu ve yaşı. Eğer hasta yaşlıysa daha genç bir hastaya bakmayı yeğliyorlar. Yaşlı yoksul hasta öncelik sırasının en sonuna itiliyor. Nasıl daha iyi eğitim koşullarını karşılayabilenler zenginlerse, sınırlı serveti olanlar ölürken sağ kalmayı başaranlar da yine zenginler olacak.

---

20 YIL ÖNCE BUGÜN...
SAĞLIK HİZMET FİYATLARI

İnsanlar daha uzun yaşamakta ve bakım fiyatları gittikçe pahalılaşmaktadır. İlaç imalatçıları daha fazla ücret almakta ve sigorta şirketleri daha az ödemekte. Neredeyse herkesin canı yanmaktadır. Ayrıntılar ve istatistikler değişirken, birçok araştırma Amerika Birleşik Devletleri'ndeki iflasların büyük çoğunluğunun denetimsiz sağlık fiyatlarının sonucu olduğu gerçeğini göstermektedir.

Merak ediyorum, acaba işçiler geleceğe mi bakarlar, yoksa nereye gittiklerini sorgulamaksızın bir sonraki maaş çeklerini mi iple çekerler?

Ne zaman daha çok para kazanmak isteyen yetişkin kimselerle konuşsam, onlara hep aynı şeyi salık veririm. Yaşantılarını uzun vadeli düşünmelerini öneririm. Yalnızca para ve güvence adına çalışmak yerine ki, bunların önemi yadsınamaz, ikinci bir yetenek öğrenmelerini sağlayacak ikinci bir iş bulmalarını söylerim. Eğer diledikleri kendilerini satış konusunda yetiştirmekse, geniş bir ağ kurmuş pazarlama şirketinde, diğer adıyla çok düzeyli pazarlama alanında çalışmalarını öneririm sık sık. Böyle şirketlerin bazıları kişilerin başarısızlığının başlıca nedeni olan rezil olma ve reddedilme korkusunu yenmelerine yardımcı eşsiz eğitim programları sunar. Uzun vadede eğitim paradan daha değerlidir.

Bu önerimi duyanların tepkileri genellikle, "Of, ama bu kadar sıkıntı da fazla," demek olur; kimi de, "Benim tek istediğim ilgimi çeken işi yapmak," der.

"Bu kadar sıkıntı da fazla," diyenlere sorarım: "Öyleyse yaşam boyu kazandığınızın yarısını devlete vermek daha mı iyi?" "Tek istediğim ilgimi çeken işi yapmak" diyenlere de, "Spor salonuna gitmek hiç ilgimi çekmez, yine de giderim, çünkü kendimi iyi hissetmek ve uzun yaşamak istiyorum," derim.

"Yaşlı köpeğe yeni hileler öğretemezsiniz" deyişinde ne yazık ki gerçek payı var. Kişi değişmeye alışkın değilse değişmesi zordur.

Yeni bir şey öğrenmek uğruna çalışma fikri ortaya atıldığında savunmaya geçenlere öğüdüm şu: Yaşam spor salonuna gitmeye benzer. Kapıdan içeri girdikten sonra her şey kolaylaşır. Kim bilir kaç kere spor salonuna gitmeye üşenmişimdir, ama oraya gittikten ve harekete başladıktan sonra zevk alırım. Spor yapınca da iyi ki gelmişim diyerek ayrılıyorum oradan.

Eğer yeni bir şey öğrenmek için çaba göstermeye isteksizseniz ve kendi alanınızda uzmanlaşmakta ısrarlıysanız çalıştığınız şirketin sendikaya bağlı olmasına önem verin. İşçi sendikaları uzman kadrolarını korumaya öncelik verir.

Eğitimli babam valinin gözünden düştükten sonra, Hawaii'deki öğretmenler sendikasına başkan olmuştu. O güne dek üstlendiği en zor görev olduğundan söz ediyordu. Zengin babamsa ömrü boyunca şirketlerindeki sendikalaşma için çabaladı. Başarılı oldu da. Sendikalar kapanmaya yüz tuttuğunda bile zengin baba o sorunun da üstesinden gelmesini bildi.

Kendi adıma ben taraf tutmam, çünkü her iki tarafa da gerek olduğunu, her iki tarafın da yararlarını görebiliyorum. Okulun size verdiği öğütleri tutuyorsanız alanınızda uzman olun, sonra sendikanın sizi kanatları altına almasını dileyin. Eğer pilotluğa devam etseydim sağlam bir sendikası olan bir şirket arardım. Neden mi? Çünkü o zaman hayatımı tek bir endüstride geçerli kabul edilen bir beceri öğrenmeye adamış olacaktım. İşten çıkarılmış kıdemli bir pilot –100 bin saat ağır uçuş şartlarında yılda 150 bin dolar kazanır– okul öğretmeni olarak aynı maaşı asla alamaz. Kişilerin becerilerinin değeri her sektörde aynı olmayabilir; ne de olsa pilotların becerilerine havayolları endüstrisi para öder, ama öğrenim sisteminde aynı becerilerin hiçbir anlamı olmayabilir.

Aynısı günümüzün doktorları için de söz konusu. Tıptaki son gelişmelerle, tıp öğrencilerinin çoğu tıp kuruluşlarına bağlı olmak durumunda. Öğretmenlerin de sendika üyeleri olmaları şart. Bugün öğretmenler sendikası Amerika'nın en büyük ve en zengin sendikasıdır. NEA, Ulusal Eğitim Derneğinin büyük bir politik hedefi vardır. Öğretmenler sendikalarının korumasına ihtiyaç duyar, çünkü becerileri eğitim alanı dışında sınırlı değer taşır. Öyleyse kural şudur: Yüksek ihtisas, ardından sendikalaşma. Yapılacak en akıllıca şey bu.

Ders verdiğim sınıflara, "Kaçınız hamburgeri McDonald's'tan daha iyi yapabilir?" diye sorduğumda neredeyse bütün öğrenciler parmak kaldırır. Eklerim: "Peki madem daha iyi hamburger yapmasını biliyorsunuz, nasıl oluyor da McDonald's sizden daha çok para kazanıyor?"

Yanıtı apaçık ortada: McDonald's iş düzeninde mükemmel. Yetenekli pek çok kişinin yoksul olmasının nedeni bütün dikkatlerini hamburger yapmaya verip iş düzeni kurmaya önem vermemeleri.

Hawaii'de bir arkadaşım büyük bir sanatçıdır. Epey para da kazanır. Bir gün annesinin avukatı onu aramış, annesinin kendisine 35 bin dolar bıraktığını söylemişti. Avukat ve devletin alacağı harç ve ücretler düşüldükten sonra kalan paraydı bu. O da paranın bir bölümünü reklam yapmak için kullanarak işini büyütme fırsatını değerlendirmeyi düşündü. İki ay sonra çok zenginlerin aldığı pahalı bir dergide dört renkli, tam sayfa ilanı çıktı. İlan üç ay boyunca yayınlandı. İlana ses veren olmadı, bu arada bütün parası ilana gitmişti. Şimdi kendisini yeterince tanıtmadığı için dergi aleyhinde dava açmayı düşünüyor.

20 YIL ÖNCE BUGÜN... SİSTEMLER=İT

Günümüz dünyasında Sistemler= İT, İnternet Teknolojisidir. Bugünün araçlarını ne derece iyi kullanmaktasınız? Danışmanlarınız ve öğretmenlerinizi akıllıca seçmeniz gerekir. Bu, farklı bir takım seçimi örneğidir. Bugün, Zengin Baba Şirketinin başkanı, bir İT dehasıdır ve bugünün teknolojisini kullanan, sistemlerimizi, süreçlerimizi ve iletişimlerimizi, geleceğe ve bize sunacağı yeni araçlara odaklayarak geliştiren bir takım oluşturmuştur.

Ağızlara layık hamburger yapmasını bilen, ama iş konusunda pek az bilgisi olan herkesin başına gelen bir durumdur bu. Arkadaşıma bu deneyimden ne öğrendiğini sorduğumda yanıtı, "reklamcılar üçkâğıtçı" oldu. Bunun üzerine satıcılık ve doğrudan pazarlama kursuna gitmeyi düşünüp düşünmeyeceğini sordum. "Zamanım yok, zaten paramı boşa harcamaya da niyetli değilim," dedi.

Dünya, yetenekli yoksul insanlarla dolu. Bunların çoğu ya yoksul ya maddi zorluklar içinde boğuşan ya da hak ettiklerinin daha altında kazanan kimseler; bunun nedeni bildikleri değil, bilmedikleridir. Hamburger satma ve servis yapma becerilerini geliştirmek yerine ilgilerini daha iyi hamburger yapmaya odaklarlar. McDonald's dünyanın en iyi hamburgerini yapmaz, ne var ki sıradan bir hamburgeri satma ve servis yapma konusunda kimse eline su dökemez.

Yoksul babam benim uzmanlaşmamdan yanaydı. Daha yüksek maaşla çalışmanın yolunun bu olduğuna inanıyordu. Hawaii Valisi ona artık devlet memuru olarak çalışamayacağını söyledikten sonra bile uzmanlaşma konusundaki görüşleri değişmemişti. Eğitimli babam daha sonra kendini öğretmenler sendikasının davasına adadı, üstün yetenekli ve eğitimli profesyonellerin daha iyi korunması ve daha iyi haklar elde etmesi için uğraştı. Sık tartışırdık, ama sendika kalkanına gerek duyulmasının nedeninin tek dalda uzmanlaşmak olduğunu asla kabul etmezdi. Kişinin ne kadar uzmanlaşırsa o kadar çok tuzağa düştüğünü ve o uzmanlığın tutsağı olduğunu hiç anlamadı.

Zengin baba, Mike ve bana kendimizi yetiştirmemizi öğütlerdi. Çoğu şirketin salık verdiği de budur. İşletme okulundan yeni mezun gencecik parlak bir öğrenci bulurlar ve günü geldiğinde şirketi ona devretmek üzere yetiştirmeye başlarlar. İşte böyle gençler tek bir departmanda çalışıp uzmanlaşmaz; iş düzeninin girdisini çıktısını öğrenmek amacıyla bir departmandan diğerine taşınırlar. Zenginler çoğu zaman kendi çocuklarını yetiştirir, bazen de başkalarının çocuklarını. Böylece çocuklar işyerinde yürütülen faaliyetler hakkında genel bir bilgi sahibi olur ve departmanlar arasındaki ilişkiyi anlar.

II. Dünya Savaşı kuşağı açısından bir şirketten ayrılıp ötekine geçmek kötü sayıldı. Bugün, uyanık olmak diye nitelendirilmekte. O zaman kişiler uzmanlaşma uğruna çalışmak yerine bir şirketten öbürüne geçtiklerine göre, daha çok kazanç peşine düşmek yerine neden daha çok öğrenmek peşinde olmasınlar? Kısa vadede kazancı az gelebilir. Ama uzun vadede getireceği kazanımlar büyük olacaktır.

Başarılı olmak için gerekli temel yönetici becerileri şöyle sıralanabilir:

1. Nakit akışının idaresi.
2. Sistemin idaresi (kendin ve ailenle geçireceğin zaman dahil).
3. İnsanların idaresi.

Uzmanlaşılması gereken başlıca alanlar satış ve pazarlamadır. Satma becerisi aynı zamanda, bir başkasıyla iletişim kurma becerisi demektir; karşınızdaki bir müşteri, çalışan, patron, eşiniz, çocuğunuz olabilir, fark etmez. Bu, kişisel başarının temelidir. Yazma, konuşma ve pazarlık etme gibi, başarılı bir yaşama giden yolda gerekli olan iletişim becerisinin bir parçasıdır. Durmadan üstünde çalıştığım, kurslara gittiğim, bilgimi genişletmek için ders kasetlerini satın aldığım bir beceridir.

20 YIL ÖNCE BUGÜN...
SATIŞLAR=GELİR

Zengin babanın danışmanı ve yakın arkadaşı ve bizim Satış konusunda takım uzmanımız olan Blair Singer, 30 yıldır Satışlar=Gelir olduğunu bana ısrarla anlatmaktadır. Satış, iletişim ve güçlerinizin durumunu belirleme yetenekleriniz, başarınızı doğrudan etkiler.

Yukarıda da belirttiğim üzere, eğitimli babam uzmanlaştıkça çok, daha çok çalışıyordu. Ayrıca uzmanlaştıkça daha çok tuzağın içine düşüyordu. Maaşı yükseliyordu yükselmesine, gelgelelim seçenekleri azalıyordu. Devlet memurluğundan çıkarıldıktan hemen sonra mesleki açıdan ne kadar zayıf olduğunu keşfetti. Ansızın sakatlanan ya da oynayamayacak kadar yaşlanan sporculardan farksızdı. Yüksek maaşlı işinden olmuştu ve sırtını dayayacak becerileri sınırlıydı. Sanırım eğitimli babamın sendikalara yanaşmasının nedeni de buydu. Eğer görevi sırasında sendikaya katılsaydı bunun yararını görecekti.

Zengin baba, Mike ve beni çok şey hakkında az şey bilmeye teşvik etti. Kendimizden daha akıllı kimselerle çalışmaya ve daha akıllı kişilerle ekip oluşturmaya yöneltti. Günümüzde buna "mesleki uzmanlıkların sinerjisi" denmekte.

Bugün, yılda 100 binlerce dolar kazanan eski okul öğretmenleriyle tanışıyorum. Bu kadar çok kazanmalarının nedeni, kendi alanlarındaki becerilerinden başka becerilere de sahip olmaları. Satmak ve pazarlamaktan başka öğretmeyi de bilirler. Bana göre satış ve pazarlamadan daha önemli bir beceri yok. Satış ve pazarlama becerilerini edinmek reddedilme korkusuna kapılmış pek çok kimsenin kâbusudur. İletişim kurma, pazarlık etme, reddedilme korkunuzu yenmede ne kadar ustaysanız yaşam o kadar kolaylaşır. Şu sözünü ettiğim "en iyi yazan yazar" olmayı arzulayan gazete muhabirine önerdiğim herkes için geçerli. Teknik açıdan uzmanlaşmanın avantajları kadar dezavantajları da bulunur. Deha olan dostlarım var, ancak başkalarıyla doğru dürüst iletişim kurmayı beceremezler ve sonuçta kazançları çok düşüktür. Onlara önerim, bir yıllarını satış yapmayı öğrenmeye ayırsınlar. Hiç para kazanamasalar bile iletişim becerileri gelişecektir. Bunun bedeli ölçülemez.

İyi birer öğrenci, satıcı, pazarlamacı olmanın yanı sıra iyi bir öğretmen olmamız gerekir. Gerçekten zengin olmak için almasını da vermesini de bilmeliyiz. Mali ya da mesleki sıkıntılar içinde boğuşurken alma ve verme eksikliği yaşanır. İyi öğrenci olmadıkları gibi, iyi öğretmen de olmadıkları için yoksul olan birçok insan tanıyorum.

Her iki babam da cömert adamdı. İkisi de öncelikle vermekten yanaydı. Onlar için vermenin bir yolu da öğretmekti. Verdikçe alırlardı. Tek fark para verme konusundaydı. Zengin baba bol para dağıtırdı. Gittiği kiliseye bağış yapardı, derneklere bağışlardı, vakfına para aktarırdı. Para almak için para verilmesi gerektiğinin farkındaydı. Para vermek servet sahibi çoğu ailenin sırrıdır. Rockefeller Vakfı, Ford Vakfı benzeri kurumların nedeni de bu. Bu kurumların varlık sebebi onların servetlerini alıp daha da artırmak, aynı zamanda devamlılığını sağlamak.

Eğitimli babam hep derdi ki: "Biraz ekstra param olsa, bağışlayacağım." Sorun, kenarda hiç parasının olmamasıydı.

Bundan dolayı, daha çok para kazanmak için daha çok çalıştı, fakat paranın en önemli kaidesini gözardı etti: "Verirsen alırsın." O bunu, "Al ki veresin," diye yorumlardı.

Sonuçta, her iki babama da benzedim. Bir yanım paradan para kazanma oyununu seven sıkı bir kapitalist oldu. Öbür yanımsa, sahip olanlarla olmayanlar arasındaki, gittikçe derinleşen uçurumdan kaygı duyan, toplumsal sorumluluğunun farkında olan bir öğretmen. Büyüyen uçurumun sorumlusu bana göre modası geçmiş eğitim sistemidir.

---

20 YIL ÖNCE BUGÜN...
DEĞİŞİM RÜZGÂRLARI

Eğitime ve eğitim sistemlerine bağlı değişim rüzgârları Washington'daki yeni kanla, okul seçimine bağlı yeni devinimle ve öğrencilerin gerçek dünya deneyimi olan öğretmenlere yönelmeleriyle (hatta istemeleriyle) esmektedir. Her zaman, birşeylerin değişmesi için, ilk önce kendimin değişmesi gerektiğine inandım. Günümüzde birçok kişi eskimiş, köhnemiş sistem içinde değişimi seçiyor ve savunuyor. Gerçek kazananlar umuyorum ki, en sonunda, okulda finansal eğitim alan çocuklar olacaktır.

Çalışma Oturumu

Ders: 6
Para İçin Değil
Öğrenmek İçin Çalışın

Özet

Robert, birkaç yıl önce Singapur'da bir gazeteciyle röportaj yaptı, konuşma sırasında gazeteci, onun gibi çok satan bir yazar olmak istediğini açıkladı. Herkes romanlarının mükemmel olduğunu söylediği halde romanlarının satışları hiçbir zaman iyi gitmemişti.

Robert satış eğitimi kursu almasını önerdi. Gazeteci, İngiliz edebiyatı dalında yüksek lisans derecesi olduğunu ve satış eğitimi almanın ona nasıl yararlı olacağını anlamadığını söyledi, Robert'ın önerisi onu rencide etmişti. Aslında satış elemanlarından nefret ediyordu. Robert ona, kendisinin çok satan yazar olduğunu, iyi yazan yazar olmadığını belirttiğinde, hiçbir zaman satış öğrenecek kadar alçalmayacağı karşılığını vererek röportaj yerini terk etti.

Çevremizde, tıpkı o gazeteci gibi, finansal olarak sıkıntı çeken yetenekli insanlar var. Bir iş danışmanının sözleriyle, "Muhteşem olmaları için gereken, sadece tek bir beceri."

Bunun anlamı, pek çoğumuz uzmanlaşıyoruz. Eğer sadece bir tane daha beceri öğrenecek ve o konuda uzmanlaşacak olsak gelirimiz katlanarak artacaktır. Söz konusu para olduğunda çoğu kişinin bildiği, çok çalışmaktır.

Eğer o gazeteci satış kursları yanında metin yazarlığı kursu da alsaydı, sonra reklamcılık şirketinde çalışsaydı ücretsiz reklam yaparak milyonlarca kişiye ulaşmayı öğrenebilirdi ve elde ettiği beceriyi sonraki romanının, en çok satanlar arasına girmesi için kullanabilirdi.

Robert, *Zengin Ve Mutlu Olmak İstiyorsanız Okula Gitmeyin* adlı ilk kitabının yayımlanması için yayınevine gittiğinde, yayıncı kitabın adını "Eğitim Ekonomisi" olarak değiştirmesini önerdi. Ancak Robert o başlıkla kitabın satılmayacağını biliyordu. Eğitimi desteklediği halde, buna karşıt bir başlık seçmesinin nedeni, onun kendisine daha çok televizyon ve radyo programı teklifi getireceğini bilmesiydi. Öyle de oldu.

BM Deniz Ticaret Akademisinden 1969 yılında mezun olduğunda, Standard Oil tanker filosunda üçüncü kaptan olarak işe girdi. Ücret iyiydi, yılda beş ay izin kullanabiliyordu. İyi bir kariyer olabilirdi ama Robert altı ay sonra işi bıraktı ve Deniz Piyadegücüne katılarak uçak kullanmayı öğrendi.

Yoksul baba ve birçoklarının yaptığı gibi uzmanlaşmak yerine, Robert yeni beceriler edinmek için arayış içine girdi. Zengin baba onu bu konuda cesaretlendirerek çok şey hakkında az şey öğrenmesini söyledi. Bu nedenle Robert ve arkadaşı Mike, büyüyen pek çok işyerinde çalışmış, değişik deneyimler kazanmışlardı.

Yoksul baba Standart Oil'deki işi bırakma kararını anlamadı. Robert'ın okula gemi kaptanı olmak için gittiğini düşünmüştü. Oysa zengin baba Robert'ın okula uluslararası ticaret öğrenmeye gittiğini biliyordu.

Ve Deniz Piyadegücüne askeri birlikleri yönetmeyi öğrenmek için katıldı. O liderlik becerisi, ileride önüne çıkacak herhangi bir iş alanında ona çok yararlı olacaktı.

Robert 1973'te görevinden istifa ederek, utangaç birisi olduğu halde, Xerox'un satış bölümünde işe girdi. Aslında utangaçlığı nedeniyle bu işe girdi. Xerox'un satış eğitimi programları, ülkedeki en iyilerdendi ve orada Robert, kapı çalma ve reddedilme korkusunun üstesinden geldi. Orada, sürekli olarak en fazla satış yapan satıcılardan biri olduğunda işi bıraktı.

Robert ilk şirketini 1977'de kurdu, Uzak Doğu'da üretilen cüzdanlar, gemiyle New York'a bir depoya sevk ediliyordu. Kanatlarını deneme zamanı gelmişti. Bugün hâlâ uluslararası iş yapmaktadır.

Çoğu kişi güvenli bir işe girmek için çok çalışır, kısa dönemde ücret ve ek ödemelere odaklanır. Yapmaları gereken, onlara gereksinimleri olan becerileri öğretecek iş aramalarıdır.

İnsanlar gittikleri yöne mi, yoksa sadece gelecek maaş çeklerine mi bakmaktadır?

The Retirement Gift [Emeklilik Efsanesi] adlı kitabında Craig S. Karpel, çoğu kişiyi emeklilikte bekleyen pek çok zorluğu ve çoğu kişinin gelecekteki gerçeğinin korkutucu resminden bahsetmektedir.

Robert uzun bir bakış açısı önermektedir: Sadece para ve güvence için çalışmak yerine, ikinci bir beceri öğrenmek üzere ikinci işe girin. Pek çokları buna karşı çıkacaktır, çünkü değişim için hazır değillerdir. Bu, spor yapmaya benzer. Başlangıçta söylenirsiniz ama çalışma bittikten sonra çok mutlu olursunuz.

Eğer yeni bir şey öğrenmek için çalışmaya istekli değilseniz ve onun yerine kendi alanınızda yüksek derecede uzmanlaşmakta ısrar ediyorsanız çalıştığınız şirketin sendikalı olduğundan emin olun. Aksi takdirde uzmanlaşmış becerileriniz kendi alanınız dışında gereksiz olur.

Robert öğrencilerine, kaç kişinin McDonald's'tan daha iyi hamburger yapabileceğini sordu. Çoğu el kaldırdı. Ancak

McDonald's'ın milyonlar kazanmasının, onların kazanamamasının nedeni, McDonald's'ın iş sistemlerinde mükemmel olmasıydı.

Dünya, yetenekli yoksul kişilerle dolu. Bu kişiler başarılı olmak için, McDonald's'ın iş sistemleri gibi, daha fazla beceri öğrenmek üzere zaman ayırmak zorunda.

Yoksul baba, kendi hayatında onun işine yaramamasına rağmen, Robert'ın uzmanlaşmasını istedi. Hiçbir zaman, ne kadar uzmanlaşırsanız uzmanlaşın, o uzmanlığa daha fazla bağımlı olacağınızı ve onun içinde sıkışıp kalacağınızı anlamadı.

Diğer taraftan zengin baba, Mike ve Robert'ı kendilerini yetiştirmeleri ve birçok farklı iş alanı hakkında bilgi edinmeleri için teşvik etti.

II. Dünya Savaşı nesli için, bir şirketten diğerine atlayarak iş değiştirmek doğru değildi. Bugün bunun, size daha fazla öğrenme olanağı verdiği ve uzun vadede kàr elde edeceğiniz için akıllıca olduğu düşünülüyor.

Başarı için gerekli başlıca yönetim becerileri şunlardır:

1. Nakit Akışı yönetimi
2. Sistem yönetimi
3. İnsanların yönetimi. Ve en önemli uzmanlık becerileri satış ve pazarlama. Başarılı bir hayat için, yazmak, konuşmak ve pazarlık etmek kritik önem taşır. Robert'ın, bilgisini genişletmek için, üstünde sürekli çalıştığı, kurslara katıldığı, satın aldığı eğitimsel kaynaklar vardır.

Satış ve pazarlama becerileri, çoğu kişi için öncelikle reddedilme korkusuna bağlı olarak zordur. İletişim, pazarlık etme ve reddedilme korkusununu ne kadar yenebilirseniz hayat o kadar kolaydır.

Teknik olarak uzmanlaşmanın kişiyi güçlendiren ve zayıflatan yönleri vardır. Bu kategoriye giren kişilerin iletişim becerilerini geliştirmesi gerekir.

Hepimiz aynı zamanda, iyi öğretmen ve iyi öğrenci olmayı öğrenmek zorundayız. Gerçekten zengin olmak için aldığımız gibi verebilmek önemli ve gereklidir.

Zengin ve yoksul, her iki babanın da, başkalarına verme yollarından biri öğretmekti. Ancak zengin baba, kilisesine, yardım derneklerine ve kendi vakfına da para verirdi. Biliyordu ki, paraya sahip olmak için, aynı zamanda onu vermesi gerekir. Yoksul baba her zaman, eğer fazladan parası olursa vereceğini söylerdi, fakat bu isteğini yerine getirecek imkânı hiçbir zaman olmadı. "Ver ki alabilesin" yerine "al ki verebilesin" deyişine inandı.

Robert her iki babanın özelliklerine de sahipti, hem para kazanma oyununu seven uç noktada bir kapitalist, hem sosyal sorumluluğu olan, sahip olanlarla olmayanlar arasındaki gitgide büyüyen uçurumdan derinlikle kaygılanan bir öğretmen. Büyüyen uçurumun başlıca sorumlusu olarak, modası geçmiş eğitim sistemini görmektedir.

Sol-yarıküre açısı: Gelecek vaat eden bir işi diğeri için bırakmak o an için matematiksel bir anlam taşımayabilir, ancak kazanacağınız beceriler sizi, uzun sürede daha büyük kazanımlara götürecektir.

Sağ-yarıküre açısı: Mesleğinizin dışındaki becerileri öğrenmek size yarar sağlayacaktır.

Bilinçaltı açısı: En çok korktuğunuz durumun üstesinden gelmek için gerekli beceriyi öğrenmelisiniz.

Robert Ne Söylemekteydi

Şimdi yansıtma zamanı. Kendinize sorun, "Bu parçada Robert ne söylemektedir? Ve "Bunu *niye* söylemektedir?" Bu bölümde Robert'le aynı fikirde olmak zorunda değilsiniz. Hedef, Robert'ın ne dediğini *anlamaktır.*

Hatırlayın ki, bu eğitim programı işbirlikçi ve destekleyici olmak için tasarlanmıştır. İki akıl birden iyidir. Eğer Robert'ın ne dediğini anlamıyorsanız bundan rahatsız olmayın. Anlamak için yardım isteyin. Her alıntıyı anlayana kadar tartışmaya zaman ayırın:

"Eğitimli babam için iş güvencesi, zengin babam içinse öğrenmek her şeydi."

"Yetenekli insanların genellikle az kazanmasına şaşırıyorum."

"Eski bir deyiş şunu söyler: 'İş, iflas şimdiden'in kısaltılmışıdır.' Maalesef bu ifade milyonlarca insana uygun düşmektedir."

"Genç insanlara, ne kazanacaklarına göre değil, ne öğreneceklerine göre iş aramalarını öneririm."

"Hayat, spor yapmaya çok benzer. En zor kısmı gitmeye karar vermektir. O kısmı bir kere geçtikten sonra, kolaydır."

"Dünya, yetenekli yoksul insanlarla doludur. Genellikle hepsi yoksuldur ya da finansal mücadele içindedir ya da yapabildiklerinin karşılığından daha azını kazanırlar. Bunun nedeni bildikleri değil ama bilmedikleridir."

"Teknik uzmanlık, güçleri olduğu kadar, zayıflıkları da içerir."

"Birçok varlıklı büyük aile için para vermek sırdır."

İlave Sorular

Şimdi, bu bölümdeki öyküleri, Robert'ın ne söylediğini anlayarak, kendinize ve hayatınıza uygulama zamanı. Aşağıdaki soruları kendinize sorun ve onları çalışma arkadaşınızla tartışın. Kendinize ve arkadaşınıza karşı dürüst olun. Eğer verdiğiniz bazı cevapları beğenmezseniz kendinize değişmek isteyip istemediğinizi, düşüncelerinizi ve zihin kalıplarınızı değiştirme zorluğunu kabul edip etmediğinizi sorun.

1. Son derece yetenekli olup, çok az kazanan kişiler tanıyor musunuz? Farklı olarak ne yapabilirlerdi?

2. Uzmanlığınızın ötesinde ek bir beceriyi nasıl aramıştınız? Sonuç neydi?
3. Uzun vadede size daha fazla kazandırabilecek yeni bir durum için yeni bir yola girmek yerine güvenceli bir işte kaldığınız oldu mu?
4. Birileri sizden iş hayatlarında öğrenmeleri gerekli en önemli beceriler konusunda bilgi isteseler, onlara ne önerirdiniz?
5. Hayatınızda sizi harekete geçiren rol hangisi? Onu başarınızın önemli bir parçası olarak görüyor musunuz?
6. Şu anda kişiliğinizin bir parçası olmayan ancak kendinize katabileceğiniz farklı yönler hangileri?

NOTLAR

NOTLAR

Bölüm 7
Engelleri Aşmak

Zengin kişiyle, yoksul kişi arasındaki başlıca fark, korkuyu nasıl yönettikleridir.

Kişiler kendilerini mali açıdan geliştirip bilgi edindikten sonra da, mali bağımsızlığa erişene kadar, engellerle karşılaşabilirler. Mali bilgiye sahip olan kimseler yalnızca beş nedene bağlı olarak aktif sütunlarını yükseltemez. Aktif sütunları büyük miktarlarda nakit getirmez. Düşledikleri yaşamı sağlayarak onları özgür kılan aktif sütunlarından yoksun kalırlar. Bu beş neden şöyle sıralanabilir:

1. Korku
2. Kuşkuculuk
3. Tembellik
4. Kötü alışkanlıklar
5. Kibir.

Birinci Neden: Para kaybetme korkusunu alt etmek. Bugüne kadar para kaybetmekten hoşlanan hiç kimse çıkmadı karşıma. Bunun yanı sıra, bunca yıldır zengin olup da para kaybetmemiş kimseyle karşılaşmadım. Öte yandan yatırım yapıp tek bir sent kaybetmemiş yoksul kimseyle de tanışmadım.

Para kaybetme korkusu gerçek. Bu, herkeste vardır. Zenginlerde bile. Ama sorunun korkuyla ilgisi yok. Korkuyla nasıl başa çıktığınızla ilgili. Kaybetmenin üstesinden nasıl geldiğiniz önemli. İnsanın yaşamını değiştiren, başarısızlığı nasıl ele aldığınızdır. Zenginle yoksul arasındaki asıl fark, korkuyu ele alma biçimleridir.

Evhamlı olmak doğal. Para söz konusu olduğunda korkak davranmak da. Yine de zengin olabilirsiniz. Hepimiz kimi konularda kahraman kesilirken başka konularda korkağızdır. Bir arkadaşımın karısı acil serviste hemşire. Kan görünce hemen kolları sıvayıp onu durdurmaya koşar. Ne var ki, yatırımdan söz açılınca pılıyı pırtıyı toplayıp kaçar. Ben kan görünce koşmam. Düşer, bayılırım.

Zengin baba para korkusunu çözmüştü. "Kimi vardır, yılandan korkar. Kimi para kaybetmekten. İkisi de korku," derdi. Para kaybetmekten duyulan korkuyu alt etmek için çözümü, şu kafiyeyi yinelemekti:

"Riskten ve kaygıdan korkuyorsan erken davran."

Erken yaşta başlarsanız zengin olmanız kolaylaşır. Burada ayrıntılara girmeyeceğim, ancak yirmi yaşında tasarrufa başlayan bir kimseyle otuz yaşında başlayan arasında büyük bir fark bulunmaktadır.

Dünyanın harikalarından birinin bileşik faizin gücü olduğu söylenir. Manhattan Adasının satın alımı için bütün dönemlerin en büyük pazarlığı denir. New York 24 dolar ederindeki ufak tefek süs eşyaları karşılığında satın alınmıştı. Ama o 24 dolarla yatırım yapılsaydı, yılda yüzde 8 faizle 1995 yılına gelindiğinde 28 trilyondan fazla ederdi. 1995 yılındaki emlak fiyatlarıyla bile bu parayla Los Angeles'ın büyük bölümü satın almakla kalınmaz, artanla Manhattan geri alınabilirdi.

Komşum önde gelen bir bilgisayar şirketinde çalışır. Yirmi beş yıldır aynı şirkette. Beş yıl içinde şirketten ayrıldığında 401K emeklilik planında 4 milyon doları olacak. Çoğu ibresi yukarı çıkan şirket hisselerinde, o da bunları tahvillerle hazine bonolarıyla değiştirecek. O tarihte yaşı elli beş, bir yıllık pasif nakit akışı da 300 bin dolar olacak, bu da yıllık maaş toplamının çok ötesinde. Demek ki gerçekleşmesi mümkün, hem de riskten ve kaybetmekten nefret edilmesine rağmen. Fakat işe erken koyulmak, hele emeklilik planı hazırlamak çok önemli. Bunun için de herhangi bir yatırım yapmadan önce güvendiğiniz bir mali müşavir tutmalısınız.

Peki ya fazla vaktiniz kalmamışsa ya da erken emekli olacaksanız? Para kaybetme korkusunu nasıl alt edersiniz?

Yoksul babam hiçbir şey yapmadı. Dahası sorundan kaçıp konuyu açmaktan kaçındı.

Zengin babaysa Teksaslı biri gibi düşünmemi salık verdi. "Teksas'ı da, Teksaslıları da severim," derdi. "Teksas'ta her şey büyüktür. Teksaslılar büyük kazanırlar. Kayıpları da büyüktür."

"Kaybetmeyi severler mi?" diye sormuştum.

"Anlatmaya çalıştığım bu değil. Kimse sevmez kaybetmeyi. Kaybettiği halde mutlu olan birini görürsen bil ki o kaybetmeye mahkûmdur," diye yanıtlamıştı. "Ben riske, ödüle ve başarısızlığa karşı Teksaslı yaklaşımından söz ediyorum. Onların hayata yaklaşımları böyle. Büyük yaşarlar. Para konusunda hamamböceklerinden pek farklı olmayan buradaki insanlara pek benzemezler. Hamamböcekleri üzerlerine ışık tutulacak diye ödleri kopar. Kasiyer onlara 25 sent eksik verecek diye içleri gider."

Zengin baba devam etti:

"Teksaslılarda en çok sevdiğim özellik ne biliyor musun? Kazandıklarında gurur duyar, kaybettiklerinde yüksekten atarlar. Teksaslılar arasında yaygın olan bir deyiş vardır.

Madem batacaksın, derine bat. İki katlı evin elinden gidince battığını kabullenmek istemezsin. Buradakiler kaybetmekten öyle korkar ki, kaybedecek iki katlı evleri bile yoktur."

Mike'la bana, maddi başarısızlığın en büyük nedeni insanların sağlamcı olması, diye tekrarlardı hep. "İnsanlar kaybetmekten öyle korkarlar ki, kaybetmeleri kaçınılmazdır," derdi.

NFL takımının gelmiş geçmiş en büyük oyuncularından, takım kaptanı Fran Tarkenton'a göre, başka bir yol daha var: "Kazanmak, kaybetmekten korkmamak anlamına gelir."

Kendi yaşantımdan edindiğim deneyimler doğrultusunda diyebilirim ki kazanmak kaybetmekten sonra gelir. Bisiklet sürmesini öğrenmeden önce pek çok kez düşmüştüm. Hiç golf topunu kaybetmemiş golf oyuncusu bulamazsınız. Âşık olanlar arasında hayal kırıklığına uğramamış biriyle hiç karşılaşmadım. Ömründe para kaybetmemiş zengin biriyle de.

20 YIL ÖNCE BUGÜN... KAZANMA SANATI

Kazanma kavramı ve hayatımızın tüm alanlarında kazanma isteğimiz, 2016 Amerika Birleşik Devletleri Başkanlık seçiminin temalarıydı. Bu bir zihin kalıbıdır, esinleneceğimiz bir hedeftir ve hatalarımızı kucaklamayı, onlardan öğrenmeyi ve zihnimizi kazanmaya odaklamamız için bizi motive eder.

Öyleyse pek çokları için, kazanmamaları para kaybetme acısının zengin olma sevincinden daha ağır basmasından ileri gelir. Teksas'ta yaygın bir başka deyiş vardır: "Herkes cennete gitmeyi düşler, gel gör ki ölmek isteyen yoktur." Zengin olma hayali kurup da para kaybetmekten ödü kopan çok insan var. Demek ki onlar cennete hiç ulaşamayacak.

Zengin baba Mike'la bana Teksas'a yaptığı gezileri anlatırdı. "Gerçekten riskin ve kaybetmenin nasıl alt edileceğini öğrenmek istiyorsanız San Antonio'ya gidin, Alamo'ya uğrayın. Alamo, ağır koşullar altında, yenme şansları olmadığı halde savaşmayı seçen cesur insanların öyküsüdür. Teslim olmak yerine ölmeyi yeğlemişlerdir. Okunmaya değer ilham dolu bir öykü, öte yandan askeri açıdan korkunç bir yenilgi. Ateşe tutulmuşlar. Hezimet de diyebilirsiniz. Düpedüz yenilmişler. Peki Teksaslılar yenilgiyi nasıl alt eder? Hâlâ şöyle haykırırlar: Alamo'yu hatırından çıkarma!"

Birçok kişinin finansal olarak kazanmama nedeni, para kaybetme acısının, zengin olma sevincinden çok daha büyük olmasıdır.

Mike ve ben bu hikâyeyi çok duyduk. Zengin baba büyük bir anlaşma yapmanın eşiğindeyken, içi içine sığmaz olduğunda başlardı onu anlatmaya. Gerekli araştırmalarını özenle yapıp anlaşmayı imzaladığında ya da vazgeçtiğinde sıra Alamo öyküsüne gelirdi. Yanlış yapmaktan ya da para kaybetmekten her korktuğunda o hikâyeyi anlatmadan edemezdi. Belli ki bu hikâye ona güç verirdi, çünkü maddi bir kaybı maddi kazanca dönüştürebileceğini hatırlatırdı. Zengin baba fiyaskonun onu daha güçlü ve daha akıllı yapacağını bilirdi. Kaybetmek istediği için değil, kim olduğunu ve kaybı nasıl alt edeceğini bildiği için. Kayıptan kazanç elde ederdi. O kazanırken başkalarını yenik düşüren de buydu. Herkes geri adım atarken çizgiyi geçme cesaretini buradan alırdı. "Teksaslıları sevmemin nedeni bu. Büyük bir hata işlediler, ancak bundan yola çıkarak turistlerin ilgi odağı olmasını ve milyonlar kazanmasını bildiler."

Söylediklerinin arasında bugün için en anlamlı sözler şunlar olsa gerek: "Teksaslılar hatalarını hasıraltı etmezler. Hatalarından ders alırlar. Hatalarını yarış çılgınlığına çevirirler. Hatalar, Teksaslılar için galip gelme dürtüsüdür.

Başarısızlık kazananları esinler, kaybedenleri yener.

Öte yandan bu yalnızca Teksaslıların sırrı değildir. Bütün kazananların sırrıdır."

Bisiklete binmesini düşe kalka öğrendiğimden söz etmiştim. Her düşüşüm beni bisikleti sürmeyi öğrenmeye daha çok kararlı kıldı. Hevesim kırılmadı. Bir de topunu kaybeden bir golf oyuncusuyla karşılaşmadığıma değinmiştim. İyi bir golf oyuncusu olma yolunda topu ya da turnuvayı kaybetmek golf oyuncularını yalnızca daha iyi oynamaya, daha çok pratik yapmaya teşvik eder. Onları daha iyi kılan da budur. Kaybetmek kazananları kışkırtır, kaybedenleri bozguna uğratır.

John D. Rockefeller'dan bir alıntı: "Her felaketi daima fırsata dönüştürmeye çalıştım."

Japon kökenli bir Amerikalı olarak ben de şunu söyleyebilirim. Çoğu kimse Pearl Harbor'ın Amerikalılar için bir hata olduğunu söyler. Oysa bence hata Japonlarındı. *Tora, Tora, Tora* filmindeki asık suratlı bir Japon amiral, emrindeki askerler sevinirken onlara şöyle der: "Uyuyan bir devi uyandırdık." "Pearl Harbor'ı Hatırla" üstün bir başarı elde etmişti. Amerikalıların en büyük kayıplarını kazanma hırsına dönüştürdü. Bu, büyük hezimet Amerika'ya güç verdi ve çok geçmeden dünya çapında bir güç olarak ortaya çıktı.

Başarısızlık kazananlara esin kaynağı olur. Başarısızlık kaybedenleri yenilgiye uğratır. Bu, kazananların en büyük sırrıdır. Kaybedenler bundan habersizdir. Kazananların en büyük sırrı, fiyaskonun kazanma hevesi vermesidir; kaybetmekten korkmazlar. Fran Tarkenton'ın sözlerini yinelersek: "Kazanmak kaybetmekten korkmamaktır." Fran Tarkenton gibiler kaybetmekten korkmaz, çünkü kim olduklarını bilirler. Kaybetmekten nefret ederler, bu yüzden kaybetmenin azimlerini artırmaktan başka bir etkisi olmayacağının farkındadırlar. Kaybetmekten nefret etmekle kaybetmekten korkmak arasında büyük fark var. Çoğu kimse para kaybetmekten öyle korkar ki, bu yüzden kaybeder. İki katlı evleri ellerinden gidince meteliksiz kalır. Maddi açıdan çok sağlamcı ve çok küçük oynarlar. Büyük evler, büyük arabalar alırlar, ama büyük yatırımlardan uzak dururlar. Amerikan halkının yüzde 90'dan fazlasının maddi sıkıntılar içinde boğuşmasının nedeni kaybetmemek üzere oynamasıdır. Kazanmak için oynamaz onlar.

Finans danışmanlarına ya da muhasebecilerine, borsa simsarlarına gider, dengeli bir portföy satın alırlar. Çoğu nakdini mevduat sertifikalarına, düşük kazançlı tahvillere, aile şirketi içinde takas edilebilecek şirket hisselerine ve birkaç fona yatırmıştır. Güvenli ve mantıklı bir portföydür bu. Gelgelelim kazanç getirmeyen bir portföy. Kaybetmemek üzere oynayan birinin portföyü işte.

Yanlış anlamayın. Ne olursa olsun nüfusun yüzde 70'inin sahip olduğundan daha iyi bir portföydür; işte ürkütücü olan da budur. Çünkü güvenceli bir portföy hiç portföy sahibi olmamaktan daha iyidir. Sağlam oynamayı sevenler için eşsizdir böyle bir portföy. Ne var ki, sağlam oynamak ve yatırım portföyünde 'dengeyi' korumak, başarılı yatırımcıların tarzı değildir. Kısıtlı paranız varsa ve zengin olma arzusundaysanız kendinizi 'dengelemek' yerine öncelikle 'odaklanmanız' gerekir. Dengeli kimseler hiçbir yere varamazlar. Tek bir noktada durup kalırlar. İlerlemek için ilkin dengesiz olmanız gerek. Yürümeyi nasıl başardığınızı hatırlayın.

Thomas Edison dengeli değildi. Ama konuya odaklanmıştı. Bill Gates de dengeden uzaktı. Odaklanmıştı. Donald Trump da. George Soros da. George Patton tanklarını geniş bir alana yaymadı. Hepsini bir noktaya odakladı ve Alman hattındaki zayıf noktalara ateş etti. Fransızların Maginot Hattında ne yaptıklarını hatırlayın, başlarına geleni biliyorsunuz.

Zengin olma arzusundaysanız dikkatinizi toplamalısınız. Elinizdeki bütün yumurtaları birkaç sepete dağıtın. Yoksul ve orta sınıftan insanların ne yaptığını bilir misiniz? Bir avuç yumurtayı pek çok sepete dağıtırlar.

Kaybetmekten nefret ediyorsanız sağlam oynayın. Eğer kaybetmek sizi zayıf düşürüyorsa güvenli oynayın. Dengeli yatırımlara para yatırın. Yaşınız yirmi beşi aşmışsa ve risk almaktan ödünüz patlıyorsa öyle kalın, değişmeyin. Sağlam oynayın, ama erken yola koyulun. Yumurtalarınızı erkenden biriktirmeye başlayın, çünkü çok zamana ihtiyacınız var.

Fakat özgürlük hayalleri kuruyorsanız –fare yarışından kurtulmak istiyorsanız– kendinize sormanız gereken ilk soru şu: "Fiyaskoya uğrarsam tepkim ne olur?" Eğer başarısızlık kazanma hırsınızı kamçılıyorsa, belki de onun izinden gitmelisiniz – ama belki–. Yok, eğer başarısızlık sizi zayıf kılıyorsa ya da sinir krizleri geçirmenize neden oluyorsa –örneğin önlerine çıkan her engelde birini mahkemeye veren şımarık kimseler gibi davranıyorsanız– sağlam oynamaktan vazgeçmeyin. Tam gün işinizde çalışın. Ya da tahvil alın. Ama aklınızdan çıkarmamanız gereken bir nokta var: Ne kadar güvenli olurlarsa olsunlar, o yatırım araçları da risk taşır.

Bütün bunları dile getirmemin, Teksas'tan, Fran Tarkenton'dan söz etmemin nedeni aktif sütununu yükseltmenin kolay olması. Doğrusunu isterseniz pek yetenek gerektirmeyen bir oyun. Fazla eğitimli olmaya da gerek yok. Beşinci sınıfta öğretilen matematik yeter de artar. Fakat aktif sütunuyla yükselme bir üstün duruş oyunudur. Yürek ister, sabır ister, ayrıca başarısızlık karşısında sağlam bir tutum ister. Kaybedenler düşmekten kaçınır. Oysa başarısızlık kazanan olmayı öğretir kaybedenlere. Alamo'yu düşünün.

Kuşkuculuktan vazgeçmek. "Yer gök başımıza yıkılıyor. Dünyanın sonu geldi." Çoğumuz 'Korkak Tavuğun' başına gelenleri biliriz, yaklaşan kıyameti haber vermek üzere kümesleri dolaşmıştı. Böyle kimseleri çok görmüşüzdür. Ama hepimizin içinde bir 'Korkak Tavuk' var.

Daha önce de sözünü ettiğim üzere kuşkucu olmak korkak tavuk olmaktır. Korku ve kuşku düşüncelerimize gölge ettiği anda korkak tavuk yanımız ortaya çıkar.

Hepimiz içimizde kuşku besleriz. "Uyanık değilim." "Yeterince iyi sayılmam." "Falanca filanca benden daha iyi." Bazen de kuşkularımız bizi felç eder, elimizi kolumuzu bağlar. "Ama ya şöyle olursa?" diye başlayan düşüncelerimizin ardı arkası kesilmez. "Ben yatırım yaptıktan sonra ekonomik kriz patlak verirse?" ya da "Kontrol benden çıkar da parayı geri ödeyemezsem?" "İşler planladığım gibi gitmezse?" Bazen de fikirlerini sorduğumuz dostlarımız ve arkadaşlarımız bize olumsuzlukları hatırlatırlar. Çoğu şöyle sorar: "Üstesinden geleceğini nereden biliyorsun?" ya da "Madem çok iyi bir fikir, neden senden başkası ilgilenmemiş?" belki de, "Asla işe yaramaz. Sen ne dediğini bilmiyorsun." Böyle kuşkulu sözler öyle sık dile gelir ki, adım atamayız. Midemize kramplar girer. Uyku tutmaz. İleri hamleyi bir türlü yapamayız. Biz sağlam adım atmaya bakarken fırsatlar önümüzden geçip gider. Boğazımıza takılan düğüm hareket kabiliyetimizi engellerken hayat gözlerimizin önünden akar, gider. Hepimiz hayatımızın bir döneminde benzer duyguları yaşamışızdır; kimimiz bunu başkalarından daha sık yaşar.

Fidelity Magellan'dan Peter Lynch göğün başımıza yağdığının 'gürültüsünü' duyduğumuzu söyleyenleri anlatır.

'Gürültü' ya kafamızın içinde

20 YIL ÖNCE BUGÜN... HATALAR ÖĞRENMEK İÇİN FIRSATTIR

Okul bizi hatalardan kaçınmak için şartlandırmıştır. Öğrenciler okulda, hata yaptıkları için cezalandırılır. Gerçek dünyada, hatalar kabul edilip değerlendirilirse ve gelecekte daha iyi kararlar vermek için araç olarak kullanılırsa hataların, paha biçilemez olduklarını öğrendim. Biraz korku sağlıklıdır ancak hata yapma korkusu içinde yaşamamalıyız. Her başarısızlıktan bir ders aradığımızda hatalar yararlıdır.

yankılanır ya da dışarıdan gelir. Kaynağı çoğu kez dostlarımız, ailemiz, iş arkadaşlarımız ya da basın yayın organlarıdır. Lynch nükleer savaş tehdidinin haberlerden eksik olmadığı 1950'leri, halkın kendine sığınaklar yapmaya, yiyecek maddeleri istiflemeye ve içecek su biriktirmeye başladığı yılları hatırlatır. Onun yerine paralarını piyasalarda akıllıca değerlendirselerdi bugün maddi bağımsızlığa çoktan kavuşmuş olurlardı.

Birkaç yıl önce Los Angeles'ta ayaklanmalar baş gösterdiğinde, ülke çapında silah satışları korkunç tırmanmıştı. Washington eyaletinde biri az pişmiş hamburgerden ölür ve Arizona Sağlık Dairesi restoranlara bütün etleri çok pişmiş servis yapmaları talimatını verir. Bir ilaç firması gribe yakalanan insanları gösteren bir reklam filmini ulusal televizyonlarda yayınlar. Reklam şubat ayında yayına girmiştir. Grip ilaçları satışıyla birlikte gribe yakalananların sayısı da artar.

İnsanların çoğunun yoksul olmasının nedeni, iş yatırıma gelince dünyanın ortalıkta koşuşturup bağıran korkak tavuklarla dolu olmasıdır. "Başımıza taş yağacak. Başımıza taş yağacak." Korkak tavuklar etkilenir, çünkü hepimizin içinde bir parça korkak tavuk yaşar. Söylentilere ve kıyametten söz edenlere kulak asmamak ve kuşkularımızla korkularımızı katmerleyen sözleri hiçe saymamak yürek ister.

Bir süre önce Richard adında bir dostum Boston'dan kalkıp, Kim ve beni ziyaret etmek üzere Phoenix'e geldi. Borsa ve gayrimenkul alanında yaptığımız atılımlardan pek etkilenmişti. Phoenix'teki emlak fiyatları durağandı. Nakit akışı ve sermaye artırımı için harika olduğunu düşündüğümüz fırsatları ona göstermek için iki gün harcadık.

Ne karım emlak komisyoncusu ne de ben. Sıkı yatırımcılarız. Bir tatil beldesinde gördüğümüz bir yer için aradığımız emlak komisyoncusu öğleden sonra orayı arkadaşıma sattı. İki yatak odalı evin fiyatı 42 bin dolardı. Benzer evler

65 bin dolardan alıcı buluyordu. Arkadaşım kelepir bir ev bulmuştu. Sevinçten uçarak aldı ve Boston'a döndü.

Aradan iki hafta geçmişti, emlak komisyoncusu telefon etti, arkadaşımızın orayı almaktan vazgeçtiğini bildirdi. Hemen arayıp nedenini sordum. Komşusuyla konuşmuş, adam ona kötü bir anlaşma yaptığını, ödeyeceği fiyatın çok yüksek olduğunu söylemişti.

Richard'a tek sorduğum, komşusunun yatırımcı olup olmadığıydı. "Değil," dedi. Peki neden onun sözüne kulak veriyorsun diye sorduğumda Richard savunmaya geçti, başka seçenekleri de değerlendirmek istediğini söyledi.

"Bilgisi ve sezgisi olan yatırımcı bilir ki, olumsuz görünen zamanlar aslında para kazanmak için en iyi zamanlardır. Herkes hareket etmeye korkarken tetiği çeker ve ödüllendirilir."

Phoenix'teki emlak piyasası toparlandı; 1994 yılına gelindiğinde, o küçük daire ayda 1000 dolara –kış aylarında 2 bin 500 dolara– kiralanabilen bir yer olmuştu. 1995 yılındaki değeri 95 bin dolardı. Oysa Richard'ın tek yapması gereken 5 bin dolar depozit yatırmaktı, böylelikle fare yarışından kurtulma çabasında bir adım atmış olacaktı. Bugün, henüz herhangi bir yatırım yapmış değil. Üstelik Phoenix'te hâlâ düşeşe evler var; tek yapması gereken sıkı bir araştırma.

Richard'ın vazgeçmesi beni şaşırtmamıştı. Buna 'alıcı kararsızlığı' denir ve hepimizi etkiler. Bizi mahvedenler böyle kuşkulardır işte. Korkak tavuk kazanmış, özgür olma şansı kaybolmuştur.

Bir başka örnek vereyim. Aktif varlıklarımdan bir bölümünü mevduat sertifikaları yerine, vergi borcundan dolayı haczedilmiş kâğıtlara yatırırım. Bankaların verdiği yüzde 5 faize karşılık param bana yılda yüzde 16 kazandırır. Kâğıtların güvencesi gayrimenkullerde, üstelik devlet teminatı altındalar ki bu bankaların sunduğundan daha iyi. Onları güvenli kılan satın alındıkları formül. Tek eksikleri kolay paraya çevrilebilir olmamaları. Dolayısıyla benim için iki ile yedi yıl arasındaki mevduat sertifikalarıyla eşdeğerler. Bunu ne zaman birine, özellikle de parasını mevduat sertifikalarına yatırmış birine söylesem bana riskten söz eder. Neden o yola gitmemem gerektiğini açıklar. Bilgi kaynaklarını sorduğumda, arkadaşları ya da yatırım dergileri olduğunu söylerler. Hiç yapmamışlardır, buna rağmen yapmak isteyen birine yapmaması gerektiğini öğütlerler. Hedeflediğim en düşük kâr yüzde 16, kuşkuya kapılanlar ise yüzde 5'le yetinirler. Kuşkunun bedeli ağırdır.

Vurgulamak istediğim nokta şu, kişilerin yoksul kalmasının ve sağlamcı olmasının nedeni bu kaygılar ve kuşkuculuktur. Gerçek dünyaysa sizin zengin olmanızı bekler. Buna tek engel kuşkulardır. Aslında fare yarışından kurtulmak teknik olarak hiç de zor değil. Fazla eğitim de gerektirmez, ancak kuşkular insanın önünde köstektir.

"Kuşkucular asla kazanmazlar," derdi zengin baba. Dilinden düşürmediği bir başka söz de şuydu: "Denetimsiz kaygı ve korku kuşkuculuğa yol açar. Kuşkucular eleştirir, kazananlar analiz eder." Zengin baba, eleştiri gözleri kör ederken analiz insanın gözünü açar, diye anlatırdı. Analiz sayesinde kazananlar eleştirmenlerin kör kaldığı noktaları ve herkesin kaçırdığı fırsatları görürler. Başarının sırrı, herkesin kaçırdığını görmekten geçer.

Maddi bağımsızlık ya da özgürlük arayan herkes için emlak güçlü bir yatırımdır. Eşsiz bir yatırım aracıdır. Ne var ki ne zaman yatırım aracı olarak emlak desem aldığım tepki, "Tuvalet tamir etmek gibi bir niyetim yok," olur. İşte Peter Lynch'in 'gürültü' dediği bu. Zengin baba, bu durumu kuşkucular iş başında diye yorumlardı. Eleştiren kişi analiz yapmaz. Kaygı ve korkularının zihinlerini kapatmasına izin verenlerdir bunlar.

Öyleyse biri bana, "Tuvalet tamir etmeye niyetim yok," dediğinde "Benim istediğimi nereden çıkardın?" demek gelir içimden. Onların dediği, tuvaletin ulaşmak istediklerinden daha önemli olduğudur. Ben fare yarışından kurtulmaktan söz ederken, onlar tuvaletlerden dem vuruyor. Çoğu kimseyi yoksul bırakan düşünce biçimi budur: Analiz etmek yerine eleştirmek.

"'İstemiyorum' lafı başarıya giden yolda engeldir," derdi zengin baba.

Tuvalet tamir etmek gibi bir niyetim olmadığından, bu işi üstlenebilecek bir site yöneticisi ararım. Evleri ya da apartman dairelerini çekip çeviren böyle bir yönetici bulduğumda, nakit akışım artar. Ama daha önemlisi, usta bir site yöneticisi tuvalet tamir etmeme gerek bırakmadığından, bana daha çok gayrimenkul yatırımı yapma olanağı sağlar. Emlak işinde başarının anahtarı yöneticidir. Daha doğrusu, bana göre iyi bir yönetici bulmak gayrimenkul bulmaktan daha önemlidir. İyi bir yönetici piyasadaki düşeş gayrimenkulleri emlak komisyoncularından daha önce haber alır, zaten onları değerli kılan da bu özellikleridir.

Zengin baba, "İstemiyorum' başarıya giden yolda engeldir," derken bunu kastediyor. Tuvalet tamir etmek gibi bir niyetim olmadığından, ben de daha çok gayrimenkul edinip fare yarışından kurtulma sürecimi hızlandırdım. "Tuvalet tamir

---

20 YIL ÖNCE BUGÜN... BORÇ VE VERGİ KANUNLARINI KULLANMAK

Günümüzde pek çok kişi finansal tavsiye vermekte. Bazısı insanlara kredi kartlarını iptal etmelerini söylemekte; diğerleri borçsuz olmayı savunmakta. Bugün Kim ve ben servetimizi büyütmek için zengin babanın borç ve vergilerle ilgili derslerini izlemeye devam etmekteyiz. Formüllerimizin bir kısmı, finansal eğitim, iyi borçla kötü borç arasındaki farkı anlamak ve zenginlerin yaptığı gibi vergi kanunlarını kullanmaktır.

---

etmek gibi bir niyetim yok," diyenlerin çoğu güçlü bir yatırım aracının yararlarını kendilerinden uzak tutanlardır. Tuvaletler onların özgürlüklerinden daha önemlidir çünkü.

Borsada oynayan pek çok kişinin "Para kaybetmek istemiyorum," dediğini sık sık duyarım. Güzel, ama benim ya da başkalarının para kaybetmekten hoşlandığını düşünmelerinin nedeni ne? Onların para kazanmamalarının nedeni para kaybetmeyi göze almamaları. Analiz etmek yerine diğer bir güçlü yatırım aracı olan borsaya gözlerini kapatmışlar.

"Yanımda bir arkadaşımla oturduğum mahalledeki petrol istasyonundan arabayla geçiyorduk." Fiyat tabelasına baktığında benzin fiyatının arttığını fark etti. Arkadaşım bir 'korkak tavuk'. Ona göre, başımıza her an taş yağabilir ve nasılsa onun başına yağar.

Eve döndüğümüzde, birkaç yıl içinde petrol fiyatlarının neden yükseleceği konusunda her türlü gerekçeyi sıraladı. Bir petrol şirketinin yüklü miktarda hisselerine sahip olmama rağmen, o güne kadar hiç duymadığım istatistiklerden söz ediyordu. Bu bilgiler doğrultusunda hemen, petrol rezervleri bulmanın eşiğinde olan düşük değerli yeni bir petrol şirketi aramaya başladım. Çalıştığım borsa simsarı bu yeni şirket konusunda uyarılmıştı. Hisse başına yüzde 65 ile 15 bin hisse satın aldım.

"Üç ay sonra aynı arkadaşımla birlikte aynı benzin istasyonundan geçiyorduk." Galon başına petrol fiyatları yaklaşık yüzde 15 artmıştı elbet. 'Korkak tavuk' bir kez daha kaygıya kapılmış şikâyet ediyordu. Güldüm, çünkü 1997 Ocak ayında az önce sözünü ettiğim şu küçük petrol şirketi petrol yatakları bulmuş ve aldığım 15 bin hissenin tanesi yüzde 3 değer kazanmıştı. Üstelik arkadaşımın dedikleri doğruysa, petrol fiyatlarının artışı sürecekti.

Eğer çoğu kimse borsa yatırımcılığında 'dur' sözcüğünün anlamını anlasaydı, kazanmak için yatırım yapanların sayısı kaybetmemek için yatırım yapanlardan daha fazla olurdu.

'Dur', fiyatlar düşmeye başladığında kayıplarınızı en düşük, kazanımlarınızı en yüksek düzeyde tutarak hisselerinizi otomatik olarak satan bir bilgisayar komutudur. Kaybetmekten ödü kopanlar için eşi görülmedik bir araçtır.

Dolayısıyla ne istediklerini söylemek yerine "İstemiyorum" diyenleri her duyduğumda, kafalarının içinde yankılanan 'gürültü' çok yüksek olmalı diye düşünürüm. Korkak tavuk beyinlerini ele geçirmiş ve bağırıyor. "Başımıza taş yağacak, tuvaletler çalışmıyor." 'İstememe'lerine sığınıyorlar, fakat dev bir bedel ödüyorlar. Hayattan beklentilerini asla elde edemeyebilirler.

Zengin baba korkak tavuklara bakmanın yolunu da göstermişti bana. "Albay Sanders gibi yap," derdi. 66 yaşında işini kaybetmiş ve emekli maaşına kalmış biriydi albay. Yeterli gelmiyordu. Kızarmış tavuk tarifleri satmak için bütün ülkeyi dolaştı. Biri çıkıp da "tamam" diyene dek 1009 kez geri çevrilmişti. Derken çoğu kimsenin inzivaya çekildiği bir yaşta multimilyoner oldu. Zengin baba, "Cesur ve inatçı bir adam," derdi Harlan Sanders için.

Demek ki kuşkuya ve azıcık korkuya kapıldığınızda Albay Sanders'ın yolundan gidin. O korkak tavuğunu pişirmişti.

Tembelliğin Üstesinden Gelmek. Meşgul kimselerin çoğu tembeldir. Para kazanmak için çok çalışan işadamının hikâyelerini, karısı ve çocuklarının geleceğini güvence altına almak için nasıl çalıştığını sık duyarız. İşyerinde saatlerce kalır, haftasonları eve iş getirir. Bir gün eve geldiğinde hiç kimseyi bulamaz. Karısı çocuklarıyla birlikte kaçmıştır. Evet, karısıyla aralarında sorun vardır, o da ilişkiyi güçlendirmek yerine kendini işine vermeyi yeğlemişir. Hayal kırıklığına uğrar, işindeki performansı düşer ve işinden olur.

Bugün kendi varlıklarını bile ihmal edecek kadar meşgul olan kimseler bilirim. Sağlıklarına ayıracak vakitleri de yoktur. Gerekçe aynıdır. Meşguldürler, yüzleşmek istemedikleri bir şeyden kaçmanın yolunu kendilerini işe vermekte bulmuşlardır. Aslında kimsenin öğüdüne ihtiyaçları yoktur. Zaten bilirler. Hatırlatacak olursanız alacağınız tepki, öfke ya da kızgınlık olacaktır.

İşlerinin başında ya da çocuklarıyla birlikte değillerse televizyon seyreder, balık tutar, golf oynar ya da alışverişe çıkarlar. Oysa içlerinden bir ses önemli bir şey kaçırdıklarını söyler onlara. Tembelliğin en yaygın şekli budur işte. İşten başını kaldırmadan tembellik etme.

Peki ya tembelliğin çaresi ne? Yanıtı basit, birazcık hırs.

Çoğumuz hırsın ya da arzunun kötü olduğunu öğrenerek yetiştirildik. "Hırslı kimseler kötü insanlardır," derdi annem. Oysa hepimizin içinde güzel şeylere, yeni eşyalara ya da heyecan verici şeylere sahip olma özlemi var. Bu arzuları gemleyelim diye ana-babalarımız bize suçluluk duygusu aşılamanın yolunu bulmuşlar.

Annemin dilinden düşmeyen sözlerden biriydi: "Yalnız kendini düşünüyorsun. Kardeşlerin olduğunu unutma." "Dilediğini alayım mı istiyorsun?" diye sorardı babam. "Sen bizim bolluk içinde yaşadığımızı mı sanıyorsun? Sence para ağaçta mı yetişir? Zengin olmadığımızı aklından çıkarma."

Beni en çok etkileyen ettikleri sözler değil, onlara eşlik eden öfke nöbetleriydi.

Bir başka suçluluk duygusu aşılama yolu daha vardı: "Ben sana bunu alayım diye ne fedakârlıklara katlandım. Küçükken hiç böyle bir şansım olmadığı için alıyorum bunu sana." Meteliğe kurşun atan bir komşum var, ama arabasını garajına dahi sokamaz. İçerisi çocuklarına aldığı oyuncaklarla doludur çünkü. O şımarık çocukların her diledikleri alınır. "Muhtaç olma duygusunu tatsınlar istemem," der hep.

Zengin baba, "Bunun bedelini ödeyemem" ifadesinin beynin çalışmasını engellediğine, "Bunun bedelini nasıl ödeyebilirim?" ifadesinin ise beyni yeni olanaklara, heyecana ve hayallere açtığına inanırdı.

Yüksekokul masrafları ya da kendi emekliliği için tek kuruş ayırmamıştır, fakat çocukları her çıkan oyuncağa sahiptir. Geçenlerde postadan bir kredi kartı geldi ona, hemen çocuklarını alıp Las Vegas'a götürdü. "Çocuklar için," dedi, fedakâr baba tavrıyla.

Zengin baba "karşılayamam" sözünü yasaklamıştı bize.

Bizim evdeyse tek duyduğum buydu. Zengin baba çocuklarına, "Bedelini nasıl karşılayabilirim?" demeyi aşılardı oysa. Onun mantığına göre, "karşılayamam" demek kişinin zihnini köreltirdi. Daha fazla düşünmeye gerek bırakmazdı. "Bedelini nasıl karşılayabilirim?" gibi bir soruysa zihni çalıştırırdı. İnsanı yanıt aramaya zorlardı.

En önemlisi de "karşılayamam" demenin yalan söylemekle eşdeğer olduğunu düşünmesiydi. İnsan ruhu bunu fark ederdi elbet. "İnsan ruhu çok çok güçlüdür," derdi. "Dilediğini yapabildiğinin farkındadır." Fakat "karşılayamam" diyen tembel bir zihniniz varsa, içinizde fırtınalar kopar. Ruhunuz çığlık çığlığadır, "Haydi. Spor salonuna gidelim, spor yapalım," der. Tembel zihinse, "Ama yorgunum. Bugün çok çalıştım," diye yanıt verir. Ya da insan ruhu, "Yoksul olmaktan bıktım, usandım. Haydi gidip zengin olalım," diye diretir. Tembel zihnin buna yanıtı: "Zenginler haristir. Hem zahmeti çok. Güvenli değil. Paramdan olabilirim. Zaten yeterinden fazla çalışıyorum. İşyerinde yapacak çok işim var. Bu gece yapmam gerekene baksana. Patron işin sabaha bitmesini istiyor."

"Karşılayamam" ardından hüznü de getirir. Umutsuzluğa, sonra da sık sık bunalıma yol açan çaresizliği de getirir. "Kayıtsızlık" bir diğer sözcük. "Nasıl karşılayabilirim?" beraberinde olasılıkları, heyecanı ve düşleri de getirir. Zengin baba bizim ne almak istediğimizle ilgilenmezdi, ona göre "Nasıl karşılayabilirim?" diye sormak zihnimizi güçlendirir, ruhumuzu dinçleştirirdi.

Nitekim Mike'a ya da bana nadiren bir şey verirdi. "Nasıl karşılayabilirsiniz?" sorusu yükseköğrenim masraflarımızı da kapsıyordu, zaten okul parasını kendimiz ödedik. Ulaşılacak hedef bu değildi, ancak istediğimiz hedefe ulaşma yolunda geçmemiz gereken öğrenme sürecini yaşadık.

Bence bugünün sorunu, hırsları yüzünden suçluluk duygusuna kapılan milyonlarca insan olması. Çocukluklarında şartlandırılmışlar bir kere. Hayatın sunduğu nimetleri, daha güzel şeyleri edinme arzusuna gem vuruyorlar. Çoğu hiç düşünmeksizin, "O senin olamaz" ya da "Seni aşar, asla karşılayamazsın" diye konuşuverir.

Fare yarışından çıkmaya karar verdikten sonra yanıt bekleyen soru basitti: "Bir daha hiç çalışmamayı nasıl karşılayabilirim?" Zihnimde yanıtlar, çözüm yolları dolaşıp duruyordu. En zoru da gerçek anne-babamın "Biz bunu karşılayamayız" yollu takıntılarıydı. Bir de dillerinden düşürmedikleri, "Kendini düşünmekten vazgeç" ya da "Neden başkalarını da düşünmüyorsun?" türden sözleri hırsımı bastıracak suçluluk duygusu uyandırmaktaydı.

Peki tembelliği üzerinizden nasıl atarsınız? Yanıt, birazcık hırsla. *What's In It-For Me?* 'Bana Göre Ne Var?' sorusunun kısaltması olan WII-FM diye bir radyo istasyonu var. Kişi oturup kendine şunu sormalı: "Sağlığım yerindeyse, çekici ve güzelsem bana göre ne var?" Ya da "Bir daha asla çalışmama gerek olmasa, nasıl bir yaşam sürerdim?" "Çok param olsa ne yapardım?" O azıcık hırs, daha iyi şeylere sahip olma arzusu olmadan yol alamaz. Dünya gelişiyor, çünkü bizler daha iyi şeyler istiyoruz. Öyleyse ne zaman canınızın çektiği bir şeyden kaçındığınızı fark etseniz kendinize, "Bana göre ne var?" diye sorun. Biraz hırs iyidir. Tembellik için en iyi tedavidir.

Her şeyin aşırısı gibi, fazla hırs da zararlıdır. Michael Douglas'ın *Wall Street* filminde ne dediğini getirin aklınıza: "Hırs iyidir." Zengin baba başka türlü söylerdi: "Suçluluk duygusu hırstan daha kötüdür. Çünkü suçluluk duygusu bedenden ruhu çalar." Bana göre en doğrusunu Eleanor Roosevelt söylemiş: "İçinizden ne geliyorsa öyle yapın, nasıl olsa biri çıkıp sizi eleştirecek. Yapsanız da size lanet okurlar, yapmasanız da."

Olumsuz Alışkanlıkların Üstesinden Gelmek. Yaşantımız, aldığımız eğitimden çok alışkanlıklarımızın aynasıdır. Arnold Schwarzenegger'ın başrolü oynadığı *Conan* filmini izledikten sonra bir arkadaşım, "Keşke benim de Schwarzenegger gibi vücudum olsaydı," diye hayıflandı. Arkadaşların çoğu kafa sallayıp onunla aynı fikirde olduklarını gösterdiler.

Bir tanesi, "Baksanıza, bir zamanlar çelimsiz, sıska biriymiş," dedi.

Bir başka arkadaş çıkıp "Ha evet, bunu ben de duymuştum," diye doğruladı.

Aramızdaki kuşkucunun yorumu, "Yoo," oldu. "Öyle doğduğuna kalıbımı basarım. Hem Arnold'dan bize ne, hadi bira söyleyelim."

Alışkanlıkların davranışları nasıl denetim altına aldığına örnek olarak aktardım bu konuşmaları. Zenginlerin alışkanlıklarını anlatmasını istemiştim zengin babamdan. Bana kestirme bir yanıt vermek yerine her zamanki gibi örnek vererek anlatmayı seçmişti.

"Baban faturalarını ne zaman öder?"

"Ayın birinde," yanıtını verdim.

"Peki geriye bir şey kalır mı?" diye sordu.

"Çok az," dedim.

"İşte bocalamasının başlıca nedeni," oldu yorumu. "Kötü alışkanlıkları var."

"Baban önce başkalarının parasını ödüyor. Kendi de sona kalıyor, elbette donakalmazsa."

"Görülmedik bir şey değil donakalması," dedim. "Ama faturaları ödemek zorunda, değil mi? Ödemesin mi?"

Zengin babanın yanıtı açıktı: "Ödesin elbette. Bence faturalar gününde ödenmeli. Ama ben önce kendime para ayırırım. Devlete borcumdan bile önce."

"Peki ya daha sonra yeterli para olmazsa? O zaman ne yaparsınız?"

"Aynı şeyi," dedi zengin baba. "Yine de kendime para ayırmayı ihmal etmem. Param eksilse bile. Çünkü aktif sütunum devletten çok daha önemli."

"Ama peşine düşmezler mi?"

"Evet, eğer ödemezsen. Dikkat edersen ödemem demedim. Yalnızca önce kendime para ayırırım, dedim, param eksilse bile."

"Peki, bunu nasıl yapıyorsunuz?"

"Nasıl olduğu önemli değil. 'Neden?' diye soracaksın."

"Tamam. Neden?"

"Motivasyon," dedi zengin baba kısaca. "Sence borçlarımı ödemezsem kimin şikâyeti daha gürültülü olur, benim mi alacaklılarımın mı?"

"Alacaklılarınız sizden daha çok tantana edecektir," diyerek yanıtladım. "Kendinize para ayırmayacak olursanız sesiniz çıkmaz."

"Görüyorsun işte, kendime para ayırdıktan sonra vergilerimi ve borçlarımı ödeme üzerinde hissedeceğim baskı öyle ağır olur ki, başka gelir kaynakları aramak zorunda kalırım. Ödeme baskısı motivasyona dönüşür. Ben de ek işlerde çalışır, şirketler kurar, borsada hisse alışverişi ve daha pek çok şey yaparım, yeter ki o alacaklılar seslerini yükseltmesin. Konu para olduğunda, beni daha çok çalışmaya, düşünmeye ve daha da önemlisi daha uyanık ve daha hareketli olmaya zorlayan o baskıdır. Eğer kendime para ayırmayı en sona bıraksaydım o baskıyı hissedemez, meteliğe kurşun atardım."

İlk önce kendime para ayırırsam finansal, zihinsel ve mali olarak daha güçlü olurum.

"Öyleyse sizi motive eden şey devlete ve başka alacaklılara olan borcunuz mu?"

"Doğru," dedi zengin baba. "Bak, devletin vergi tahsildarları en büyük üçkâğıtçılardır. Genel olarak ödenmemiş faturaları kovalayanların hepsi öyle. Pek çok kimse onlara teslim olur. Onlara para öder, kendilerine bir şey ayırmazlar. Yüzüne kum torbası yiyen kırk sekiz kiloluk sıskanın öyküsünü bilmez misin?"

"Evet" anlamında başımı salladım. "Karikatür kitaplarında ağır kaldırma ve vücut geliştirmeyle ilgili ilanlar gözüme çarpıyor."

"İşte, çoğu kimse üçkâğıtçıların yüzlerine kum torbası fırlatmasına izin verir. Ben de güçlü olmak adına o üçkâğıtçıdan korkmamdan yararlanırım. Ama aynı korku başkalarını zayıf düşürür. Nasıl daha fazla para kazanırım diye düşünmeye zorlanmak, spor salonuna gidip bütün ağırlıkları kaldırmaya benzer. Beyin kaslarımı ne kadar çalıştırırsam o kadar çok güç kazanırım. Artık o üçkâğıtçılardan korkmama gerek kalmaz."

Zengin babanın dedikleri hoşuma gitmişti. "Demek önce kendime para ayırırsam maddi yönden, zihinsel ve mali açıdan güçlenirim."

Zengin baba kafa sallayarak doğruladı.

"Eğer kendime para ayırmayı en sona bırakırsam ya da hiç ayırmazsam güçsüzleşirim. O zaman da patronlar, yöneticiler, vergi müfettişleri, tahsildarlar ve ev sahipleri hayatım boyunca peşimden koşturur. Tek nedeni de para konusundaki kötü alışkanlıklarım olur."

Zengin baba onayladı. "48 kiloluk sıskanın başına gelenleri yaşarsın."

Kibir, egoyla cehaletin bileşimidir.

Zengin baba her zaman şöyle derdi: "Bildiklerim bana para kazandırır. Bilmediklerim para kaybettirir. Ne zaman kibirli davrandıysam para kaybettim, çünkü kibirli olduğumda, bilmediklerimin önemli olmadığına inandım."

Pek çok kimsenin cahilliğini örtbas etmek için kibre başvurduğunu gördüm. Hele muhasebecilerle, hatta başka yatırımcılarla yaptığım görüşmelerde sık rastladım buna.

Yaygara kopararak tartışmadan kaçmaya çalışırlar. Neden söz ettiklerini bilmedikleri apaçık ortadadır oysa. Yalan söylemezler, ama söyledikleri doğru da değildir.

Dünyada para, finans, yatırımlarla ilgilenip de konuştuklarını bilmeyen o kadar çok kimse var ki. Para endüstrisindeki kişilerin pek çoğu ikinci el araba satıcıları misali satış yapar.

Bir konuda cahil olduğunuzu biliyorsanız, o alanda bir uzman ya da konu hakkında yazılmış bir kitap bularak hemen kendinizi eğitmeye başlayın.

Çalışma Oturumu

Ders:7
Engelleri Aşmak

Özet

Finansal okur yazar olmalarına rağmen bol nakit akışı geliştiremeyen insanların başlıca beş gerekçesi vardır: 1) Korku

2) Kuşkuculuk 3) Tembellik 4) Olumsuz Alışkanlıklar 5) Kibir. Şimdi bunların her birini ayrıntılı inceleyelim.

Korkunun Üstesinden Gelmek

Hiç kimse para kaybetmeyi sevmez. Hiç para kaybetmemiş insanlar, yalnızca yatırım yapmamış olanlardır.

Herkesin para kaybetme korkusu vardır; bu konuda kişiler arası fark, korkuyla başa çıkma yollarından kaynaklanır o nedenle zenginle yoksul arasındaki başlıca fark, korkuyu yönetme şekilleridir.

Endişeli olmak doğaldır. Bunun üstesinden gelmenin bir yolu, erken yaşta yatırım olanaklarıyla ilgilenmek ve küçük yatırımlarla işe başlamaktır. Tasarruf etmeye 20 yaşında başlayan kişiyle, 30 yaşında başlayan kişi arasında, 30 yaşındakinin aleyhine olarak, şaşırtıcı bir fark vardır. Ancak yatırım yapmak için fazla zamanınız kalmadıysa ya da erken emekli olmak istiyorsanız yapmanız gereken nedir?

Zengin baba Teksaslılar gibi düşünmeyi önermektedir. Büyük kazan, büyük kaybet- kaybın karşısındaki tutumunuz önemlidir. Teksaslılar kazandıklarında gururludur, kaybettiklerindeyse yüksekten atarlar.

Robert'ın hayatında kaybetmeyi genellikle kazanmak izlemiştir. O, para kaybetmemiş bir zenginle hiç karşılaşmamıştır ancak para kaybetmiş zenginler, kaybetme korkusunun kendilerini oyun dışında bırakmasına izin vermemişlerdir.

Alamo'nun düşüşü, askeri üzücü bir yenilgidir ancak Teksaslılar bunu, onları büyük zaferler yolunda cesaretlendirecek bir slogana döndürmüşlerdir- "Alamo'yu Hatırla!"

Tıpkı Teksas'lılar gibi kayıplarınızı saklamak yerine onlardan esinlenin. Kazananlar kaybetmekten esinlenir oysa kaybedenler kayıplarına yenilir. John D. Rockfeller, bir zamanlar şöyle söylemişti. "Ben her zaman, felaketi firsata çevirmeye çalıştım."

Pearl Harbor, Amerika'nın en büyük kayıplarından biriyken, tersine dönerek ülkeyi bir dünya gücü olmaya sevk etmiştir.

Kazananlar başarısızlığın kazanmayı esinlediğini ve büyüklüğe yönlendirdiğini bilerek kaybetmekten korkmazlar. Bununla birlikte bilmek gerekir ki, başarısızlıktan korkmamak, başarısızlıktan nefret etmemek anlamında değildir.

İnsanların çoğu, kazanmak gerekir düşüncesiyle oynadığında kaybetmemek üzere oynar ve birçok kişinin finansal mücadele içinde olmasının nedeni budur. Güvenli, mantıklı ve dengeli bir portföyleri olabilir ancak bu bir kazanan portföyü değildir. Kaybetmemek üzere oynamaktadırlar.

Dengeli bir portföy fena değildir ama büyük kazanmak üzere yarar sağlamaz. Başarılı yatırımcıların oyun oynama şekli dengeli değildir. Başlangıçta biraz dengesiz ama odaklanmış olmak zorundadırlar, yumurtalarını birkaç sepete dağıtır ve odaklanırlar.

Aktif varlık sütununuzu oluşturmak, ağır matematik bilgisi gerektirmez ancak cesaret ve başarısızlık karşısında doğru tutum gerektirir.

Kuşkuculuğun Üstesinden Gelmek

Hayatta genellikle kendi kuşkumuza ya da başkalarının kuşkusuna, hareket etmemizi engellemesi için izin veririz. Sağlam oynarız ve fırsatlar önümüzden geçer, gider.

Dedikoduların ve iç karartıcı konuşmaların kuşkularınızı ve korkularınızı etkilememesi, genellikle büyük cesaret İster.

Ancak bilgisi ve sezgisi olan yatırımcı olumsuz görünen zamanların, aslında para kazanmak için en iyi anlar olduğunu bilir. Herkesin hareket etmeye korktuğu anda, tetiği çeker ve ödüllendirilir.

Robert, yatırım olarak çok iyi fiyata bir apartman dairesi almak üzere olan ama son dakikada yatırımcı olmayan komşusu bunun iyi bir alışveriş olmadığını söyleyince vazgeçen arkadaşını örnek olarak paylaşmaktadır. Arkadaşı o daireyi satın almış olsa, yatırımını ikiye katlamış ve yarış ortamından çıkmış olacaktır.

Robert aktiflerinin küçük bir kısmını, mevduat sertifikaları yerine, vergi borcu nedeniyle hacizli varlıklara ait belgelere yatırır. Başkaları bunu yapmaması gerektiğini belirtirler ama onlar şüpheyle davranan kişilerdir. Kendileri aynı şeyi hiç yapmadıkları halde, bir iş için eylemde bulunan kişiye o işi neden yapmaması gerektiğini anlatırlar. Robert'ın aradığı en düşük getiri yüzde 16'dır. Oysa şüpheyle dolu insanlar çok daha düşük bir faizi kabul etmeye isteklidirler. Şüphe pahalıdır.

Şüpheler ve kuşkuculuk birçok kişinin yoksul kalmasına neden olmaktadır. Zengin baba şu sözleri söylemeyi severdi: "Kuşkucular eleştirir, kazananlar araştırır." Kazananlar dikkatle bakarak, herkesin kaçırdığı fırsatları görürler.

Emlak, finansal bağımsızlık ya da özgürlük arayanlar için güçlü ve eşsiz bir yatırım aracıdır, Bununla birlikte Robert emlaktan yatırım aracı olarak ne zaman bahsetse genellikle duyduğu, "Tuvalet tamir etmek istemiyorum" cevabıdır. Tuvaletlere odaklanmaları, onların yoksul kalma nedenidir.

Bazı kişiler borsadan uzak durur, çünkü para kaybetmek istemezler. Oysa zihinlerini bu yatırım aracına kapayarak, kendilerini para kazanma konusunda engellemiş olurlar.

Tembelliğin Üstesinden Gelmek

Tembelliğin en genel şekillerinden biri, sürekli meşgul olmaktır. Varlığınızla, sağlığınızla ya da ilişkilerinizle ilgilenemeyecek kadar çok meşgul olmak. Bunun çaresi, biraz hırstır. Hırs sözcüğünü duymak sizi rahatsız edebilir, çünkü birçoğumuz hırs ve isteğin kötü duygular olduğunu öğrenerek yetiştirildik.

"Bunun bedelini karşılayamam" yerine, zihin kalıbınızı değiştirerek "Bunun bedelini nasıl karşılayabilirim?" ifadesini kullandığınızda beyin açılır ve çözüm bulmak üzere zorlanır.

"Bunun bedelini karşılayamam" bir yalandır. İnsan ruhu her şeyi yapabileceğini bilir. Bir şeyi yapamayacağınızı söylediğinizde, ruhunuz ve tembel zihniniz arasında çatışma yaratmaktasınızdır. "Bunu nasıl satın alabilirim?" daha güçlü bir zihin ve canlı bir ruh yaratır.

Robert yarış ortamından çıkmaya karar verdiğinde kendisine sordu, "Bundan sonra çalışmadan yaşamanın bedelini nasıl karşılayabilirim?" Zihninde çözümler birbirini kovalamaya başladı, ancak bu "hırsı" bastırmak için suçluluk aşılamaya çalışan eski inancına karşı savaşmak, çok zordu.

Biraz hırs, daha iyi bir şeye sahip olma isteği olmadan gelişme görülmez. Dünyamız ilerlemektedir, çünkü hepimiz daha iyi bir hayat istemekteyiz. Yeni keşifler yapılmaktadır, çünkü daha iyi şeylere hevesleniyoruz. Okula gidip çok çalışmamızın nedeni daha iyi şeyler elde etmektir.

Çok fazla hırs zararlıdır ama birazı sizi teşvik etmek üzere yardımcı olabilir.

Olumsuz Alışkanlıkların Üstesinden Gelmek

Başarılı olmak için, başarılı alışkanlıklar geliştirmek zorundasınız. Yoksul baba her zaman önce herkese ödeme yapar, geri kalandan kendisi para alırdı, ancak nadiren geriye parası kalırdı. Zengin baba çok az parası olsa bile önce kendisine ayırırdı.

Biliyordu ki alacaklılar ve devlet, eğer onlara ödeme yapmazsa telaşlanacak, gürültü koparacak ve bu onu, onlara ödeme yapmak için başka gelir kaynakları aramak üzere harekete geçirecekti.

En son kendisi para alsa, bu çeşit üretici bir baskı hissetmeyecekti. Alacaklılara ödeme yapmak için fazladan gelir bulmak üzere kendini düşünmeye zorlamak, onu mali yönden daha güçlü kıldı.

Kibrin Üstesinden Gelmek

Zengin baba, ne zaman kibirli davransa para kaybettiğini, çünkü bilmediği şeyin önemli olmadığını düşündüğünü belirtti. Pek çok kişi kibri bilmediğini saklamak için kullanır. Robert muhasebecilerle ve diğer yatırımcılarla olan tartışmalarda onların yüksekten atmaları karşısında ne konuştuklarını bilmediklerini açık bir şekilde anlardı.

Eğer cehaletinizi, bilmediğiniz bir konuyu, konunun uzmanına danışarak, kendinizi eğitme yoluyla ele alırsanız cehalet kötü bir şey değildir.

Sol-yarıküre açısı: Eleştirmek yerine araştırmayı seçin. Kuşkucular eleştirir, oysa kazananlar başkalarının kaçırdığı, gözardı edilmiş firsatları araştırır ve değerlendirirler.

Sağ-yarıküre açısı: İlk önce kendiniz için para ayırmak gibi yeni alışkanlıklar edinerek, olumsuz alışkanlıkların üstesinden gelebilirsiniz.

Bilinçaltı açısı: Başarısızlık korkusu pek çok kişiyi oyunun dışında tutar. Onun yerine başarısızlığı, Teksaslıların Alamo'nun anısıyla yaptıkları gibi, kazanmak için esin kaynağı olarak kullanın.

Robert Ne Söylemekteydi

Şimdi yansıtma zamanı. Kendinize sorun, "Bu parçada Robert *ne* söylemektedir? Ve, "Bunu niye söylemektedir?" Bu bölümde Robert'le aynı fikirde olmak zorunda değilsiniz. Hedef, Robert'ın ne dediğini *anlamaktır*.

Hatırlayın ki, bu eğitim programı işbirlikçi ve destekleyici olmak için tasarlanmıştır. İki akıl birden iyidir. Eğer Robert'ın ne dediğini anlamıyorsanız bundan rahatsız olmayın. Anlamak için yardım isteyin. Her alıntıyı anlayana kadar tartışmaya zaman ayırın:

"Zengin ve yoksul kişi arasındaki başlıca fark, korkuyu nasıl yönettikleridir."

"Golf topunu kaybetmemiş bir golfçüye, âşık olup da kalbi kırılmamış bir insana, zengin olup da para kaybetmemiş birisine hiç rastlamadım."

"Birçok kişinin para kazanmama nedeni, para kaybetme acısının, zengin olma sevincinden çok daha fazla olmasıdır."

"Zengin baba başarısızlığın onu, yalnızca daha güçlü ve uyanık kıldığını bilirdi. Bu onun kaybetmek istediği anlamında değil, sadece kim olduğunu ve kaybı nasıl ele alacağını bilmesinden kaynaklanmaktaydı. Kaybı kabul ederek onu kazanca çevirecekti."

"Teksaslılar başarısızlıklarını saklamazlar. Onlardan esinlenirler. Başarısızlıklarını kabul ederek onu slogan haline getirirler."

"Korku ve şüphe düşüncelerimizi kararttığında hepimiz küçük korkak tavuk haline geliriz."

"Yarış Ortamının dışına çıkmak teknik olarak kolaydır, fazla eğitim gerektirmez ancak şüpheler çoğu kişi için engelleyicidir."

"'Bunun bedelini karşılayamam' ifadesi üzüntüye, umutsuzluğa yol açarak acizliğe ve genellikle depresyona neden olur. 'Bunun bedelini nasıl karşılayabilirim' ifadesi olanakları, coşkuyu ve hayalleri geliştirir."

"İlk önce kendim için para ayırırsam finansal, zihinsel ve maddi olarak daha güçlü olurum."

"Para, finans ve yatırım dünyasındaki pek çok kişinin, ne konuştukları hakkında kesinlikle fikirleri yoktur."

İlave Sorular

Şimdi, bu bölümdeki öyküleri, Robert'ın ne söylediğini anlayarak, kendinize ve hayatınıza uygulama zamanı. Aşağıdaki soruları kendinize sorun ve onları çalışma arkadaşınızla tartışın. Kendinize ve arkadaşınıza karşı dürüst olun. Eğer verdiğiniz bazı cevapları beğenmezseniz kendinize değişmek isteyip istemediğinizi, düşüncelerinizi ve zihin kalıplarınızı değiştirme zorluğunu kabul edip etmediğinizi sorun.

1. Bugüne dek başarısızlık korkusu yaşadınız mı? O korkuyu yenebildiniz mi? Nasıl?
2. Zegin baba bize Teksas'lıların tutumunu tavsiye etti: Çok kazanın ama eğer çok kaybederseniz, kaybınızı dışa vurarak slogan haline getirin. Sizin için bu tutumu

ele almaktaki en büyük zorluk nedir? Bu sizi heyecanlandırıyor mu, korkutuyor mu?

3. Kazanmak için iyi bir şans olarak gördüğünüz risklerden sizi vazgeçirmeye çalışan kuşkucularla, hayatta nasıl başa çıkıyorsunuz?
4. Bazı yatırım araçlarından, "Gayrimenkule yatırım yapmıyorum, çünkü tuvalet tamir etmek istemiyorum." benzeri bir nedenle kaçındığınız oldu mu? Bir dahaki sefer farklı bir tepki verme olasılığınız var mı?
5. Tembelliğin çaresinin biraz hırs olduğu ifadesine katılıyor musunuz? Katılıp katılmamanızın nedenini açıklayınız.
6. Hırs ya da istek hayatta sizi nasıl yönlendirdi?
7. Faturalarınızı ödemeden önce kendinize para ayırır mısınız? Eğer kendiniz için en son kalan parayı alıyorsanız bunu değiştirmek için atacağınız adımlar hangileri olabilir?
8. Kibir nedeniyle bir fırsatı kaçırdığınız oldu mu? Bundan ne öğrendiniz?
9. Bilmediğiniz finansal bilgi alanı hangisi? Bu konuda kendinizi eğitmek için arayabileceğiniz kaynaklar hangileri?

Terim Tanımı:

STOP: Size otomatik olarak hisse satan bir bilgisayar komutudur, eğer fiyat düşmeye başlarsa, kayıplarınızı azaltmakta, kazanımlarınızı artırmakta yardım eder.

NOTLAR

Bölüm 8

İşe Koyulmak

Altın her yerdedir ama birçok kişi onu görmek üzere eğitilmemiştir.

Keşke size servet edinmenin benim için kolay olduğunu söyleyebilseydim, ama kolay olmadı.

Bu doğrultuda "Nasıl başlasam?" sorusuna karşılık benim önerim, günden güne düşünce sürecinden geçmek. Eşsiz pazarlıklar bulmak gerçekten kolay. Sizi temin ederim. Bisiklete binmekten farksız. Biraz sağı solu kolaçan ettikten sonra çantada keklik bilin. Ama para söz konusu olduğunda kolaçan etme kararlılığı sizin bileceğiniz iş.

Ömür boyu insanın karşısına bir kez çıkan milyon dolarlık anlaşmalar bulmak finansal deha gerektirir. Gelgelelim finansal dehamız uykudadır, onu çağırmamızı bekler. Yetiştirildiğimiz kültürde para sevgisinin şeytanca olduğu bize öğretildiği için geri plana itilmiştir. Para kazanmak için çalışalım diye, bizi meslek öğrenmeye teşvik etmiştir, ne var ki parayı kendimiz için nasıl çalıştıracağımızı öğretmeyi başaramamıştır. Maddi geleceğimiz için kaygılanmamamızı, çalıştığımız şirketin ya da devletin çalışma hayatımız sona erdikten sonra bize bakacağını öğretmiştir. Ancak bunun bedelini er ya da geç ödeyecek olanlar, aynı eğitim anlayışıyla yetiştirilen çocuklarımızdır. Verilen mesaj hâlâ aynıdır: çok çalışın, para kazanın ve harcayın, eğer paranız yeterli gelmezse borç alın.

Ne yazık ki Batı dünyasının yüzde 90'ı bu görüşü benimsemektedir. Nedeni basit; iş bulup para kazanmak için çalışmak daha kolay. Bu sürüye katılanlardan değilseniz finansal dehanızı uyandırmak için size on adım öneririm. Kendi attığım adımlar bunlar. Birkaçını izleseniz bile çok iyi. Beğenmezseniz kendi yolunuzu çizersiniz. Finansal dehanız kendi yönünüzü bulacak kadar uyanıktır.

Peru'dayken kırk beş yaşlarında bir altın madencisiyle birlikteydim, ona altın madeni bulma konusunda kendine nasıl bu kadar güvendiğini sordum. "Altın her yerde," oldu yanıtı. "Kimileri onu görmeyi bilmez."

Doğru söylüyordu. Emlak işinde de farklı değildi; kimileri piyasaya çıkıp eli boş dönerken siz günde dört ya da beş anlaşma olasılığıyla dönerdiniz. Hem de aynı yörede. Çünkü o kişiler finansal dehalarını geliştirmeye zaman ayırmamıştır.

Tanrı vergisi gücünüzü geliştirmeniz için izlemenizi önerdiğim on adım var. Sadece sizin denetiminizde olan güçlerden söz ediyorum.

1. **GERÇEĞİN ÖTESİNDE BİR SEBEP GEREK:** Ruh gücü. Zengin olmak ve maddi bağımsızlık ister misiniz diye sorduğunuzda neredeyse herkesten "Evet" yanıtını alırsınız. Derken gerçek kendini gösterir. Tırmanacak pek çok tepeyle dolu uzun bir yol katetmek gerekmektedir. Para için çalışmak ve artanı bir borsa simsarının ellerine teslim etmek daha kolaydır.

Amerikan Olimpiyat Yüzme Takımına katılmayı hayal eden genç bir kızla tanışmıştım. Okula gitmeden önce her sabah saat dörtte kalkıp yüzme antrenmanı yapması gerekiyordu. Cumartesi akşamlarını arkadaşlarıyla eğlenmeye ayıramıyordu. Herkes gibi çok çalışması ve iyi notlar alması gerekiyordu.

Böyle insanüstü bir hırs ve fedakârlığın nereden kaynaklandığını sorduğumda, "Hem kendim hem de sevdiklerim için yapıyorum bunu" yanıtını aldım. "İçimdeki sevgi sayesinde engelleri aşmak ve fedakârlık yapmak bana ağır gelmiyor," dedi.

Bir sebep ya da bir amaç 'istenenlerin' ve 'istenmeyenlerin' birleşimidir. Zengin olmayı isteme gerekçemi soranlara, derin, coşkulu 'isteklerim' ve 'istemediklerim'in kombinasyonu derim.

Birkaçını sayayım. Öncelikle "istenmeyenler", çünkü "istenenler" onlardan doğar. Hayatım boyunca çalışmak istemiyorum. Annemle babamın bana aşıladıkları iş güvencesini ve banliyöde bir ev istemiyorum. Başkası için çalışan biri olmak istemiyorum. Babamın oynadığım maçları, işinden dolayı kaçırmasından nefret ederdim. Babamın yaşamı boyunca çok çalışmasından nefret ettim, hele öldüğünde uğruna çalıştığı şeylere devletin el koyması bardağı taşıran son damlaydı. Öldüğünde, elde etmek için çok çalıştığı hiçbir şeyi miras bırakamadı. Zenginler bunu yapmaz. Sıkı çalışır ve elde ettiklerini çocuklarına aktarırlar.

Şimdi sıra istediklerimde. Dünyayı dolaşmak ve sevdiğim yaşam tarzını sürmek için özgür olmak istiyorum. Bunları genç yaşta yapmak istiyorum. Özgür olmak istiyorum işte. Zamanımı ve yaşamımı ben kontrol edeyim istiyorum. Paranın benim için çalışmasını istiyorum.

Bunlar kökleri derinlerde olan duygusal sebepler. Sizinkiler ne? Eğer yeterince güçlü değillerse, önünüzde uzanan yolun gerçekliği gerekçelerinizden daha baskın çıkabilir. Pek çok kez para kaybedip yeniden başlamak zorunda kaldım, ancak köklü duygusal sebepler ayakta kalmamı ve yola devam etmemi sağladı. Kırk yaşında özgürlüğüme kavuşmuş olmak istiyordum, fakat yolda karşıma çıkan öğretici deneyimlerle bu amacıma ulaştığımda yaşım kırk yediye gelmişti.

Dedim ya keşke kolay olduğunu söyleyebilseydim. Değildi, ama zor da olmadı. Ne var ki güçlü bir sebebiniz ya da amacınız yoksa, hayatta her şey zordur.

EĞER SAĞLAM BİR SEBEBİNİZ YOKSA GERİSİNİ OKUMANIZA GEREK YOK, ÇÜNKÜ SİZE FAZLA ÇALIŞMA GİBİ GELECEKTİR.

2. **GÜNLÜK SEÇİM:** Seçmenin gücü. Özgür bir ülkede yaşamak isteyen insanların temel nedeni budur. Seçme gücümüz olsun isteriz.

Elimizdeki her bir dolarla maddi açıdan zengin, yoksul ya da orta sınıftan olmayı seçme gücümüz vardır. Harcama alışkanlıklarımız kim olduğumuzu yansıtır. Yoksul kimselerin harcama alışkanlıkları da yoksuldur.

Benim avantajım çocukken sürekli Monopoli oynamayı sevmemdi. Kimse bana Monopoli'nin çocuklara özgü bir oyun olduğunu söylememişti; büyüdükten sonra da oynamayı bırakmadım. Aynı zamanda bana aktifle pasif arasındaki farkı gösteren zengin bir baba vardı yanımda. Dolayısıyla uzun zaman önce, henüz küçük bir çocukken seçmiştim zengin olmayı. Üstelik tek yapmam gerekenin aktifler, gerçek aktifler edinmeyi öğrenmek olduğunun farkındaydım. En yakın arkadaşım Mike eline teslim edilen aktif sütununa sahipti, yine de onu elinde tutmasını öğrenmesi gerekiyordu. Zengin ailelerin çoğu bir sonraki kuşakta aktif varlıklarını kaybeder. Nedeni basittir, o aktif değerlere göz kulak olacak kimseyi eğitmemişlerdir.

Çoğu kimse zengin olmayı seçmez. Nüfusun yüzde doksanına göre zengin olmak fazla eziyetlidir. Buna bağlı olarak şu deyişi uydurmuşlardır: "Para beni ilgilendirmiyor." Ya da "Asla zengin olmayacağım." "Kaygılanmama gerek yok, daha gencim." Bazen de, "Biraz para kazanınca geleceğimi düşünmeye başlarım." Ya da "Para işine kocam/karım bakar." Böyle sözlerin yarattığı sorun bu tür düşüncelere kafa yoranlardan iki şey çalmalarıdır; biri en değerli varlığınız olan zaman, öteki de bilgi. Hiç paranız olmaması öğrenmemenize bahane değildir. Ama bu hepimizin her gün yaptığı bir seçim; zamanımızı, paramızı nasıl harcadığımız ve kafamızı nelerle doldurduğumuzu seçmek. İşte seçmenin gücü burada. Hepimizin tercihleri var. Ben zengin olmayı seçtim ve bu seçimi her gün yaparım.

Önce Eğitime Yatırım Yapın. Gerçekte sahip olduğunuz tek aktif değer beyninizdir, denetim altına alabildiğimiz en güçlü araçtır o. Tıpkı seçmenin gücüyle ilgili söylediklerim gibi yeterince olgunlaştıktan sonra her birimiz zihnimizi neyle dolduracağımızı seçebiliriz. İsterseniz gün boyu MTV seyredebilir, spor dergileri okuyabilir, seramik kursuna gidebilir ya da mali planlama derslerine katılabilirsiniz. Tercih sizin. Çoğu kimse ilkin öğrenmeye yatırım yapmak yerine yatırım satın almakla yetinir.

Zengin bir kadın olan bir arkadaşımın evi geçenlerde soyuldu. Hırsızlar televizyonunu, video oynatıcısını aldılar, ama okuduğu kitapları ona bıraktılar. Aynı tercih hepimize sunulur. Nüfusun yüzde doksanı televizyon satın alırken, iş kitaplarına ya da yatırım yapmayla ilgili kasetlere para harcayanların oranı yüzde 10'la sınırlıdır.

Peki ben ne mi yaparım? Seminerlere giderim. En azından iki gün sürenler hoşuma gider, çünkü bir konuya dalmayı severim. 1973'te bir gün, televizyon seyrederken kapı çaldı. Gelen, emlak nasıl alınır konulu, hiç ön ödemesiz üç günlük bir seminer pazarlayan biriydi. O seminer için cebimden 385 dolar para çıktı, ama o kurs bana en azından 2 milyon dolar kazandırdı. Daha da önemlisi bana bir yaşam sundu. Sırf o kurs sayesinde ömrümün geri kalanını çalışarak geçirmek zorunda değilim. Her yıl en az bunun gibi iki kursa katılırım.

Ses kasetlerini severim. Neden mi? Hemen geri sarma olanağı sağlarlar. Peter Lynch'in doldurduğu bir kaset dinliyordum, kesinlikle kabul etmediğim bir şeyler söylüyordu. Öfkelenip kınamak yerine *geri* düğmesine bastım hemen, kasetin o beş dakikalık bölümünü en az yirmi kez dinledim. Hatta daha çok. Derken, ansızın zihnim berraklaştı, dediklerini neden söylediğini anlayıverdim. Tılsımdı sanki. Zamanımızın en büyük yatırımcılarından birinin zihnine açılan pencereyi bulmuştum adeta. Onun edindiği deneyimin ve aldığı eğitimin engin kaynaklarını keşfetmiş ve kavramıştım.

Sonuç açık: Bir yandan eski düşünce yöntemimi korurken, aynı sorunu ya da durumu bir de Peter'ın bakış açısından değerlendiriyorum. Artık bir yerine iki düşünce yöntemine sahibim. Bir sorunu ya da eğilimi analiz edecek bir yolunuz daha olmasının bedeli ölçülemez. Bugün kendime şunu sorarım: "Peter Lynch bu durumda ne yapardı? Ya da Donald Trump? Warren Buffett ya da George Soros?" Onların derin akıl gücüne ulaşmanın tek yolu dediklerini okuyacak ya da dinleyecek kadar alçakgönüllü olmak. Kendini beğenmişler, eleştirmeye meraklılar genellikle risk almaktan korkan, özgüvenleri az kimselerdir. Eğer yeni bir şey öğrenirseniz öğrendiklerinizi iyice anlayabilmek için hata yapmanız gerekir.

Buraya kadar yazılanları dikkatle okuduysanız kendini beğenme gibi bir sorununuz yok demektir. Kibirli kimseler pek okumaz, kasede para da harcamazlar. Neden yapsınlar ki? Onlar evrenin merkezidir.

'Entelektüel' pek çok kimse kendi düşünceleriyle çelişen yeni fikirlere ateş püskürür ya da savunmaya geçer. Bu durumda kibirle birleşen sözde 'entelektüel' kimlikleri 'cehalet' göstergesidir. Hepimiz yüksek eğitimli ya da akıllı olduklarına inanan kişiler tanımışızdır, gelgelelim hesap bilançoları içler acısıdır. Gerçekten entelektüel olan bir kimse yeni fikirlere kucak açar, çünkü yeni fikirler bir arada duran öteki fikirlere eklenebilir. Dinlemek konuşmaktan daha önemlidir. Öyle olmasaydı Tanrı bize iki kulak ve tek bir ağız vermezdi. Yeni fikirlerle olasılıkları dinleyip özümsemek yerine ağızlarıyla düşünen pek çok kişi görürüz. Sorular sormak yerine tartışmayı yeğlerler.

Servet yapmak için uzun bir yol katettim. Loto oynayanlarda ya da kumarhanelerden çıkmayanlarda görülen 'hızlı zengin olma' fikrini desteklemem. Pek çok hissem varken bir anda hepsinden olabilirim, ama bilgim her zaman vardır. Uçak kullanmak isterseniz ilkin uçuş dersleri almanızı öneririm. Borsada hisse senedi ya da gayrimenkul satın alıp da en büyük değerlerine, zihinlerine yatırım yapmayanlara hayretle bakarım. Bir ya da iki ev satın aldınız diye emlak işinde uzman olduğunuzu söyleyemezsiniz.

3. **DOSTLARINIZI DİKKATLE SEÇİN:** İlişkilerin gücü. Her şeyden önce şunu belirteyim, arkadaşlarımı maddi durumlarına göre seçmem. Yılda milyonlarca dolar kazanan dostlarım olduğu kadar, yoksulluk andı içmiş arkadaşlarım da var. Hepsi bana bir şeyler öğretir, her birinden bir şey öğrenmek için bilinçli olarak çaba harcarım.

Şunu da itiraf etmeliyim, paraları var diye aradığım kişiler de oldu. Onların parasının peşinde olduğumdan değil; bilgilerine ihtiyacım vardı. Bu paralı kimselerin bazılarıyla çok iyi dost olduk, ama hepsiyle değil elbette.

İşaret etmek istediğim nokta şu: Parası olan arkadaşlarım paradan konuşurlar. Böbürleniyorlar demiyorum. Konuyla ilgililer. Ben onlardan öğrenirim, onlar da benden. Maddi sıkıntı çeken dostlarımsa paradan, işten ve yatırım yapmaktan söz etmeyi sevmez. Konuşanları da kaba ya da cahil olarak görürler. Onlardan da öğrenirim elbette. Böylece ne yapmamam gerektiğini bulurum.

Kısa sürede paralarını 1 milyar dolar yapan birkaç arkadaşım var. Bunlardan üçü aynı olgudan söz eder. Hiç parası olmayan arkadaşları bir kez olsun kapılarını çalıp bunu nasıl başardıklarını sormazmış. Yalnızca iki şey için gelirlermiş, borç ya da iş istemeye; bazen de her ikisini...

BİR UYARI: *Yoksul ya da ürkek kimselere kulak vermeyin. Benim de böyle dostlarım var, onları çok severim, ancak bu onların 'korkak tavuk' oldukları gerçeğini değiştirmez. Paradan, özellikle de yatırımlardan söz açıldığında, 'başımıza taş yağar.' Bir işin neden yürümeyeceğini anlatmaya hazırdırlar her an. Ne yazık ki onları dinleyenler olur; kıyamet ve kasvet konusunda söylenenleri tartışmasız kabul edenler de 'korkak tavuktur'. Derler ya: "Tavuklar birbirlerinden tüy farkıyla öndedir."*

Yatırım alanında bir altın madeni olan CNBC kanalında sık sık sözde uzmanların konuşmalarını dinlersiniz. Uzmanlardan biri piyasaların dibe vuracağını iddia ederken bir başkası yukarı tırmanacağını söyler. Aklınızı kullanırsanız her iki görüşe de kulak verirsiniz. İkisini de aklınızın bir köşesine yazarsınız, çünkü iki uzmanın da haklı gerekçeleri vardır. Oysa çoğu kimse 'korkak tavukları' dinler.

Bir pazarlıktan ya da yatırımdan uzak durmam için beni ikna etmeye çalışan yakın arkadaşlarım da olur. Birkaç yıl önce bir arkadaşım sevinç içinde gelmiş, eline yüzde 6 faizle mevduat sertifikası geçtiğini söylemişti. Devlet tahvillerinden yüzde 16 kazandığımı anlattım ona. Ertesi gün yaptığım yatırımın neden tehlikeli olduğunu anlatan bir makaleyi bana yolladı. Ben yıllardır yüzde 16 kazanmaya devam ediyorum, o yüzde 6 almakla yetiniyor.

Servetinizi inşa ederken en zor şey kendinize karşı dürüst olmak ve sürüye kapılmamaya kararlı olmaktır. Çünkü piyasada geç kalanlar genellikle sürüdekilerdir ve kurban edilirler. Bir yatırım aracı manşetlere geçmişse ona para yatırmak için artık çok geç demektir. Yeni bir araç aramalısınız. Sörfçüler şöyle der: "Dalgaların arkası hiç kesilmez." Telaş eden ve dalganın sonunu yakalayanlar çoğu kez devrilirler.

Akıllı yatırımcılar piyasaları zamanla ölçmez. Bir dalgayı kaçırırlarsa sonrakini bekler ve duruşlarını belirlerler. Çoğu yatırımcıların zorlanmasının nedeni, revaçta olmayanı satın almanın ürkütücü olmasıdır. Çekingen yatırımcılar sürünün peşi sıra giden koyunlara benzer. Bazen de akıllı yatırımcılar kâr edip yollarına devam ettiği sırada hırsa kapılırlar. Uyanık yatırımcılar paralarını revaçta olmayan bir yatırım aracına yatırırlar. Kârlarını satarken değil, alım sırasında yapacaklarını bilirler. Sabırla beklerler. Dedim ya, piyasayı ölçmezler. Sörfçüler gibi bir sonraki büyük dalgaya hazırlanırlar.

Her şey 'içeriden hisse ticareti'. İçeriden ticaretin kimi türleri yasadışıyken, kimi yasaldır. Gelgelelim her ikisi de içeriden yapılır. Aradaki tek fark içeriye olan uzaklığınızdır. İçeriye yakın zengin arkadaşlarınız olsun istersiniz, çünkü orası paradan para kazanılan yerdir. Bu, bilgiyle yapılır. Bir sonraki patlamanın ne zaman olacağını haber almak istiyorsanız bir sonraki çöküşten önce, içeriye girin ve çıkın. Yasadışı yollardan yapın demiyorum, ama ne kadar önce bilirseniz en düşük riskle kâr elde etme şansınız o kadar yüksek olur. Arkadaşlar bunun içindir. İşte finansal zekâ budur.

4. **BİR FORMÜLDE İYİCE USTALAŞIN, SONRA BİR BAŞKASINI ÖĞRENİN:** Hızlı öğrenmenin yolu. Ekmek yapmak için, ister yazılı olsun ister kafasında, her ekmekçinin bir tarifi vardır. Para kazanma

> konusunda da aynısı geçerli. Çoğumuz şöyle dendiğini duymuşuzdur: "Sofranız kim olduğunuzu ele verir." Aynı deyişle ilgili benim farklı bir görüşüm var: "Ne okursan o olursun." Başka türlü söylersek, ne okuduğunuza ve ne öğrendiğinize dikkat edin, çünkü zihniniz almaya öyle açıktır ki, kafanıza koyduğunuzu yerine getirir. Örneğin yemek pişirmekle ilgili kitaplar okuyorsanız niyetiniz yemek pişirmek demektir. Aşçı olursunuz. Artık yemek pişirmek istemiyorsanız o zaman başka konuyu öğrenmeye yönelirsiniz. Okul öğretmenini örnek verelim.

Parayla ilgili pek çok insanın tek bildiği okulda öğrendikleri temel formüldür: Para için çalışmak. Dünyada pek yaygın olduğunu gördüğüm formüle göre, milyonlarca kişi her sabah kalkıp işe gider, para kazanır, faturalarını öder, çek hesaplarını kapatır, yatırım fonları alır. İşte size temel formül; dilerseniz adına tarif deyin.

Yaptığınız işten bıktıysanız ya da yeterince para kazanmıyorsanız para kazanma yolunuzu değiştirin.

Yıllar önce, yaşım henüz yirmi altıyken, 'İpotekli Emlak Almanın Yolları' adlı, hafta sonları düzenlenen bir kursa katılmıştım. Formülü öğrendim. Ondan sonra sıra öğrendiklerimi hayata geçirme disiplinini kurmaya gelmişti. Oysa çoğu kimse bu noktada pes eder. Xerox'da çalıştığım üç yıl boyunca boş zamanlarımı ipotekli mal satın alma sanatında ustalaşmaya ayırdım. O formül yardımıyla birkaç milyon dolar kazandım, ama bugün o piyasa durgun, çünkü çok fazla kişi aynı işe girdi.

O formülde ustalaştıktan sonra başka formüllerin peşine düştüm. Kurslarda anlatılanlardan doğrudan yararlanmadım, ama her zaman yeni bir şeyler öğrendim.

Yalnızca kazanılmış anlaşmalarla ilgilenenlere yönelik kurslara katıldım, vadeli işlemlere ilgi duyanlara ve kaos araştırmacılarına yönelik verilen kurslara da. Kendi klasmanımın dışına çıkmış, nükleer fizik ve uzaybilimi doktorası yapmış bir sınıf dolusu insanın arasına girmiştim. Bununla birlikte borsadaki hisselerimi ve gayrimenkul yatırımlarımı daha anlamlı ve daha verimli kılan pek çok şey öğrendim.

İki yıllık meslek yüksekokullarının çoğunda mali planlama ve geleneksel yatırımlar konusunda dersler vardır. Bu dersler, işe başlamak için eşi bulunmaz ortamlardır.

Ben hep daha hızlı formüller aradım. Doğruyu söylemek gerekirse, bir günde pek çok insanın ömrü boyunca kazandığı paradan daha çoğunu kazanırım.

Bir noktayı daha vurgulayayım. Bugünün hızla değişen dünyasında bildiklerinizin pek fazla önemi de yok, çünkü bilginiz her geçen gün eskir. Ne hızla öğrendiğiniz önemli. Bu becerinin bedeli ölçülemez. Daha hızla işleyen formüller, diğer bir deyişle rızkına ulaşma tarifleri, bulmanın bedeli yoktur. Para kazanmak için çok çalışmak, mağara insanı zamanında doğmuş eski bir formüldür.

5. **ÖNCE KENDİNİZE PARA AYIRIN:** Öz-disiplinin gücü. Eğer kendinizi denetleyemezseniz zengin olmaya çalışmayın. Yatırım yapıp para kazanmanın, sonra da onu tüketmenin anlamı yok. Çoğu piyango talihlilerinin büyük ikramiye kazandıktan kısa bir süre sonra meteliğe kurşun atar hale gelmeleri öz-disiplinden yoksun olmalarıdır. Zam aldıktan sonra kimilerinin hemen gidip yeni bir araba satın almalarının, gemi yolculuğuna çıkmalarının nedeni de öz-disiplinden yoksun olmalarından başka bir şey değildir.

On adımdan hangisinin daha önemli olduğunu söylemek güç. Ama hamurunuzda yoksa yerine getirilmesi en güç olanı bu olsa gerek. Zengin, yoksul ve orta sınıf arasındaki en belirleyici unsur, öz-disiplin eksikliğidir.

Daha basit bir dille söylersek kendine güveni az olan ve maddi baskılara dayanamayan kimseler asla zengin olamaz. Daha önce de değindiğim gibi, zengin babanın verdiği bir ders, 'dünya insanı oradan oraya sürükler' olmuştu. Dünyanın insanları oradan oraya sürüklemesinin nedeni öteki insanların üçkâğıtçı olmaları değil, bazılarının iç denetimden ve disiplinden yoksun kalmasıdır. Kuvvetli olmayanlar çoğu zaman öz-disiplinli olanların kurbanı olur.

Ders verdiğim girişimcilere her zaman ellerindeki ürüne, hizmete ya da mala değil, yönetim becerilerini geliştirmeye odaklanmalarını öğütlerim. Kendi işinizi kurmak için gerekli en önemli üç yönetim becerisi şunlardır:

1. Nakit akışının yönetimi.
2. İnsanların yönetimi.
3. Kendine ayıracak zamanın yönetimi.

Yukarıda saydığım yönetme becerileri yalnızca girişimciler için değil, her iş dalında geçerlidir. İster birey olsun ister aile üyesi, iş ortağı, yardım derneği, bir kentin ya da ülkenin yurttaşı herkes yaşamını sürdürmek için bu üç maddeyi yerine getirmelidir.

Bu becerilerin her biri öz-disiplin sağlamakla edinilir. "Önce kendinize para ayırın" derken bunu laf olsun diye söylemiyorum.

"Önce kendinize para ayırın" deyişi George Classen'ın yazdığı *The Richest Man in Babylon* (Babil'in En Zengin Adamı) adlı kitaptan alıntıdır. Kitap milyonlar satmıştı. Ne var ki, milyonlarca insan o güçlü deyişi tekrarlayıp dururken söze kulak asanlar pek azdır. Bir daha yineleyeyim, finansal bilgi kişinin rakamları okumasına izin verir ve rakamlar hikâyeyi anlatır. Birinin gelir hesaplarına ve bilançosuna bakarak, "önce kendinize para ayırın" sözünü dilinden düşürmediği halde onun dediklerini uygulayıp uygulamadığını hemen anlarım.

Bir çizimin bedeli binlerce sözcükten daha değerlidir. O zaman önce kendine para ayıranlarla ayırmayanlar arasındaki farkı bir de çizimle karşılaştıralım.

Çizimleri iyice gözden geçirin ve aradaki farkı görmeye çalışın. Burada da nakit akışını anlamak gerekir ki anlatılanlar anlaşılabilsin. Çoğu kimse rakamlara bakarken hikâyeyi gözden kaçırır. Eğer nakit akışının gücünü doğru anlamaya başlarsanız, bir sonraki çizimde gösterilen sorunu ya da insanların yüzde 90'ının yaşamları boyunca sıkı çalıştığını, artık çalışamayacak duruma geldiğinde neden sosyal sigorta gibi bir devlet desteğine ihtiyaç duyduğunu anlamakta gecikmezsiniz.

Önce kendilerine para ayıranlar

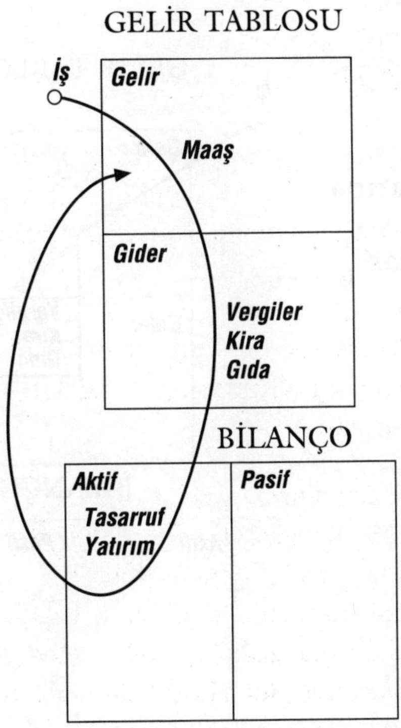

Gördünüz mü? Yukarıdaki çizim önce kendine para ayıran birinin hareketlerini yansıtır. Böyleleri aylık harcamalarını ödemeden önce, her ay aktif sütunlarına para ayırır. Classen'ın kitabını milyonlarca kişi okumuş ve "önce kendinize para ayırın" sözlerini anlamış olsa da, gerçekte onlar kendilerine para ayırmayı en sona bırakır.

Önce faturaların ödenmesi gerektiğini haykırdığınızı duyar gibiyim. Kiminiz de sorumluluğunu bilen kimselerin ilkin faturalarını ödediği nakaratını okuyorsunuz. Ben sorumsuz davranın ve faturalarınızı ödemeyin demiyorum. Bütün söylediğim, kitabın dediğine uyun, "önce kendinize para ayırın." İşte yukarıdaki diyagram aktifteki doğru muhasebenin çizimidir.

Önce başkalarına para ayıranlar

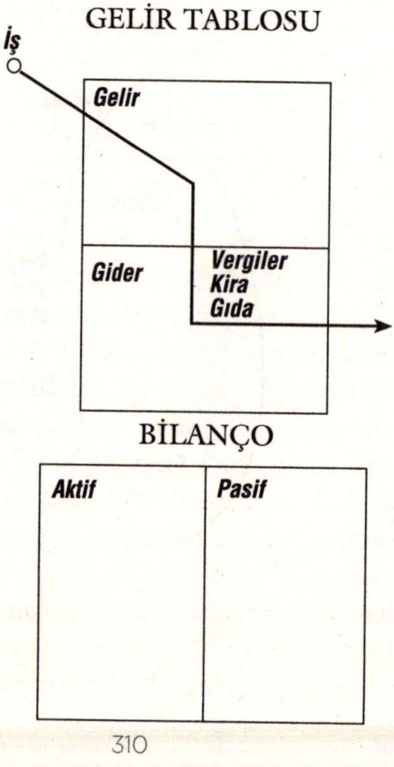

Eğer nakit akışının gücünü gerçekten anlamaya başladıysanız yukarıdaki çizimlerdeki yanlışı ya da insanların yüzde 90'ının tüm hayatları boyunca neden çok çalıştıklarını ve artık çalışamayacak durumda olduklarında sosyal sigorta gibi bir devlet desteğine ihtiyaçları olduğunu hemen fark edeceksiniz.

Kim ve ben bugüne kadar 'önce kendinize para ayırın' kuralını anlamakta zorluk çeken pek çok muhasebeci, mali müşavir ve banker tanıdık. Nedeni basittir; bu hesap uzmanları sürüye kapılmışlardır, en son kendilerine para ayırırlar. Öncelikle başkalarına para öderler.

Hayatımda bazı aylar da, nedeni ne olursa olsun, nakit akışı faturalarımı karşılamaktan uzak kalmıştır. Yine de önce kendime para ayırmayı ihmal etmedim. Muhasebecimle mali müşavirim telaş içinde haykırdı: "Peşinizi bırakmazlar. Vergi müfettişleri sizi kodese tıkar. Kredi notunuzu düşürürler. Elektriğinizi keserler." Ben yine de önce kendime para ayırdım.

"Neden?" diye mi soruyorsunuz? *The Richest Man in Babylon* (Babil'in En Zengin Adamı) öyküsü de bunu anlatır. Öz-disiplinin ve iç sağlamlığının gücüdür bu. Farklı bir deyişle, bu iş 'yürek' ister. Zengin babanın yanında çalıştığım ilk ay verdiği derste öğrettiği üzere çoğu kimse dünyanın kendilerini oradan oraya sürüklemesine olanak tanır. Vergi müfettişleri arar, "ödeyin yoksa..." diye gözdağı verirler. Siz de onlara ödeme yapar, kendinize para ayırmazsınız. Satış elemanı, "ATM kartınızı verin," der. Emlak komisyoncunuz, "Haydi nazlanmayın, nasıl olsa devlet evinizi vergiden düşmenize izin veriyor," der. İşte bu kitap bunlara değinmekte: Sürüye karşı gelme yürekliliği gösterip zengin olmak. Zayıf olmayabilirsiniz, ama para konusunda çoğu kimse ödlektir.

Ben sorumsuz davranmanızı salık vermiyorum. Hem kredi kartı borcumun hem de cicili bicili eşya borcumun olmamasının nedeni önce kendime para ayırmamdır. Gelirimi en aza indirgerim, çünkü devlete fazla vergi ödemek istemem. Aranızda *The Secrets of the Rich* (Zenginlerin Sırları) eğitim kasedini izleyenler bilirler, gelirimi Nevada'da kurulu bir şirket aracılığıyla, aktif sütunumdan sağlarım. Eğer para için çalışsaydım devlet o parayı elimden alırdı.

Faturalarımı en son ödememe rağmen, maddi yönden darboğaza dayanma gücüm var. Tüketici borçlarından hoşlanmam. Aslında pasiflerim nüfusun neredeyse yüzde 99'undakinden daha yüksek, ama bunları ödeyen ben değilim; borçlarımı başkaları öder. Kiracılardan söz ediyorum. Birinci kural, önce kendinize para ayırmanın anlamı ilk olarak borca girmemektir. Faturalarımı ödemeyi en sona bırakırım, ama bunlar ufak tefek, önemsiz miktarlardır.

İkincisi, nakte sıkışsam da önce kendime para ayırmaktan vazgeçmem. Alacaklılarımla devleti sona bırakırım. İşi zora sokmaları hoşuma gider. Neden mi? Çünkü bana iyilik yaparlar. Beni, kolları sıvayıp daha çok para kazanmaya teşvik ederler. Dolayısıyla önce kendime öder, paramı yatırır, alacaklıları bekletirim. Doğrusunu isterseniz, paralarını zamanında öderim. Karım ve benim kredi notumuz yüksek. Baskılar karşısında sinmeyiz, tüketici borçlarımızı karşılamak üzere ne tasarrufumuzu harcarız ne de hisselerimizi nakte çeviririz. Bu, mali açıdan zekice bir tutum olmazdı.

İlk önce kendinize para ayırabilmeyi başarmak için, aşağıdakileri aklınızda tutun:

1. Büyük miktarda borca girerek kendinizi onları ödemek zorunda bırakmayın. Harcamalarınızı düşük düzeyde tutun. Önce aktifler edinin. Büyük eve, güzel bir arabaya daha sonra para ayırın. Fare yarışına hapsolmak zekice değildir.
2. Nakte sıkıştığınızda baskının ağırlığını hissedin, tasarruflarınıza, yatırımlarınıza el sürmeyin. Duyduğunuz o baskı sayesinde finansal dehanızı işleterek para kazanmanın yeni yollarını bulun ki faturalarınızı ödeyebilesiniz. Böylece hem finansal zekânızı hem de para kazanma yeteneğinizi geliştirmiş olursunuz.

Çok kez nakte sıkıştım, aktif sütunumdaki varlıklarıma gözüm gibi bakarken gelirimi artırmak için kaynak yaratmak üzere beynimi zorladım. Muhasebecim açığı kapatalım, diye telaş içinde yalvarırken, usta bir bekçi misali ben kaleyi, aktif kalesini korudum.

Yoksulların fukara alışkanlıkları vardır. Bu alışkanlıklardan en yaygın görülenine "Tasarrufa El Atmak" denilir. Zenginler faturalarını ödemek için tasarruflara el sürülmemesi gerektiğini bilirler, onları yalnızca daha çok para kazanmak için kullanırlar.

Bu davranış dayanıklılık gerektirir diye düşünebilirsiniz; ama dedim ya çetin ceviz değilseniz dünya sizi oradan oraya sürükleyecektir.

Maddi baskılardan hoşlanmıyorsanız o zaman size uygun bir yöntem bulun. Harcamalarınızı kısın, banka hesabınıza para aktarın, payınıza düşecek adil orandan daha fazla gelir vergisi ödeyin, güvenli fonlar satın alın ve genel çoğunluğun çağrısına ses verin. Ne var ki, bu durumda önce kendinize para ayırın kuralını çiğnemiş olursunuz.

Bu kural size kendinizi feda etmenizi ya da maddi açıdan perhize girmenizi önermiyor. Önce kendinize para ayırın, sonra açlık çekin de demiyor. Yaşamdan zevk almamız gerekir. Eğer finansal dehanızı devreye sokarsanız hayatın bütün nimetlerinden yararlanabilirsiniz, iyi yaşam koşullarına erişme hakkınızdan ödün vermeden zengin olur ve faturalarınızı ödeyebilirsiniz. İşte finansal zekâ budur.

6. **SİMSARLARA İYİ PARA ÖDEYİN:** Doğru öğüdün önemi. Çoğu kimse evinin önüne diktiği tabelaya şöyle yazar: Sahibinden Satılık. Televizyon ekranlarında da indirim simsarı olduğunu ileri süren birçok insana rastlıyorum.

Zengin baba bunun tam karşıtı bir yol gösterdi bana. Uzmanlara ödenecek ücretin yüksek olması gerektiğine inanırdı, ben de onun izinden gidiyorum. Bugün çalıştığım avukatlar, mali müşavirler, emlak komisyoncuları ve borsa simsarlarının hepsi yüksek ücretli uzmanlar. Neden mi? Çünkü onlar profesyonelse, sundukları hizmetler size para kazandırmalıdır. Onlar daha çok kazanırsa ben de o kadar çok kazanırım.

Bilgi çağında yaşıyoruz. Bilginin bedeli ölçülemez. İyi bir simsar size hem bilgi aktarmalı hem de sizi eğitmeye zaman ayırmalı. Bana bunu sağlamaya istekli birkaç simsar tanıyorum. Kiminden, az param olduğu ya da hiç param olmadığı günlerde ders aldım ve bugün hâlâ onlarla işbirliği içindeyim.

Bir simsara ödediğim para, onların sağladığı bilgiler sayesinde kazandığım parayla karşılaştırıldığında devede kulak kalır. Çalıştığım emlak komisyoncusu ya da borsa simsarının çok para kazanması hoşuma gider. Çünkü benim çok para kazandığımı gösterir.

İyi bir simsar para kazandırmaktan başka, zaman da kazandırır. Örneğin 9 bin dolara bir arsa satın alıp hemen arkasından aynı yeri 25 bin dolara satmış, böylece Porsche arabama daha kısa süre içinde sahip olabilmiştim.

Simsarınız piyasalardaki gözünüz, kulağınızdır. Onlar her gün oradadır, böylece benim orada bulunmama gerek kalmaz. Ben gidip golf oynamayı yeğlerim.

Evini kendi başına satmaya kalkan kişi kendine zaman ayırmaya da önem vermez. Birkaç dolar tasarruf etmek uğruna neden zamanımı daha çok para kazanmaya, sevdiklerimle birlikte olmaya adamayayım? Yoksulların ya da orta sınıftan insanların çoğunun lokantada yemek yedikten sonra berbat bir servise yüzde 15-20 bahşiş vermekte ısrar etmesine rağmen simsarlara ödeyecekleri yüzde 3-7 komisyon konusunda cimrilik yapmaları bana gülünç gelir. Ödedikleri bahşişler gider sütununa eklenirken, o kişilere ödeyecekleri komisyonun aktif sütunlarına kazandıracağını gözden kaçırırlar. Finansal zekâ bu değildir.

Bütün simsarlar aynı olmaz. Bazıları yalnızca satıcıdır ne yazık ki. Bana göre emlak satıcıları en kötü durumdakiler. Gayrimenkul satarlar, ancak kendi mülkleri ya yoktur ya da çok azdır. Ev satan biriyle yatırım satan bir kişi arasındaki fark büyüktür. Bu, kendilerini mali planlamacı diye niteleyen borsa kâğıdı, tahvil, fon ve sigorta komisyoncuları için de geçerli.

Ücretli uzmanlarla anlaşma öncesi görüşürken ilk hedefim, kişisel mülkleri ya da hisseleri hakkında bilgi edinmek ve ödedikleri vergi oranını öğrenmektir. Mali müşavirim, muhasebecim için de aynısını yaparım. Muhasebecim kendi işine bakan bir hanımdır. Mesleği muhasebecilik, ama emlak alanında çalışır. Eskiden küçük işletme hesapları tutan bir muhasebecim vardı, hiç malı mülkü yoktu. Aynı işten hoşlanmadığımız için onunla çalışmayı bıraktım.

Çıkarlarınızı yürekten gözeten bir simsar bulun. Simsarların çoğu sizi eğitmeye zaman ayıracak ve bulacağınız en iyi aktif değer onlar olacaktır. Adil olun, onlar da size adil davranacaktır. Komisyonlarını nasıl kısacağınıza kafa yorarsanız neden sizin yanınızda yer almak istesinler? Bu işin mantığı basittir.

Yukarıda da belirttim, yönetim becerilerinden biri de insan yönetimidir. Çoğu insan kendini daha üstün gördüğü ve karşısında daha güçlü olduğu kişileri yönetmekle yetinir. Orta düzey yöneticilerin pek çoğu öyle kalırlar, terfi edemezler, çünkü, ancak astlarına hükmedebilir, üstlerini yönetemezler. Asıl beceri, teknik bir konuda sizden daha akıllı kişileri yönetmek ve onlara yüksek ücret ödemektir. Şirketlerin yönetim kurulu bu amaca hizmet eder. Siz de böyle bir kurul oluşturmalısınız. Finansal zekâ budur.

7. **KIZILDERİLİLERİ ÖRNEK ALIN:** Bir şeye karşılıksız sahip olmanın gücü. İlk yerleşimciler Amerika'ya geldiklerinde Amerikan yerlilerinin kültürleri karşısında şaşırmışlardı. Örneğin içlerinden

> biri üşüdüğünde Kızılderili ona bir battaniye verirdi. Armağan aldığını sandığından Kızılderili onu geri istediğinde yerleşimci öfkelenirdi.

Yerleşimciler aldıklarını geri vermeyince Kızılderililer de öfkelenirdi. "Yerli gibi vermek" deyimi kültürel yanlış anlamadan kaynaklanmıştır.

Aktif sütunlar dünyasında Yerli gibi vermek servete giden yolun temel taşıdır. Akıllı yatırımcının ilk sorusu, "Paramı ne kadar kısa sürede geri alabilirim?" olmalıdır. Bunun yanı sıra ne zaman karşılıksız kazanabileceğini, diğer bir deyişle işlemden ne zaman pay alacağını sorar. YATGET'in, yatırımın getirisi önemi de buradan gelir.

Örneğin bir sitede küçük bir daire bulmuştum, oturduğum yerden birkaç sokak ilerideydi, ipotek altına alınmıştı. Banka 60 bin dolar istiyordu, ben 50 bin dolar fiyat verdim, kabul ettiler, çünkü 50 bin dolarlık nakit çek elimdeydi. Ciddi olduğumu anlamışlardı. Bu tutumum karşısında pek çok yatırımcı buna çok fazla nakit yatırmıyor musunuz, diye soracaktır. Kredi almak daha akıllıca olmaz mıydı? Yanıtım basit, bu işlemde olmazdı. Yatırım şirketim bu mülkü kış tatili yapanlara, Arizona'ya tatile gelen 'kış kuşlarına' dört ay boyunca ayda 2 bin 500 dolara kiralıyor. Kiralık evlere rağbet edilmeyen aylarda kira getirisi 1000 dolar. Böylece üç yıl kadar kısa bir sürede paramı geri aldım. Şimdi de getirdiği para doğruca cebime giriyor.

Gelişmiş yatırımcının ilk sorusu şudur: "Paramı hızla geri almak için ne yapabilirim?"

Aynı mantık borsada da geçerli. Komisyoncum sık sık telefon ederek yakında yapacağı atılımla, örneğin piyasaya süreceği yeni ürünle, hisselerine değer kazandıracağını düşündüğü bir şirketin hisselerine yüklü para yatırmamı salık verir. Hisselerin değeri yükselirken bir hafta ya da bir aylığına para yatırırım oraya. Sonra anaparamı çekerim ve piyasadaki iniş çıkışları kaygıyla izlememe gerek kalmaz, ne de olsa anaparamı geri almış, yeni bir aktife yönelmeye hazırlanmışımdır. Böylece paramı yatırır, sonra da geri çekerim, dolayısıyla teknik açıdan bedavaya getirmiş olurum.

Doğru, para kaybettiğim de oldu. Ama yalnızca kaybetmeyi göze alabileceğim miktarlarla sınırlı kaldı. Ortalama on yatırımdan ikisi, üçü para yaparken beşi ya da altısı metelik getirmez, iki ya da üçü de bana para kaybettirir. Gel gör ki, kaybettiklerim yalnızca o anda elimde bulunan para miktarıyla sınırlıdır.

Riskten nefret eden kimseler paralarını bankaya yatırır. Uzun vadede tasarruf etmek, hiç tasarruf etmemekten daha iyidir. Fakat parayı geri almanız zaman alır, ayrıca çoğu zaman bedava bir şey elde edilmez. Eskiden tost makineleri dağıtırlardı, artık bunu da yapmıyorlar.

Yatırımlarımın her birinden bedavaya getireceğim bir kazancım olmalı. Bir sitede daire, küçük bir ardiye, bir avuç arsa, bir ev, hisse senedi, işhanı... Risk sınırlı olmalı, düşük düzeyde kalmalı. Bu konuda yazılmış kitaplar var, bu nedenle sözü daha fazla uzatmayacağım. McDonald's devi Ray Kroc hamburger acenteliği satar. Hamburgere bayıldığından mı? Hayır. O satış zincirleri altında gayrimenkulleri bedavaya getirmek istediğinden.

Demek ki tecrübeli yatırımcılar YATGET'ten ötesini arar, anaparayı geri aldıktan sonra para ödemeden sahip olacağınız aktifler önemlidir. Finansal zekâ budur.

8. **AKTİFLER LÜKSÜ SAĞLAR:** Odaklanmanın önemi. Bir arkadaşımın oğlunun, cebi delik olmak gibi kötü bir alışkanlığı vardı. Daha on altısında*, ama kendi arabası olsun hevesindeydi. Bahanesi şuydu: "Arkadaşlarımın ana-babaları onlara araba

* ABD'nin çoğu eyaletinde 16 yaşına gelen kişi sürücü belgesi alabilir.

aldı." Çocuk araba almak için, ona yapılan tasarrufları kullanmakta ısrarlıydı. Babası bana uğradı.

"Ne dersin, kendi tasarruflarına dokunmasına izin vereyim mi? Yoksa öteki ana-babalar gibi yapıp ben de ona bir araba alsam mı?"

Şöyle yanıtladım: "Kısa vadede sorunu çözer, ama sen oğluna uzun vadeli düşünme konusunda ne öğrettin? Araba sahibi olma arzusunu oğluna ders vermekte kullanmaya ne dersin?" Bu sözüm kafasındaki ampulü yakmıştı besbelli, apar topar çıkıp evinin yolunu tuttu.

İki ay geçmişti aynı arkadaşımla bir yerde rastlaştık. "Oğlunun yeni arabası oldu mu?" diye sordum.

"Hayır, yok. Gidip ona 3 bin dolar verdim. Yüksekokul parasını harcamak yerine benim paramı kullanmasını söyledim."

"Güzel, çok bonkörce," dedim.

"Pek sayılmaz. Para yavrulayarak geri geldi. Senin öğüdüne kulak verdim, araba satın alma arzusunu kullandım ve aynı hevesi bir şey öğrenme konusunda da göstermesini sağladım."

"Nasıl yavruladı?"

"Önce oturup şu senin oyunu çıkardık, *Nakit Akışı*. Oynarken bir yandan parayı nasıl kullanacağımız konusunda uzun uzun tartıştık. Onu *Wall Street Journal* gazetesine abone yaptım, eline de piyasalarla ilgili birkaç kitap verdim."

"Peki ne oldu? Sonuç alabildin mi?"

"3 bin dolar senin paran dedim, ama bununla hemen araba alamazsın. Borsada kâğıt alıp satmak için kullanabileceğini, kendine borsada bir aracı bulabileceğini, 6 bin dolar kazandıktan sonra 3 bin dolarını arabaya, 3 bin doları da yüksekokul masraflarını karşılamak üzere biriken fonuna aktarabileceğini açıkladım."

"Sonra ne oldu?"

"İlk alışverişinde şanslıydı, ama birkaç gün sonra bütün kazandıklarını kaybetti. Derken ilgisi arttı. Bugün 2 bin doları var, ama çok ilgili. Ona aldığım kitapların hepsini okudu, onunla da yetinmeyip kütüphaneden ödünç kitaplar aldı. *Wall Street Journal*'ı yalayıp yutuyor, göstergeleri yakından takip ediyor, artık MTV yerine CNBC seyrediyor. Yalnızca 1000 doları kaldı, ama ilgi ve öğrenme ibresi tepeye vurdu. O paradan da olursa iki yıl daha yaya dolaşacağının farkında. Ama pek umurunda değil. Zaten araba sahibi olma merakı kalmadı gibi bir şey, çünkü kendine daha eğlenceli bir oyuncak buldu."

"Bütün parasını kaybederse ne olacak?"

"O aşamaya gelirsek, köprüyü de geçeriz. Bekleyip bizim yaşımızda her şeyini kaybetme riskini göze almasın, her şeyini şimdi kaybetsin. Öte yandan bu 3 bin dolar onun eğitimine yaptığım en akıllıca harcama. Öğrendikleri ömrü boyunca işine yarayacak; hem paranın gücüne olan bakışı da değişti, saygısı arttı. Yanılmıyorsam cebindeki son kuruşu harcama merakından da vazgeçti."

Önce 'Kendinize Para Ayırın' başlığı altında yazdıklarımı hatırlayın. Eğer kişi öz-disiplinini kuramazsa zengin olmaya çalışmasın daha iyi demiştim. İlk bakışta aktif sütunundan nakit akışı oluşturma süreci kolaydır, zor olan parayı yönlendirmedeki irade gücü. Dış etkenler yüzünden bugünün tüketicisinin gider sütununa pek çok harcama kalemi eklemesi çok kolay. Zayıf iradeli davranırsak, o para en az direnç gösterdiğimiz kanallara akar. Yoksulluğun ve maddi sıkıntıların kaynağı budur.

Finansal zekâyı anlatmada verdiğim bu örnek, daha çok para kazanmak için parayı yönlendirme yeteneğidir.

Yılbaşında 100 kişiye 10 bin dolar verdiğimizi varsayalım. Yıl sonundaki durumun ne olacağı hakkında tahminlerimi şöyle sıralayabilirim:

- Yüz kişiden sekseninde metelik kalmaz. Aslında yeni bir araba, buzdolabı, televizyon, VCR ya da tatil için ön ödeme yaparak borca bile girmişlerdir.

- On altısı 10 bin doları yüzde 5 ila 10 arasında artırmıştır.
- Dördü parayı 20 bin dolara, hatta milyonlara çevirmiştir.

Meslek öğrenmek için okula gideriz; para kazanmak için çalışabilelim diye. Kanımca paranın nasıl işletileceğini öğrenmek de önemli.

Herkes gibi ben de lüksü severim. Ama aramızda fark var: Kimileri borca girerek ulaşır lükse. Falanca filancayla yarışa girme tuzağının sonucudur bu. Canım Porsche satın almak istediğinde, en kolay yol bankamı arayıp kredi başvurusunda bulunmamdır. Oysa ben pasif sütunu yerine aktif sütuna odaklanmayı yeğlerim.

Alışkanlık gereği, tüketme hevesimi yatırım yapacak finansal dehama ilham verip onu kışkırtmak için kullanırım.

Bugün çoğumuz istediğimiz şeylere ulaşmak için para kaynağı yaratmaya odaklanmak yerine, borç para bulmaya odaklanırız. Kısa vadede kolay olup uzun vadede güç olanı seçeriz. Hem birey hem de toplum olarak edindiğimiz kötü alışkanlıklardandır bu. Aklınızdan çıkarmayın, kolay yol daha sonra zorlaşır, öte yandan zor olan zamanla kolaylaşır.

Kendinizi ve sevdiklerinizi paranın hâkimi olmaya eğitmeyi ne kadar erken öğrenirseniz o kadar iyi. Para güçlü bir kaynaktır. Ne yazık ki insanoğlu paranın gücünü kendine karşı kullanır. Eğer finansal zekânız düşük düzeydeyse para sizi ezip geçer. Sizden daha uyanık davranır. Para sizden daha akıllıysa ömrünüz boyunca para için çalışırsınız.

Paranın hâkimi olmak için paradan daha akıllı olmalısınız. Sonrası kolay, para dediğinizi yapar. İtaat eder. Kölesi olmak yerine, ustası olursunuz. Finansal zekâ budur.

9. **KAHRAMANLAR SEÇİN:** Efsanelerin gücü. Çocukken Willie Mays, Hank Aaron ve Yogi Berra gibi kahramanlara bayılırdım. Hayrandım onlara. Minikler liginde oynarken tıpkı onlar gibi olmayı düşlerdim. Onları tanıtan beyzbol kartları hazinem-

di. Haklarında her şeyi bilmek isterdim. Sağlık durumlarını, yaptıkları ortalama sayıyı, ne kadar para kazandıklarını ve hangi takımlarda oynayıp büyük birer sporcu olduklarını.

Dokuz-on yaşlarındayken elime her beyzbol sopası alışımda ya da top yakalayıcı olduğumda ben, ben olmaktan çıkardım. Yogi ya da Hank olurdum. Yetişkin çağımızda göz ardı ettiğimiz eşsiz bir öğrenme yoludur bu. Büyüyünce kahramanlarımız yok oluverirler. Saflığımızı kaybederiz.

Bugün, evimin yakınlarında basketbol oynayan çocukları seyrederim. Avluda top sürerken ufak çocuk olmaktan çıkarlar, hepsi kendilerinin favori basketbolcuları olur. Kahramanları taklit etmek, örnek almak güçlü bir öğrenme yöntemidir.

Gün içinde, evimin yakınlarında basketbol oynayan çocukları seyrederim. Avludaki küçük Johny'ler, kendileri değillerdir. En beğendikleri basketbol kahramanlarını taklit etmektedirler. Kahramanları taklit etmek ya da benzemeye çalışmak gerçek, güçlü bir öğrenme şeklidir.

Ünlü bir basketbol oyuncusu gibiymişim gibi davranırdım. Bu, yetişkin çağımızda genellikle kaybettiğimiz en güçlü öğrenme yollarından biridir. Kahramanlarımızı kaybederiz.

20 YIL ÖNCE BUGÜN...
YENİ KAHRAMANLAR

Bugün bu listeye, David Stockman ve Jim Rickards dahil olmak üzere birkaç isim daha ekledim.

Yaşım büyüdükçe yeni kahramanlarım oldu. Golf kahramanlarım var, onların sopayı savurmalarını taklit eder, onlarla ilgili her yazıyı okumak için elimden geleni yaparım. Ayrıca, Donald Trump, Warren Buffet, Peter Lynch, George Soros ve Jim Rogers gibi kahramanlarım var. Onlarla ilgili tüm bilgileri tıpkı çocukluğumun beyzbol kahramanlarının geçmişlerini ve vuruş sayılarını bildiğim gibi bilirim. Warren Buffet'nin neye yatırım yaptığını izler, piyasayla ilgili bakış açısı konusunda her şeyi ve hisseleri nasıl seçtiğini okurum. Donald Trump'ın nasıl pazarlık yaptığını ve işleri bir arada nasıl düzenlediğini anlamaya çalışarak onunla ilgili yayınları okurum.

Vuruş yaptığım sırada kendim olmadığım gibi, piyasada olduğumda ya da bir iş pazarlığı sırasında bilinçsiz olarak Donald Trump'ın cesaret gösterisi ve güveniyle davranırım. Ya da bir indeksi Warren Buffet gibi incelerim. Kahramanlarımız olduğunda, işlenmemiş dehanın büyük kaynağından yararlanırız.

Ancak kahramanlar bize basitçe ilham olmaktan çok daha fazla şey yaparlar. İşi kolay göstererek, bizi de onlar gibi olmaya ikna ederler.

"Eğer onlar yapabiliyorsa ben de yapabilirim demektir."

Yatırım yapmaya gelindiğinde birçok insan bunun zor olduğunu söyler. Onları dinlemek yerine, kendizine yatırımı kolay gösteren kahramanlar bulun.

10. ÖĞRETİN Kİ KARŞILIĞINI GÖRÜN: Vermenin gücü. Her iki babam da öğretmendi. Zengin baba bana ömrüm boyunca taşıdığım bir ders verdi. Yardımsever ya da verici olmanın önemi. Eğitimli babam bana onca zamanını adadı, bilgisini aktardı, ama neredeyse hiç para vermedi. Dedim ya kenarda biraz parası olsaydı bana vereceğini söylerdi çoğu zaman. Elbette bu pek ender olurdu.

Zengin baba bana paradan başka eğitim de verdi. Gelirinin onda birini vermesi gerektiğine inanırdı. "Bir şey istersen önce vermen gerekir," derdi hep. Parası azaldığında bile gittiği kiliseye ya da en beğendiği yardım kuruluşuna bağış yapmaktan geri kalmazdı.

Size bir tek fikir aşılamam gerekse bu fikri seçerdim. Ne zaman bir şeyin eksikliğini hissetseniz bir şeye ihtiyaç duysanız, önce istediğiniz neyse onu verin, aynısı çoğalarak size geri gelecektir. İnsanın en son yapmak isteyeceği bir şeyden söz ettiğimi biliyorum, ama benim hep işime yarar. 'Her şey karşılıklıdır' ilkesine inanırım ve istediğimi veririm. Para istiyorsam para veririm ve para çoğalarak yeniden elime gelir. Satış yapmak istiyorsam satış yapmak isteyen birine yardım ederim, bütün satışlar ayağıma gelir. Belli birileriyle temas kurmak isterim, ben de gider birileriyle temas kurmak isteyen birine yardım ederim. Bütün aradığım kişilerle çok geçmeden bir temas kurarım. Yıllar önce duymuştum şu deyişi: "Tanrı'nın almasına gerek yok, ama insanoğlunun vermesi gerekir."

Zengin baba, "Yoksul insanlar zenginlerden daha açgözlüdür," derdi hep. "Eğer kişi zenginse, başkalarının istediği bir şeyleri onlara sağlıyordur," diye anlatırdı. Bunca yıldır ne zaman bir şeye ihtiyaç duysam, param eksilse ya da yardım gerekse, önce ne istediğime karar verip sonra onu verme yoluna gittim. Ne zaman verdiysem aynısı daha fazlasıyla hep bana geri geldi.

Gece ayazında kollarında odunlarla bir köşeye oturmuş, tombul göbekli sobasına bağıran adamın öyküsü geldi aklıma, "Bana sıcaklık verdiğin zaman sana odun atacağım," diyordu. İşte para, sevgi, mutluluk, satış ve insan ilişkilerinde hiç kimsenin aklından çıkarmaması gereken şey, önce istediğinizi vermektir; insan sonra istediğini fazlasıyla alır. Ne istiyorum, istediğim şeyi başkasına nasıl verebilirim sorusunun yanıtını düşünme süreci ikramiye kapılarını ardına dek açacaktır. Karşılaştığım insanların bana gülümsemediklerini fark ettiğimde, ilk yaptığım onlara gülümseyerek merhaba demektir, ansızın çevremde onlarca gülümseyen kişi olur. Yaşadığınız dünyanın sizin aynanız olduğu doğrudur.

Size öğüdüm şu: "Öğretin ki karşılığını görün." Fark ettim ki, öğrenmek isteyen kişilere daha gönülden öğrettikçe ben de daha çok şey öğreniyorum. Para hakkında daha çok şey bilmek isterseniz halihazırda bildiklerinizi başkasına öğretin. Yepyeni fikirler ve püf noktaları önünüze yağacaktır.

Elbette verdiğim halde karşılığında hiçbir şey almadığım ya da istemediğim şeyi aldığım da olmuştur. Ama daha yakından bakınca ve kendimi tartınca o sırada gönülden vermek yerine, salt almak adına verdiğimin farkına vardım.

Babam öğretmenleri eğitirdi ve başöğretmendi. Zengin baba iş anlayışını gençlere öğretirdi. Bunun karşılığında bilgilerini cömertçe paylaşmaktı onları bilge kılan. Dünyada bizden çok daha bilgili güçler var. Kendi yolunuzda kendiniz de yürüyebilirsiniz, gelgelelim o güçlerin yardımıyla bu daha kolay olacak. Tek yapmanız gereken sahip olduklarınızı cömertçe paylaşmak, o zaman o güçler de size cömert davranır.

Çalışma Oturumu

Ders: 8
İşe Koyulmak

Özet

Büyük işler bulmak kolaydır. Tam anlamıyla bisiklete binmeye benzer. Biraz sallandıktan sonra, bir dilim kek yemek gibidir. Para söz konusu olduğunda sallantıyı atlatmak için azimli olmak gerekir.

Bu büyük işleri bulmak için, içerde uyuyan finansal dehayı uyandırmalısınız. Kültürümüz bize, tüm kötülüklerin kökünde para sevgisinin bulunduğunu, yapmamız gereken tek şeyin bir meslek bulup çok çalışmamız olduğunu ve yaşlandığımızda devletin bizimle ilgileneceğini söyler. Mesaj yine çok çalış, para kazan ve harcadır. Elimiz sıkıştığında her zaman borç alabiliriz ve birçoğumuzun finansal dehası bu nedenle içeride, uykudadır.

Ancak bizim o finansal dehayı ömrümüzün milyon dolarlık işlerini bulmak amacıyla uyandırmamız gerekir. Basit yoldan bir iş bulup para için çalışmak çok daha kolaydır ama servete giden yol o değildir. Büyük halk kitlelerinin tersi yönünde hareket etmek isterseniz Robert'ın önerdiği ve kendisinin her gün uyguladığı düşünce sürecini izleyin: Finansal dehanızı uyandırmak için kullanabileceğiniz 10 basamaktan istediğinizi izleyebilir ya da kendinizinkini yaratabilirsiniz-finansal dehanız göreve hazırdır.

1. Gerçeğin ötesinde bir neden bulun: ruhun gücü

Pek çok kişi zenginlik ya da finansal özgürlük ister ancak vazgeçer, çünkü oraya varan yol çok zor görünmektedir. Saatlerce havuzda kalıp çok çalışmak için zaman veren ve sosyal anlaşmalar yapan geleceğin olimpik yüzücüsü gibi, engelleri yararak ilerlemek için insanların güçlü, net bir hedefe ya da nedene gereksinimi vardır.

Bir neden ya da bir amaç "istenenler" ve "istenmeyenlerin" birleşimidir, tıpkı Robert'ın zengin olmayı isteme nedeni gibi.

İlk olarak, "istemedikleri" istediklerini yaratır. Tüm hayatı boyunca çalışmak istemedi. Ebeveynlerine benzemeyerek, güvencesi olan bir iş ve banliyöde bir ev istemedi. Başkası için çalışmak ve kariyeriyle sürekli meşgul birisi olmak istemedi. Babasının onun futbol maçlarını kaçırmasından nefret ettiği için, sevdiklerine zaman ayıramamak istemedi. Babası öldüğünde, bütün bunların sonucu yalnızca, elde etmek için çok çalıştığı şeylere devletin tedbir koymasıydı.

Peki ne istemektedir? Robert dünyayı dolaşmak için özgür olmak, sevdiği hayat tarzında yaşamak, zamanını özgürce denetlemek, parasını kendisi için çalıştırmak istemektedir.

Robert gibi sizin de zengin olmak isteğinizin arkasında, karşınıza çıkacak aksilikler arasından geçebilmek için, sizi destekleyecek yeterince güçlü duygusal nedenleriniz olmalıdır. Robert pek çok kez para kaybetti ama devam etti, çünkü nedeni yeterince güçlüydü. 40 yaşında özgür olmak istedi oysa amacına varması 47 yaşına kadar sürdü.

Zengin olmak kolay değil ama zor da değil. Robert'ın arkasındaki güçlü neden olmasaydı onun için inanılmaz derecede zor olabilirdi. Robert öğrenmişti ki, güçlü bir neden ya da amaç olmadığı sürece hayatta her şey zordur.

Eğer yeterince güçlü bir nedeniniz yoksa yapmanız gerekenler gözünüzde büyüyeceği için, Robert daha fazla okumanızı ısrarla önermektedir.

2. Günlük seçimler yapın: seçimin gücü

Her gün zengin, yoksul ya da orta sınıftan olmayı seçme şansınız var. Harcama alışkanlığınız kim olduğunuzu gösterir. Yoksulların, yoksul harcama alışkanlıkları vardır.

Robert uzun zaman önce zengin olmayı seçti. Arkadaşı Mike'a, sağlam bir aktif varlık sütunu miras kalınca onun seçimi, bu mirası nasıl koruyacağını öğrenmekti. Bu seçim bir sorumluluğun yerine getirilmesiydi, çünkü zengin aileler aktif varlıklarını sonraki nesle bıraktıklarında bu yükümlülük genellikle gözardı edilmektedir.

Birçok kişi zengin olmamayı seçer. Kendilerine parayla ilgilenmediklerini, genç olduklarını ve bunu düşünmek için daha çok erken olduğunu söylerler ya da sayılamayacak kadar çok bahane bulurlar.

Oysa bu bahaneler onların zamanlarını (en değerli aktifleri) çalmakta ve öğrenimden yoksun bırakmaktadır. Hepimizin her gün seçim yapma fırsatı var ve bunu para, zaman ve eğitimle yapmaktayız.

Robert zengin olmayı seçti ve bu seçimi her gün yapmaktadır. İnsanlara ilk önce eğitime yatırım yapmaları için ısrar etmektedir. Bunun nedeni, zihnin en güçlü araç olmasıdır. Karar verebilecek yaşa geldiğimizde, hepimiz ne öğreneceğimizin seçimini yapabiliriz, oysa birçok kişi öğrenmeye yatırım yapmak yerine yalnızca yatırım yapmaktadır.

Kendi öğrenimine devam etmek için Robert, her yıl en az iki seminere katılmaktadır. 1973'te, emlak satın alma konusunda üç günlük bir seminere, ön ödeme yapmadan katıldı. Seminer için 385 dolar harcadı ancak orada öğrendikleri ona en az 2 milyon dolar kazandırdı ve hayatının geri kalanında çalışmama olanağı sağladı.

Robert ayrıca, CD'leri ve sesli kitapları sever. Bunun nedeni dinlediğini tekrarlayabilmesidir. Bir keresinde düşüncelerine katılmadığı bir yatırımcıyı dinlerken, konuşmayı 20 defa takrarladıktan sonra, söylediğinin anlamını kavramıştı.

Kavrayabilmesinin nedeni, yatırımcının düşüncelerine katılmadığı halde zihnini açık tutmasıydı. Ondan öğrendikleriyle şu anda sorunları, iki yol kullanarak inceliyor, ki bunun değerinin bedeli yok. Robert, Donald Trump'tan, George Soros'a çok sayıda kişiyi okuyor, dinliyor, böylece onların zihin gücüne erişiyor.

Yeni bir şey öğrendiğinizde, onu tam olarak anlamak için genellikle hata yapmak zorundasınızdır. Kibirli ve eleştirici insanlar risk almaktan korkarlar ve bu nedenle genel olarak uzmanları dinlemezler.

Bu bir zekâ sorunu değildir. Zeki insanlar akıllarını kibirle birleştirirlerse cahil olabilirler. Diğer taraftan gerçekten zeki olan kişi, yeni düşüncelere açıktır. Yeni düşünceler birikmiş düşüncelerle birleşir ve ortaya büyük bir sonuç çıkar.

Dinleyin ve öğrenin. Serveti çabuk zengin olma düşüncesiyle değil, gelecekte olabilecekleri göz önünde tutarak ele alın. Borsaya ya da gayrimenkule yatırım yapmadan önce, en büyük aktif varlığınız olan beyninize yatırım yapın.

3. Dostlarınızı dikkatle seçin: birliğin gücü

Robert bütün arkadaşlarından bir şeyler öğrenmektedir. Parası olanlardan ve finansal mücadele içinde olanlardan bilgi almaya çalışmaktadır. Finansal gücü olmayanlar ona, ne yapmaması gerektiğini öğretmektedir.

Bilyon dolarlar var etmiş birkaç arkadaşının hepsi aynı olguyu nakletmektedir: Parası olmayan arkadaşları onlara hiçbir zaman bunu nasıl başardıklarını sormamaktadır. İstedikleri sadece iş ya da borçtur ya da her ikisidir.

Robert yoksul ve korkan insanları dinlemememiz için bizi uyarmaktadır. Onlar yatırım söz konusu olduğunda her zaman olumsuz bir senaryo yazabilirler ve size her zaman bir şeyin neden işe yaramayacağını söyleyebilirler.

Herhangi bir uzmanlar heyetinde bulunan birisi size piyasanın düşeceğini, diğeri patlayacağını söyler. İkisini de dinleyin, çünkü ikisinin söylediğinde de geçerli noktalar vardır.

Kendinize karşı dürüst olun ve kalabalığın yanında hareket etmeyin. Bu, servet oluşturmanın en zor yönlerinden biri olabilir. Kalabalık çoğu zaman büyük bir işin çok gecikmesine neden olur. Onun yerine heyecanlı olabilecek bir yeni bir iş arayın.

Piyasayı belirli bir zamana göre ayarlamaya çalışmayın. Gelecek dalga için yerinizi belirleyin. Bilge yatırımcılar yatırımı popüler olmadığı zamanda yapar. Satın aldıklarında kâr ettiklerini bilirler, sattıklarında değil.

Bunların tümü "içeriden bilgi ticaretidir" (yasal şekilde): Bu ticaret, içeriye yakın olarak, paranın nerede kazanılacağı konusunda bilgisi olan zengin arkadaşlar vasıtasıyla yapılır. Bir sonraki patlamayı önceden bilmek istediğinizde içeriye girin, gelecek düşüşten önce dışarıya çıkın. Arkadaşlar bunun içindir ve finansal zekâ budur.

4. Bir formülde ustalaşın sonra yeni bir formül öğrenin: çabuk öğrenmenin gücü.

Ne öğrendiğinize dikkat edin, çünkü ne öğrenirseniz o olursunuz.

Kitlelerin tek basit bir formülü vardır: İşe git, para kazan, faturaları öde, çek defterlerini dengele, biraz karşılıklı fon satın al ve tekrar işe dön. Eğer yeterince kazanamıyorsanız formülü değiştirmek zorundasınız.

Yıllar önce Robert "İpotekli Emlak Nasıl Satın Alınır" konulu bir hafta sonu kursu aldı. Formülü öğrendi ve eyleme geçirdi, bu süreç içinde birkaç milyon dolar kazandı.

Bunun üzerine yeni formüller arayışı içinde yola koyuldu. Yeni öğrendiği bilgileri her zaman doğrudan kullanmadı, ama öğrenmeye her zaman devam etti.

Birçok yüksek okulda finansal planlama ve geleneksel yatırımlar satın alma konusunda dersler vardır. Bu dersler başlamak için uygundur, ama Robert her zaman daha hızlı formül arayışındadır. Bu nedenle pek çok kişinin ömür boyu kazandığından çoğunu bir gün içinde kazanabildiğini söylemektedir.

Bu sadece hızlı formüllerle ilgili değil, yeni formülleri hızlı öğrenmekle ilgilidir.

5. Önce kendinize para ayırın: öz-disiplinin gücü

Tüm basamaklar içinde belki de uzmanlaşması en zor olanı, eğer hamurunuzda yoksa, öz-disiplindir. Oysaki öz-disiplin zengin, yoksul ve orta sınıf arasında bir numaralı betimleyici unsurdur.

Hayat sizi oraya buraya itmekte ve üstünüzde baskı yapmaktadır. Ve finansal baskıya karşı dayanıklı değilseniz hiçbir zaman zengin olamazsınız.

Robert girişimcilik dersindeki öğrencilerine işe başlamak için önemli üç yönetim becerisi öğretmektedir: nakit akışı, insanlar ve kişisel zaman yönetimi. Yalnızca girişimcilerin değil, herkesin bu beceriler için çaba göstermesi gerekir ve bunların her biri öz-disiplini özümseyerek gelişir.

Önce kendilerine para ayıranlar

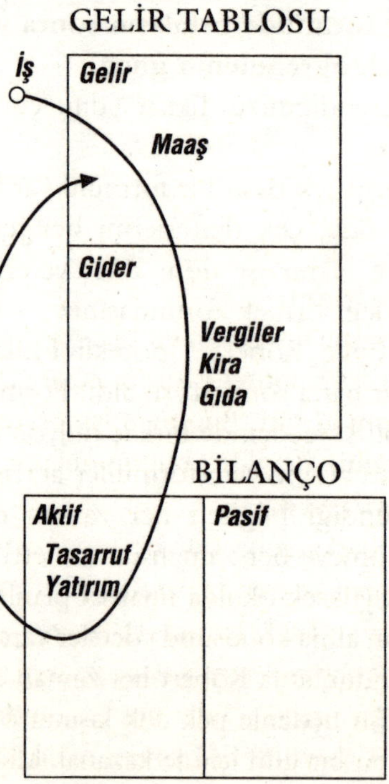

Önce başkalarına para ayıranlar

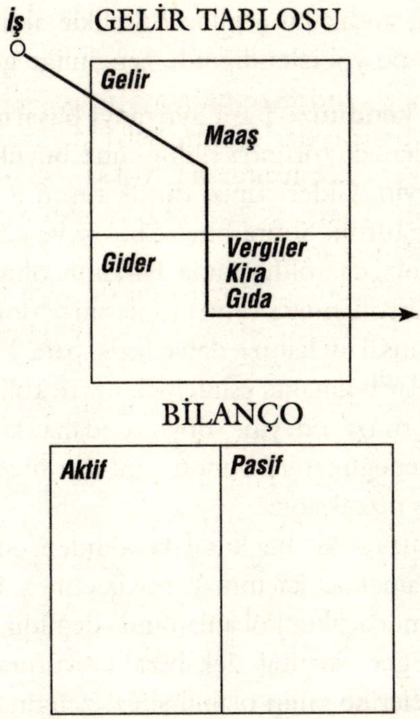

Pek çok kişi "Önce kendine para ayır" ifadesini tekrarlasa da çok azı bu ifadeyi uygulamaya koymuştur. Aşağıdaki iki şekli karşılaştırın.

Para akışını izleyin ve bu bireylerin faturalarının ödemeden önce (aktif sütununa yatırım yaparak) kendilerine nasıl para ayırdıklarını görün. Bunun anlamı faturalarınızı sorumlulukla ödemediğiniz değildir; bunun anlamı yalnızca önce kendinize para ayırmakdır.

Önce başkalarına ödeme yapanların aktif varlık sütununa yatırım yapacak çok az paraları kalır ya da hiç kalmaz.

Robert ve başkalarının da başına geldiği gibi, nakit akışının önce kendine para ayırma ve faturalar için yeterli olmadığı zamanlar vardır. Onlar her durumda önce kendilerine para ayırırlar. Alacaklılar bağırırken sakin kalmak içsel dayanıklılık gerektirir, ancak bu şekilde öncelikle aktif varlıklara yatırım yapılır ve bu yol izlendiğinde zenginliğe götürür.

Önce kendinize para ayırmayı başarmak:

1. Ödemek zorunda olduğunuz büyük borçlar içine girmeyin. Giderlerinizi düşük tutun. Önce aktif varlıkları oluşturun. Sonra büyük bir ev ve güzel bir araba alın.
2. Eliniz dar olduğunda baskının oluşmasına izin verin, tasarruflarınıza ve yatırımlarınıza dokunmayın. Baskıyı, finansal dehanızı daha fazla para kazanmak için yeni yollar bulmakta esinlemek üzere kullanın ve sonra faturalarınızı ödeyin. Böylece daha fazla para kazanma yeteneğinizi ve bunun yanı sıra finansal zekânızı artırmış olacaksınız.

Unutmayın ki, bu kural kendinden ödün vermeyi ya da para harcamaktan kaçınmayı teşvik etmez. Önce kendine para ayır ve sonra açlıktan öl anlamında değildir. Hayat keyif almak içindir. Eğer finansal zekânıza başvurursanız hayatın tüm şekerlemelerine sahip olabilirsiniz, zengin olursunuz ve faturaları ödersiniz.

6. Simsarlarınıza iyi para ödeyin: yararlı öğüdün gücü

Pek çok kişi düşük komisyonlu aracı kullanarak ya da evlerini kendileri satarak biraz dolar tasarrufu yapmaya çalışır. Oysaki iyi profesyoneller size yalnızca zaman kazandırmaz, para da kazandırır.

Bilgiye değer biçilemez. İyi bir simsar bilginin yanı sıra para kazanmanızı sağlamak zorundadır. Onlardan öğrenin. Gerçekte, onlara yaptığınız ödeme, onların size verdikleri bilgiyle kazanabileceğiniz paranın miktarıyla kıyaslandığında çok azdır.

Tüm simsarlar eşit yaratılmamıştır. Onlarla mülakat yapın ve kendilerine ait ne kadar mülkleri ve yatırımları olduğunu öğrenin. Yararlarınızı içtenlikle koruyacak bir simsar bulun ve ona karşı adil olun.

Şirketlerin yönetim kurulları vardır, çünkü çevrelerinde kendilerinden daha akıllı insanlar olmasının değerini bilirler. Sizin de bir yönetim kurulunuz olmalıdır.

7. Kızılderililer gibi karşılıksız verin: bir şeyi karşılık ödemeden almanın gücü

"Kızılderili gibi veren" terimi ilk Avrupalı göçmenler Yeni Dünyaya geldiklerinde kültürel bir yanlış anlama sonucu ortaya çıkmıştır. Bir göçmen üşüdüğünde Kızılderili ona bir battaniye vermişti. Göçmen yanlış anlayarak battaniyeyi hediye zannetmiş ve Kızılderili onu geri istediğinde gücenmişti. Aralarındaki alış verişin amacı anlaşılmamıştı.

Aktif sütununa yatırım yapmayla ilgili olarak, Kızılderili gibi vermek anahtardır. Bunun anlamı başlangıç yatırımınızı çabucak geri almaktır.

Robert'ın 50.000 dolara satın aldığı bir daire buna örnektir. Yüksek sezonda 2500 dolar, yılın geri kalanında 1000 dolar kira getirmiştir. Takriben üç yıl içinde satış parasını karşılamıştır. Aslında Robert'ın 50.000 doları cebine geri girmiştir. Ve aktif ona her ay para kazandırmaya devam etmektedir.

Bazısı riski sevmez ve parasını tasarruf hesabında tutar, oysa orada hiçbir şey kazanmaz. Ve ayrıca onunla hiçbir şeyi bedavaya getiremezler.

Robert, her yatırımın olumlu bir yanı olması gerektiğini söyler, bedavaya bir şey- küçük bir depo, bedava bir arazi parçası, borsa hisseleri, bir ev. Ayrıca risk sınırlı olmalıdır.

8. Lüks satın almak için aktif varlıklarınızın gelirini kullanın: odaklanmanın gücü

Robert lüksü sevmektedir ancak lüks için borçlanmaz, onun yerine lüks satın almak üzere para yaratmak için aktif varlık sütununa odaklanır.

Ergenlik çağındaki oğlu araba isteyen arkadaşını örnek olarak paylaşmaktadır. Arkadaşı tercihen arabayı oğluna kendisi almak istemedi ve oğlunun birikmiş parasını bunun için kullanmasını da uygun bulmayarak, ona 3000 dolar ve borsa konusunda bilgi verdi, ayrıca 3000 doları doğrudan araba satın almak için kullanamayacağını söyledi. O parayla yatırım yapmak zorundaydı, 6000 dolar kazandığında bir araba alabilirdi ve daha önceki 3000 dolar da eğitim masraflarına gidecekti.

Oğul bu kazancı yeni fark etmesine rağmen fazlasıyla ilgilendi ve öğrenerek bilgisini gittikçe artırdı. Ona hayatı boyunca çok yararlı olacak bir ders almaktaydı: istediği şeye ücret ödeyerek sahip olmak yerine, aktif varlıklar geliştirmek. Aktif sütununda nakit akışı geliştirmek teoride kolaydır, zor olan parayı doğru kullanıma yönlendirecek zihinsel cesarettir. Borç almak kısa dönemde kolaydır, uzun vadede daha zordur.

9. Kahramanlar seçin: efsanenin gücü

Çocukların en güçlü öğrenme yollarından biri kahramanları gibi davranmaları, onları taklit etmeleridir.

Robert'ın kahramanları yetişkinlik döneminde değişmiş olmasına rağmen buna devam etmektedir. Beyzbol sopasıyla topa vururken Willie Mays'i taklit etmek yerine, bir iş pazarlığı yaparken Donald Trump'ın gösterişini ya da indekslere bakarken Warren Buffet'nin çözümsel becerisini devreye sokmaktadır.

Kahramanlarımız olduğunda onların dehasından yararlanırız, çünkü yaptıklarının kolaymış gibi görünmesini sağlarlar, bu bizi denemek üzere esinler.

10. Öğretin ve bunun size getireceklerini görün: vermenin gücü

Robert zengin babadan eğitimle birlikte para vermeyi de öğrendi. Zengin baba şöyle söylerdi "Eğer bir şey istiyorsanız önce yapmanız gereken onu vermektir." Paraya sıkıştığında kilisesine ya da beğendiği yardım derneğine para verirdi.

Bir şeye gereksinim duyduğunuzda, ki bu para, tebessüm, sevgi ya da arkadaşlık olabilir, önce verin. O size sağanak şeklinde geri gelecektir.

Bu aynı zamanda, öğretmek için geçerlidir. Ne kadar çok öğretirseniz o kadar çok öğrenirsiniz. Robert'ın babalarının ikisi de bunu ispatlamıştır.

Sahip olduklarınızdan cömertçe verin ve vermenin kendisinin getirdiği keyif için verdiğinizden emin olun, sadece almak için vermeyin.

Sol-yarıküre açısı: Aktif varlık sütunu oluşturmanın önceliğini korumak amacıyla, öz-disiplinli olarak önce kendinize para ayırın.

Sağ-yarıküre açısı: Zihninizi yeni düşüncelere ve yeni yöntemlere açın. Yeni düşünceler, birikmiş düşüncelerin sinerjisini artırabilir.

Bilinçaltı açısı: Zengin olmayı istemekle ilgili kökleşmiş duygusal nedenleri dizginleyin. Onları güçlendirin. Zenginliğe giden yol boyunca, engellerle başa çıkmakta size yardım edeceklerdir.

Robert Ne Söylemekteydi

Şimdi yansıtma zamanı. Kendinize sorun, "Bu parçada Robert ne söylemektedir? Ve "Bunu *niye* söylemektedir?" Bu bölümde Robert ile aynı fikirde olmak ya da zorunda değilsiniz. Hedef, Robert'ın ne dediğini *anlamaktır*.

Hatırlayın ki, bu eğitim programı işbirlikçi ve destekleyici olmak için tasarlanmıştır. İki akıl birden iyidir. Eğer Robert'ın ne dediğini anlamıyorsanız bundan rahatsız olmayın. Anlamak için yardım isteyin. Her alıntıyı anlayana kadar tartışmaya zaman ayır

"Altın her yerdedir ama birçok kişi onu görecek bilgiye sahip değildir."

"Güçlü bir neden ya da amaç olmadıkça hayatta her şey zordur."

"Finansal olarak elimize geçen her dolarla, gelecekte zengin, yoksul ya da orta sınıf olmayı seçme gücüne sahip oluruz."

"Nüfusun yüzde doksanı televizyon, yalnızca yüzde onu iş kitapları satın amaktadır."

"Her birimiz yüksek tahsilli kişiler tanırız ve onların akıllı olduklarına inanırız, oysaki bilançoları farklı bir resim çizer."

"Parası olan arkadaşlarımın, para hakkında konuştuklarını fark ettim. Onlar bunu öğünmek için yapmıyor. Konuya ilgi duyuyorlar. Onun için ben onlardan öğreniyorum, onlar benden."

"Eğer yaptığınız işten yorulduysanız ya da yeterince kazanmıyorsanız yapacağınız şey basittir: para kazandığınız yolun formülünü değiştirmek."

"İçsel dayanıklıktan yoksun insanlar genellikle öz-disiplini olanların kurbanı olurlar."

"Pek çok zaman para kaybettiğim oldu, ancak ben yalnızca kaybetmeyi karşılayabileceğim kadar parayla oynarım."

"Kolay yol genellikle zor gelir, zor yol genellikle kolay gelir."

İlave Sorular

Şimdi, bu bölümdeki öyküleri, Robert'ın ne söylediğini anlayarak, kendinize ve hayatınıza uygulama zamanı. Aşağıdaki soruları kendinize sorun ve onları çalışma arkadaşınızla tartışın. Kendinize ve arkadaşınıza karşı dürüst olun. Eğer verdiğiniz bazı cevapları beğenmezseniz kendinize değişmek isteyip istemediğinizi, düşüncelerinizi ve zihin kalıplarınızı değiştirme zorluğunu kabul edip etmediğinizi sorun.

1. Zengin olmayı isteme nedenleriniz, "istedikleriniz" ve "istemedikleriniz" nelerdir? Robert bunların yeterince güçlü olduğunu düşünür müydü?
2. Harcama alışkanlıklarınız istediğiniz hayatı yansıtıyor mu? Eğer değilse neyi değiştirebilirsiniz?
3. Her gün öğrenmek için seçtiğiniz konu ne? En son ne zaman bir seminere gittiniz ya da işle ilgili bir kitap okudunuz? (Bu kitabın dışında)

4. Finans hakkında arkadaşlarınızdan iyi ya da kötü ne öğrendiniz?
5. Öz-disiplin kasınız yeterince güçlü mü, yoksa antrenman mı gerektiriyor?
6. Bir yönetim kurulunuz, hayatınızda mükemmel bilgileri ve size para kazandırma yetenekleri için iyi para verdiğiniz simsarlar ve diğer profesyoneller var mı?
7. Basamakla ortaya koyulan kavramı anladınız mı? Eğer anlamadınızsa çalışma arkadaşınızla onu tartışın.
8. En son lüks satın aldığınızda ödemesini nasıl yaptınız?
9. Sizin finansal kahramanınız kim? Hangi davranışlarla bu kişiye benzemeye çalışmaktasınız.

Terim tanımlaması:
YG: Yatırım getirisi.

NOTLAR

Bölüm 9

Daha Fazlasını mı İstiyorsunuz?

Benim on adımım birçok insanı tatmin etmiyor olabilir. Onlar bu adımları yöntem olarak değil de, hareket biçimi diye görürler. Bana göre yöntemi anlamak da hareket biçimi kadar önemli. Kimileri vardır, düşünmek yerine yapmak ister; bir de düşünüp de yapmayanlar var. Ben her iki gruba da dahilim. Yeni fikirlere bayılırım, hareketi severim.

İşe koyulmak üzere "yapılacaklar listesini" öğrenmek isteyenlerle kendi yaptığım şeyleri kısaca paylaşayım.

- *Yaptığınızı yapmayı kesin.* Başka türlü söylemek gerekirse mola verin ve neyin işe yaradığını, neyin yaramadığını değerlendirin. Deliliğin tanımı, hep aynı şeyi yaparak farklı bir sonuç almayı beklemektir. İşe yaramayanı yapmayı bırakın ve yapacak yeni bir şey arayın.
- *Yeni fikirler arayın.* Yeni yatırım fikirleri bulmak için ben kitapçılara gider, farklı ve ender konularda yazılmış kitaplara bakarım. Bunlar benim için formüldür. Hakkında hiçbir şey bilmediğim bir formülü anlatan 'nasıl-yapmalı' kitaplarından edinirim.

Örneğin Joel Moskowitz'in *The 16 Percent Solution* (Yüzde 16 Çözüm) adlı kitabı bir kitapçıda gözüme ilişmişti.

Sonraki perşembe günü, kitapta yazanların aynısını yaptım. Çoğu harekete geçmez, üstünde çalıştıkları yeni formül her neyse birileri onları caydırsın diye bakar. Komşum yüzde 16 faizin akıl kârı olmadığını söylemişti. Ona kulak asmadım bile, çünkü hiç denememişti.

- *Yapmak istediğinizi yapmış birilerini bulun.* Öyle kimseleri yemeğe götürün. Alışverişin hilelerini, püf noktalarını anlattırın onlara. Yüzde 16 getirisi olan kâğıtlar hakkında bilgi edinmek için ilçe vergi müdürlüğüne gittim, orada çalışan devlet memurunu buldum. Onun da parasını aynı kâğıtlara yatırdığını öğrendim. Kadını hemen öğle yemeğine davet ettim. Bütün bildiklerini ve nasıl bir yol izlediğini bana zevkle anlattı. Yemekten sonra, günün geri kalanını bana her şeyi göstermeye ayırdı. Ertesi gün onun sayesinde iki menkul değer satın aldım ve o günden beri de yüzde 16 faizim tıkır tıkır işliyor. Kitabı bir günde okumuş, harekete geçmem bir gün almış ve iki eşsiz yatırım aracına sahip olmam bir gün sürmüştü.
- *Kurs alın, okuyun ve seminerlere katılın.* Yeni ve ilginç kurslar bulmak için ben gazetelerin her köşesini gözden geçiririm. Bunların çoğu ya ücretsizdir ya da ücret çok düşüktür. Öğrenmek istediğim konularda pahalı seminerlere de katıldığım olur. Gittiğim kurslar sayesinde, servet sahibi ve bir işte çalışması gerekmeyen özgür biriyim artık. Paramı boşa harcadığımı söyleyerek böyle kurslara katılmayan arkadaşlarım hâlâ aynı işte çalışıyor.
- *Fiyat teklifi yapın.* Bir gayrimenkulün peşinde olduğum zaman daha pek çok gayrimenkule bakar, fiyat teklifi yaparım. Doğru teklif hakkında bir fikriniz yoksa benim durumumun da sizden farklı olmadığını unutmayın. Bu, emlak komisyoncusunun işidir. Fiyat tekliflerini onlar yapar. Ben olabildiğince daha az iş üstlenmekten yanayım.

Bir arkadaşım nasıl apartman daireleri alınacağını ona öğretmemi istemişti. Bir cumartesi günü, o ve komisyoncusuyla birlikte yollara düşüp altı apartman dairesini gezdik. Dördü berbattı, ama ikisi fena değildi. Hepsine fiyat teklif edelim, hem de istenen fiyatın yarısını önerelim, dedim. Hem arkadaşım hem de komisyoncusu az kalsın kalp krizi geçireceklerdi. Kaba bir davranış olmaz mı, satıcıları kızdırmaz mıyız, diye itiraz ettiler; bence komisyoncu uğraş vermek istemiyordu. Kıllarını kıpırdatmadılar, daha kelepir evler aramaya karar verdiler.

Hiçbir eve fiyat teklifi yapmadılar, zaten o arkadaşım da hâlâ uygun fiyata uygun yer aramayı sürdürüyor. Sizden başka biri daha aynı yere talip olmadıkça uygun fiyatı asla bilemezsiniz. Mülkünü satışa çıkaranların çoğu yüksek fiyat ister. Değerinin altında fiyat isteyen bir satıcıyla ender karşılaşılır.

Kıssadan hisse: Fiyat teklifi yapın. Yatırımcı olmayan insanlar bir şey satmaya çalışmanın nasıl bir şey olduğu hakkında hiçbir fikre sahip değildir. Satılığa çıkartıp aylarca satamadığım bir gayrimenkulüm vardı. Her fiyata razıydım. Ne kadar düşük olursa olsun. Bana on domuz vermeyi teklif etseler bile seve seve kabul edecektim. Belki karşı teklif olarak bir domuz çiftliği isterdim. Gel gör ki oyunun kuralı böyle. Satın alma ve satma oyunu eğlencelidir. Bu ayrıntıyı unutmayın. Hem eğlence hem de alt tarafı bir oyun. Fiyat teklifleri verin. Belki birisi "evet" der.

Her yaptığım teklifte açık bir kapı bırakırım. Gayrimenkul tekliflerine şu cümleyi mutlaka eklerim: "İş ortağımın onaylaması koşuluyla." İş ortağımın kim olduğunu açık etmem. Çoğu kimse ortağımın kedim olduğundan habersizdir. Onlar teklifi kabul etse de, eğer anlaşmayı istemiyorsam, evimi arar, kedimle konuşurum. Böyle saçma sapan sözler ederken amacım, oyunun gülünç denilecek kadar kolay ve basit olduğuna işaret etmek. Oysa pek çokları oyunun çok zor olduğunu düşünür ve her şeyi aşırı ciddiye alır.

Düşeş bir mülk, uygun iş, doğru insanlar, doğru yatırımcılar vb bulmak flört etmeye benzer. Piyasaya çıkıp çok sayıda kişiyle konuşmanız, pek çok teklif, karşı teklif ve pazarlık yapmanız, teklifleri geri çevirmeniz ve kabul etmeniz gerekir. Tek başına yaşayıp evinde oturup telefon çalsın diye bekleyenleri bilirim, oysa Cindy Crawford ya da Tom Cruise olmadıkça dışarı çıkıp piyasa yapmaktan başka çözüm yolu olduğuna inanmıyorum; gideceğiniz yer süpermarket olsa bile... Arayın, teklif edin, geri çevirin, pazarlık edin, kabul edin; bunların hepsi hayatta atılan her adımın simgesidir neredeyse.

- *Koşuya, yürüyüşe çıkın ya da ayda bir kez olsun on dakikalığına aynı çevrede arabayla turlayın.* En kelepir gayrimenkulleri koşuya çıktığımda bulmuştum. Bir yıl boyunca hep aynı mahallede koşu yaparım. O sırada sağda solda gözüme çarpacak değişiklikler ararım. Çünkü bir satın alım işinde kâr için olmazsa olmaz iki unsur vardır: Uygun fiyat ve değişim. Ortalıkta uygun fırsat çok, ama düşeş bir malı kârlı bir işe çevirmek için değişiklik gerek. Bu nedenle koşuya çıktığımda yatırım yapmayı seçtiğim bir mahalleye giderim. Oranın ünü, ince ayrımları görmemi sağlar. Evlerin önünden uzun zamandır kaldırılmayan satılık ev levhalarına bakarım. Bunun anlamı satıcının pazarlığa açık olmasıdır. O mahalleye girip çıkan nakliye kamyonlarını izlerim. Durup şoförleriyle sohbet ederim. Postacılarla konuşurum. Mahallede olup bitenler hakkında bildikleri şaşırtıcıdır.

  Kötü ün yapmış bir mahalle, özellikle ortalıkta dolaşan söylentilerle herkesi oradan kaçırtmış bir yer bulurum. Yıl içerisinde oradan arabayla geçer, iyiye gidiş var mı diye incelerim. Perakende dükkânlarıyla, özellikle de yenileriyle konuşur, ne zaman oraya geldiklerini öğrenirim. Ayda birkaç dakika ayırmak yeter de artar; bir dükkândan ötekine giderken jimnastiğimi, sporumu yaparım.

- Borsa kâğıtlarına gelince, değeri artanları seçmede Peter Lynch'in *Beating the Street* [Sokakları Mat Etmek] adlı kitabına başvururum, yatırım alanı ister gayrimenkul olsun, ister borsa, yatırım fonları, yeni şirketler, eve yeni bir hayvan, yeni bir ev, yeni bir eş ya da uygun fiyatlı bir çamaşır deterjanı, ilkeler değişmez.

- *Tüketiciler neden yoksuldur?* Bir alışveriş merkezinde indirim varsa, diyelim tuvalet kâğıdı fiyatlarında, tüketici kesim koşar ve alışveriş arabasını o ürünle doldurur. Gelgelelim, borsada indirim varsa ki buna endeksin düşmesi, bazen de düzeltme denir, tüketici ondan kaçar. Alışveriş merkezinde fiyatlar yükseldiğinde tüketici başka yere yönelir. Borsada endeks yükselince tüketici satın almaya başlar. Her zaman hatırlayın: Kazanç satın alırken sağlanır, satarken değil.
- *Doğru yerlerde alışveriş yapın.* Komşularımdan biri 100 bin dolara bir sitede daire almıştı. Aynı yerde, hemen kapı komşusu olmak için benim ödediğim fiyat 50 bin dolardı. Komşum bana fiyatın yükselmesini beklediğini belirtti. Ben de ona, kâr satın alırken yapılır, satarken değil, dedim. Kendi adına hiçbir mülk edinmemiş bir emlakçıyla çıkmıştı alışverişe. Ben bankaların ipotek koyduğu gayrimenkullerin peşine düşerim. Bunun nasıl yapıldığını öğrenmek için gittiğim kursa 500 dolar ödemiştim. Komşum gayrimenkul yatırım kursuna 500 dolar ödemeyi fahiş bulmuştu. Ne o miktarı karşılayabilirdi ne de zaman ayırabilirdi. Ama hâlâ fiyatın yükselmesini bekliyor.
- *Öncelikle satın almaya hazır kişileri bulun, sonra satmak isteyenleri arayın.* Bir arkadaşım belli bir arsanın peşindeydi. Parası vardı, ama zamanı yoktu. Onun satın almayı hedeflediğinden daha büyük bir arazi buldum, fiyat teklifi verdim, arkadaşıma telefon ettim, bir bölümünü almaya razı oldu. O bölümü ona sattım, sonra

bütün araziyi ben satın aldım. Kendime aldığım araziyi bedavaya getirmiştim. Kıssadan hisse, pastayı alın ve dilimlere ayırın. Çoğu kimse karşılayabilecekleri kadarını arar, dolayısıyla alacakları birer dilimdir. Ama o dilimi almak için de para öderler. Küçük düşünenler büyük balığı yakalayamazlar. Eğer zengin olmak istiyorsanız önce büyük düşünmeyi öğrenmelisiniz.

- *Büyük düşün.* Perakende satıcıların toplu alımlarda indirim önermesinin nedeni basittir; iş dünyası üyelerinin çoğu çok para harcayanları sever. Buna göre, siz küçük olsanız bile büyük düşünebilirsiniz. Şirketim bilgisayar almak için pazar araştırması yaptığında, birkaç tanıdığıma telefon edip bilgisayar almaya niyetleri olup olmadığını sordum. Sonra hep birlikte farklı satıcılara gittik ve çok büyük bir indirim aldık, çünkü çok sayıda bilgisayar alıyorduk. Borsa kâğıtlarında da aynı yöntemi uygularım. Küçük insanların, küçük kalmalarının nedeni küçük düşünmeleridir. Ya tek başlarına hareket ederler ya da yerlerinden kıpırdamazlar.

- *Tarihten ders alın.* Borsadaki büyük şirketlerin her biri başlangıçta küçük şirketler olarak kurulmuştu. Altmışına geldiğinde bütün varını yoğunu kaybedene kadar Albay Sanders zengin bir adam değildi. Bill Gates daha otuzuna gelmeden dünyanın en zenginleri arasında sayılmaya başlamıştı.
- *Hareket ataleti daima alt eder.*

İşte, size fırsat yakalamak için kendi izlediğim ve izlemeye devam ettiğim birkaç yol sıraladım. Burada dikkat edilecek sözcükler şunlardır: "İzledim" ve "izlemeye devam ediyorum." Kitap boyunca pek çok kez tekrarladığım üzere maddi ödüller alabilmek için önce harekete geçmelisiniz. Haydi davranın!

Çalışma Oturumu

Daha Fazlasını mı İstiyorsunuz?

Özet

İşe başlamak üzere yapılacaklar listesini ele almak isyeyenler için Robert'ın yaptıkları kısaltılmış olarak aşağıdadır.

- *Yaptığınızı yapmayı durdurun.* Ara verin ve yaptıklarınızdan hangilerinin işe yarayıp hangilerinin işe yaramadığının değerlendirmesini yapın
- *Yeni düşünceler arayın.* Kitapçılara gidin, farklı ve eşsiz konularda kitaplar arayın. Joel Moskowits'in *The 16 Percent Solution* (Yüzde 16 Çözüm) adlı kitabı, Robert'a yeni bir şey öğretti ve onu ileriye doğru harekete geçirdi.
- *Yapmak İstediğinizi Yapan Birisini Bulun.* Onu yemeğe götürün, işle ilgili ipuçları ve sırlar hakkında bilgi alın.
- *Dersler alın, okuyun ve seminerlere katılın.* Robert gazetelerde ve internette yeni ve ilginç dersler aramaktadır.
- *Olabildiğince çok teklif verin.* Başka birisi aynı malı satın almak isteyene kadar, doğru fiyatı bilmezsiniz. Satıcılar çoğunlukla çok yüksek fiyat isterler. Malın değerinden az fiyat isteyen satıcı ender bulunur. Bu yalnızca bir oyundur ve

eğlencelidir. Teklifler yapın. Birisi evet diyebilir. (Tekliflerinizi cayma şartıyla yapın.)

- *Ayda on dakika belli bir alanda koşun, yürüyün ya da araba kullanın.* Robert en iyi emlak yatırımlarını böyle bulmuştu. Koşu sporunu, bir yıl boyunca belli bir mahallede değişikliklere dikkat ederek yapar. Bir yatırımın kârlı olması için iki unsur gereklidir: kelepir olması ve değişim. Ucuz fiyata çok mülk vardır ama bir kelepiri kârlı bir fırsata çeviren değişikliktir. Bu iş ayda yalnızca birkaç dakika almaktadır ve dükkânlar arasında gidip gelirken bir yandan da spor yapmaktadır.
- *Marketlerde düşük fiyatlı mallar satın alın.* Tüketiciler her zaman yoksul olacaktır. Süpermarkette ucuzluk olduğunda, diyelim ki tuvalet kâğıdında, tüketici oraya koşar ve stok yapar. Aynı tüketici borsada bazen bir düşüş ya da düzeltme nedeniyle fiyatlar düştüğünde oradan kaçar. Hatırlayın: Kazanç satın almada sağlanır, satarken değil.
- *Doğru yerlere bakın.* Robert'ın komşusu site içinde bir daire için 100.000 dolar ödedi. Robert onun yanında tamamıyla aynı bir daireyi 50.000 dolara satın aldı. Komşu Robert'a, daireyi satmak için fiyatının yükselmesini beklediğini söyledi. Robert, kazancın satarken değil, satın alırken sağlandığını belirtti. Komşusu daireyi alırken, kendine ait hiçbir mülkü olmayan bir simsarla çalışmıştı. Robert ise ipotekli icra kanalıyla satın almıştı, bunun nasıl yapıldığını 500 dolar ödediği bir dersten öğrenmişti.

Komşusu emlak dersi için 500 doları çok pahalı bulmuş, ödeyemeyeceğini, ayrıca zaman ayıramayacağını bildirmişti. Onun için fiyatın yükselmesini bekliyordu.

- *Önce satın almak isteyen kişileri arayın.* Daha sonra satmak isteyenleri. Pastayı alın, parçalara bölün. Birçok kişi ödeyebileceği kadarını aradığı için çok küçüğüne bakar. Yalnızca bir dilim pasta alır ve sonunda küçük bir şey için büyük para öder. Küçük düşünenler büyük şans elde edemez. Eğer zenginleşmek istiyorsanız büyük düşünün.

• *Büyük düşünün.* Perakendeciler son derece basit olarak, birçok işadamı gibi çok harcayan müşterilere ve yüklü satışlara, büyük indirim yapmaya bayılırlar. Siz tek kişi olarak bu durumdan yararlanmak için, belli bir nesneden çok miktarda almak istediğinizden, başkalarıyla bir araya gelerek, büyük bir indirim almak üzere pazarlık edebilirsiniz. Küçük insanların küçük kalmalarının nedeni küçük düşünmeleri, yalnız hareket etmeleri ya da hiç hareket etmemeleridir.

• *Tarihten ders alın.* Borsadaki tüm büyük şirketler, küçük şirket olarak başlamıştır. Colonel Sanders 60'larda her şeyini kaybettikten sonrasına kadar zengin değildi. Bill Gates, 30 yaşından önce dünyanın en zengin adamlarından biriydi.

• *Hareket her zaman durgunluğun üstesinden gelir.* Finansal ödüller alabilmeniz hareket etmenizi gerektirir. Hemen harekete geçin.

İlave Sorular

Şimdi, bu bölümdeki öyküleri, Robert'ın ne söylediğini anlayarak, kendinize ve hayatınıza uygulama zamanı. Aşağıdaki soruları kendinize sorun ve onları çalışma arkadaşınızla tartışın. Kendinize ve arkadaşınıza karşı dürüst olun. Eğer verdiğiniz bazı cevapları beğenmezseniz kendinize değişmek isteyip istemediğinizi, düşüncelerinizi ve zihin kalıplarınızı değiştirme zorluğunu kabul edip etmediğinizi sorun.

1. Yapılacaklar listesi size ilham kaynağı mı oldu, gözünüzü mü korkuttu?
2. Yukarıdaki listeden hangileri zaten yaptığınız hareketler arasında?
3. Listeyi okuduktan sonra hangi maddeyi daha önce düşünmediğinizi ya da tam olarak kullandığınızı fark ettiniz? O maddeyi hangi basamaklarla hayata geçirmeyi düşünüyorsunuz

NOTLAR

Sonsöz

Sizinle son sözlerimi paylaşmak isterim.

Bu kitabı yazmamın ve 2000'den beridir en çok satan olarak kalmasının başlıca nedeni, hayatın ortak sorunlarını çözmede gelişmiş finansal zekânın nasıl kullanılabileceği konusuna katkım olmasını istememdir. Finans eğitimi olmazsa hepimiz hayatla başa çıkmada basmakalıp yöntemleri uygularız: Çok çalışmak, tasarruf etmek, ödünç para almak ve aşırı vergi ödemek. Oysa bugün bize gereken daha çok bilgidir.

Şimdi anlatacağım öykü, bugünün genç ailelerinin karşı karşıya kaldığı mali sorunlara örnektir. Çocuklarınıza iyi bir öğrenim ve kendi emeklilik günlerinizi karşılayacak maddi olanakları nasıl sağlarsınız? Aynı amaca ulaşmak için çok çalışmak yerine, finansal zekâyı kullanmakla ilgili bir örnek veriyorum.

Bir arkadaşım dört çocuğunun üniversite öğrenimi için para biriktirmenin zorluğundan yakınıyordu bir gün. Her ay fona 300 dolar koyuyordu, ama o güne dek biriken toplam para, ancak 12 bin dolar ediyordu. Oysa üniversite yılları boyunca dört çocuğu için 400 bin dolar paraya ihtiyacı olduğunu tahmin ediyordu. En büyük oğlu altı yaşındaydı, demek ki gereken parayı biriktirmek için on iki yıl kadar bir zamanı vardı.

O dönemlerde, Phoenix'teki emlak piyasası berbat durumdaydı. Herkes evini elden çıkarmaya bakıyordu. Sınıf arkadaşlarımdan birine, aile fonunda biriken parasıyla, kendine bir ev daha satın almasını önerdim. Fikir hoşuna gitmişti, birlikte olanakları gözden geçirmeye başladık. Bankaya borcu vardı, dolayısıyla bir ev daha almak için bankanın kendisine kredi vermeyeceğini düşünüyordu. Gayrimenkul almak için bankadan başka kaynaklar da yaratılabileceğini anlattım ona.

İki hafta boyunca aradığı özelliklerde ev bulmak için yollara düştük. Seçenekler çoktu, bayağı eğleniyorduk. Sonunda iyi bir semtte üç yatak odalı, iki banyolu bir ev bulduk. Ev sahibi işten çıkarılmıştı, Kaliforniya'da yeni bir iş bulmuş, ailesiyle birlikte oraya göçmeye hazırlanıyordu, dolayısıyla evi satması gerekiyordu.

Eve 102 bin dolar fiyat biçmişti, ama biz 79 bin dolar teklif ettik. Hemen kabul etti. Ev tüketici kredisiyle alınmıştı, demek ki işsiz güçsüz bir serserinin bile bankanın onayı gerekmeksizin evi satın alması işten bile değildi. Ev sahibinin 72 bin dolar borcu vardı, bu durumda arkadaşım geriye kalan

7 bin doları, borçla satış fiyatı arasındaki farkı ödeyecekti. Ev sahibi oradan taşınır taşınmaz, arkadaşım evi kiraya verdi. İpotek masrafları da dahil, bütün harcamalardan sonra arkadaşımın cebine ayda 125 dolar kalıyordu.

On iki yıl boyunca evi elinde tutmayı, o 125 doları her ay ana borca yatırarak ipoteği bir an önce kaldırmayı tasarlıyordu. On iki yılda ipoteğin büyük bölümünün ödeneceğini hesaplamıştık; büyük oğlu üniversite çağına gelene kadar ayda 800 dolarını temizlemiş olacaktı. Eğer değeri artarsa evi satabilirdi de.

Üç yıl sonra Phoenix emlak piyasası ansızın hareketlendi, arkadaşımın kiracısı evi pek sevmişti, 156 bin dolar fiyat teklifi vererek eve alıcı oldu. Arkadaşım yine bana danıştı, 1031 numaralı vergi borcu erteleme anlaşmasıyla satmasını söyledim.

Hiç ummadığı bir sırada arkadaşımın eline istediği gibi kullanabileceği 80 bin dolar geçmişti. Teksas'ın Austin kentinde yaşayan bir dostuma telefon ettim, vergi ertelemeli parasını küçük bir depoya yatırmıştı. Birlikte iş yapma konusunda anlaşmaya vardılar. Üç ay içinde dört çocuklu arkadaşımın eline ayda 1000 dolar geçmeye başlamıştı, o da bu geliri artık hızla çoğalan yükseköğrenim fonuna aktarıyordu. Birkaç yıl sonra o küçük depo satılınca satıştan kendisine düşen pay 330 bin dolardı, bu kez parayı bir başka projeye yatırarak aynı fona ayda 3 bin dolar aktarmaya başladı. "Arkadaşım artık kendinden pek emin, hedefine kolayca ulaşacağına inanıyor." Bu yola adım atarken ona tek gereken, 7900 dolar ve biraz finansal zekâ olmuştu. Çocukları istedikleri eğitimin bedelini karşılayabilecekler, o da şirketine yatırdığı anaparayı emeklilik günlerine ayırabilecek. Böylesine usta bir yatırım stratejisi sayesinde daha erken emekli olabilecek.

Bu kitabı okuduğunuz için teşekkür ederim. Dilerim, size paranın gücünden yararlanmakla ilgili işinize yarayabilecek ipuçları sunabilmişimdir. Günümüzde yalnızca ayakta kalabilmek için bile daha üstün finansal zekâya sahip olmamız gerekiyor. 'Para kazanmak için para gerek' kanısı finansal açıdan cahil kimselere özgü. Ama bu onların zeki olmadıkları anlamına gelmez. Bunlar olsa olsa para kazanma bilimini öğrenmemiş kişilerdir.

Para yalnızca bir kavram. Daha fazla paranız olsun istiyorsanız düşünce biçiminizi değiştirin. Kendi kendini yetiştirmiş kimseler küçük kuramlarla başlamış, daha sonra büyütmüşlerdir. Ömürleri boyunca büyük işler peşinde koşan ya da büyük bir işe girmek için para biriktirmeye çalışan birçok insanla karşılaşırım. Bu tutumları bana aptalca gelir. Tek bir alana bütün paralarını yatıran ve varını yoğunu süratle kaybeden cahil yatırımcılar tanırım. Belki çalışkan insanlardır, ama iyi yatırımcı olmadıklarına kuşku yok.

Para konusunda eğitim ve bilgi önemli. İşe erken başlayın. İyi bir kitap edinin. Seminerlere katılın. Alıştırma yapın. Bakın, ben altı yıldan daha kısa sürede 5 bin dolarımı ayda 5 bin dolar nakit akışı getiren 1 milyon dolarlık aktif varlığa çevirdim. Benim şansım öğrenmeye çocukken başlamaktı. Size de bir an önce öğrenmenizi öneririm, çünkü hiç de zor değil. Tam tersine işin içine girdikten sonra aslında kolay.

Ne demek istediğimi açıkça dile getirdim sanırım. Elinizdekinin ne olduğunu belirleyen kafanızdakilerdir. Para alt tarafı bir kuram, bir teoridir. *Think and Grow Rich* (Düşün ve Zengin Ol) adında eşsiz bir kitap var. Kitabın başlığı, 'Çok Çalış ve Zengin Ol' değil. Parayı kendiniz için çok çalıştırmayı öğrenin; böylece daha mutlu ve daha kolay bir yaşam sürersiniz. Artık sağlam adımlar atmak yerine akıllı adımlar atın!

Üç Gelir

Muhasebecilik dünyasında üç gelir türü vardır:

1. Kazanılan gelir
2. Portföy geliri
3. Pasif gelir.

Asıl babam, "Okula git, iyi notlar al, sonra da kendine sağlam, güvenli bir iş bul," derken bana kazanılan geliri salık veriyordu. Öte yandan zengin babam, "Zenginler para için çalışmaz, onların çalıştıracak parası vardır," derken pasif gelirden ve portföy gelirinden söz ediyordu. Pasif gelir daha çok gayrimenkulden elde edilen gelirdir. Portföy geliri ise daha çok değerli kağıtlardan elde edilir. Örneğin hisse senetleri, bonolar ve yatırım ortaklığı fonları. Portföy geliri Bill Gates'i dünyanın en zengin adamı yapan gelir türüdür, kazanılan gelir değildir.

Zengin baba, "Servet sahibi olmanın püf noktası kazanılan geliri en kısa zamanda pasif gelire ve/veya portföy gelirine dönüştürmektir," derdi. "En yüksek vergi kazanılan gelire uygulanır. En düşük vergi oranı da pasif gelire. Paranızı sizin adınıza çalıştırmanın iyi yanlarından biri de budur. Devlet alınteri dökerek kazandığınız parayı, paranızın çalışarak getirdiği gelirden daha çok vergilendirir."

İkinci kitabım olan *CASHFLOW Ölçüm Çeyreği*'nde iş dünyasını meydana getiren dört çeşit insandan söz etmiştim. Ç-çalışan, S-serbest meslek sahibi, İ-iş sahibi ve Y-yatırımcı. Pek çok insan, Ç ve S olmayı öğrenmek için okula gider. *CASHFLOW Quarter* bu dört çeşit insan arasındaki temel farklılıkları ve bir çeyrekten diğerine nasıl geçiş yapılacağını ortaya koyar. Aslına bakarsanız bütün ürünlerimiz İ ve Y dilimlerinde yer alan kimselere yöneliktir.

Zengin Babanın Yatırım Kılavuzu adlı "Zengin Baba" serisinin üç numaralı kitabında kazanılan geliri pasif gelire ve portföy gelirine dönüştürmenin

20 YIL ÖNCE BUGÜN...
MİSYON: FİNANSAL EĞİTİM

Zengin baba serisinde, ilgilenebileceğiniz yeni kitaplar:

İkinci Şans

Zenginler Neden Gittikçe Zenginleşiyor Paradan Daha Önemli

önemi ayrıntılarıyla verilir. Zengin baba, "Gerçek yatırımcının tek yaptığı kazanılan geliri pasif gelire ve portföy gelirine dönüştürmektir. Ne yaptığını bilirsen bunun riskli bir yanı yoktur. Tek yapman gereken sağduyunu kullanmak," diye anlatırdı.

Finansal Özgürlüğün Anahtarı

Kazanılan geliri pasif gelire ve portföy gelirine dönüştürmek yetenek ister. Zengin baba, Mike'la benim bu yeteneği kazanmamız için çok uğraştı. Bugün karım Kim'le birlikte bir daha çalışmak zorunda kalmadan finansal özgürlüğe sahip olmamızı bu yeteneğe borçluyuz. İkimiz de istediğimiz için çalışıyoruz. Pasif gelir elde ettiğimiz bir emlak şirketimiz var, özel yatırımlara katılıyoruz, portföy gelirimizi de halka arz edilmeden önce satışa sunulan hisselerden elde ediyoruz.

Birlikte yeniden iş hayatına dönmemizin nedeni bu konuda kitaplar, kasetler ve oyunlar üretip çoğaltarak finansal eğitim verebilecek bir şirket kurmaktı. Eğitici ürünlerimizin hepsi zengin babamın bana öğrettiği, kazanılan geliri pasif gelire ve portföy gelirine dönüştürme yeteneğini öğretmeye yönelik.

Bugüne kadar ürettiğimiz oyun setleri, kitapların öğretemeyeceği deneyimler kazandırmaları bakımından önemlidir. Aynen bisiklete binmenin sadece kitaplardan öğrenilemeyeceği gibi. Finansal yönden eğitici oyunlarımızdan *Cashflow®* yetişkinler için ileri düzeyde bir oyunken *Cashflow® for Kids,* oyunculara, kazanılan geliri pasif gelire ve portföy gelirine dönüştürmede temel yatırım yeteneklerini öğretmek için dizayn edilmiştir. Oyunlar aynı zamanda muhasebenin ve finans bilgilerinin ilkelerini öğretirler. Bu oyunlar, dünyadaki insanlara eşzamanlı olarak bu yetenekleri öğreten tek eğitim araçlarıdır.

Cashflow® 202 ise *Cashflow® 101* oyununun daha gelişmiş versiyonudur ve oynanabilmesi için *Cashflow® 101* oyun tahtası gerekir, aynı zamanda bu oyuna vakıf olmak önemlidir.

Cashflow® 101 ile *Cashflow® for Kids* yatırımcılığın temellerini öğretir. *Cashflow® 202* ise teknik yatırımcılığın ilkelerini belletir. Bu ileri teknikleri kavrayan kişi piyasalar ister yüksek ister düşük seyretsin para kazanmasını bilir. Zengin babam, "Gerçek bir yatırımcı piyasa hem düştüğünde hem de çıktığında para kazanır. Çok para kazanması bundan ileri gelir," diye açıklamıştı. Yatırımcıların çok para kazanmasının nedenlerinden biri de kendilerine duydukları özgüvenin yüksek olmasıdır. "Özgüvenleri çoktur, çünkü kaybetmekten korkmazlar." Diğer bir deyişle vasat bir yatırımcının çok para kazanamamasının nedeni para kaybetmekten korkmasıdır. Vasat bir yatırımcı kendini büyük kayıplara karşı korumasını bilmez ve *CASHFLOW® 202*'den bunu öğrenir.

İnternette www.richdad.com (www.richdad.com) adresinde CASHFLOW Classic oynayabilirsiniz ve kazanılan geliri pasif gelire ve portföy gelirine dönüştürmeyi öğrenebilirsiniz.

Vasat yatırımcı, yatırım yapmanın riskli olduğuna inanır, çünkü profesyonel yatırımcı olmak üzere yetiştirilmemiştir. Amerika'nın en zengin yatırımcısı Warren Buffet'nin sözleriyle, "Risk ne yaptığını bilmemekten kaynaklanır." Benim oyunları, oynayanlar bir yandan eğlenirken bir yandan da yatırımcılığın temellerini ve tekniklerini öğrenirler.

Kimilerinin "Eğitici oyunlarınız çok pahalı" dediği gelir bazen kulağıma. Bu cümle, Yatırım Getirisini ya da yapılan ödeme değerinin geri dönüşünü akla getirir. Bu sözleri duyduğumda kafa sallayarak, "Evet öyledirler, özellikle eğlenceye yönelik oyunlarla karşılaştırıldığında çok pahalıdırlar. Ama benim oyunlarım üniversite öğrenimi kadar, ömür boyu alın teri dökerek, gelir elde etmek için gayretle çalışmak kadar, haddinden fazla vergi vermek kadar, ondan sonra da tüm birikimini yatırım piyasalarında kaybetme korkusuyla yaşamak kadar pahalı olamazlar."

Fiyattan yakınan kişi söylenerek yanımdan uzaklaşırken zengin babamı duyar gibi olurum: "Zengin olmak istiyorsan, elde edeceğin gelir türüne karar verip onu elinde tutmak için çalışmak gerektiğini ve onu kaybetmeden nasıl koruyacağını bilmelisin. Büyük servete giden yolun püf noktası budur." Zengin baba olsaydı şöyle derdi: "Üç gelir türü arasındaki farkı bilmezsen, ayrıca o gelir türlerini nasıl elde edeceğini ve nasıl koruyacağını öğrenmezsen, ömrünü kazanabileceğinden daha az kazanmakla ve çalışman gerektiğinden daha çok çalışmakla geçirirsin."

Yoksul olan babam yıllarca bana başarılı olmak için iyi öğrenim görmek, iyi bir işte çalışmak ve çok emek harcamak gerektiğini öğretti. Zengin babamsa iyi öğrenim görmenin önemli olduğuna inanmakla birlikte Mike'a ve bana üç gelir türü arasındaki farkı öğretmeye ve hangi gelir türü için çok çalışmak gerektiğini göstermeye özen gösterdi. Ona göre temel finansal eğitim buydu. Üç gelir türü arasındaki farkı bilmek ve farklı gelirleri elde etme yeteneğini kazanmak büyük servet edinmeye ve ancak birkaç kişinin tadabileceği finansal özgürlüğe ulaşmaya çalışan kimseler için temel eğitimdi. Zengin babanın bir numaralı dersinde açıkladığı gibi, "Zenginler para için çalışmaz. Parayı kendileri için çok çalıştırmasını bilirler."

Zengin baba, "Kazanılan gelir en yüksek vergiye tabi gelir türüdür," derdi. "Pasif gelir ve portföy geliriyse en düşük vergilendirilen gelir." Aradaki bu ince ayrımı bilmek benim hayatımı değiştirdi. Robert Frost'un şiirinde dediği gibi, "Fark yaratan buydu."

Harekete Geçin!

Her birinize bahşedilmiş iki eşsiz değer var, biri akıl, öteki zaman. Her ikisini de dilediğiniz gibi kullanabilirsiniz. Fazladan kazandığınız her bir dolarlık banknotla yazgınızı belirleme gücü yalnızca sizin elinizde. İster çılgınca harcar, yoksul olmayı seçersiniz, ister pasif varlıklara yatırarak orta sınıfa dahil olursunuz. İsterseniz aklınızı kullanıp aktif varlıklar edinmenin yollarını öğrenebilir, hedef ve gelecek olarak kendinize serveti seçebilirsiniz. Seçim size, yalnızca size ait. Elinize geçen her bir dolarla her gün zengin, yoksul ya da orta sınıftan biri olmaya karar verirsiniz.

Bu bilgiyi çocuklarınızla paylaşmayı seçin, onları bekleyen dünyaya onları hazırlama yoluna gidin. Bunu başka kimse yapmaz.

Siz ve çocuklarınızın geleceğini yarına bıraktığınız değil, bugün yaptığınız seçimler belirleyecektir.

Size bahşedilmiş olan, adına yaşam denen bu paha biçilmez armağanla size büyük bir servet ve mutluluk dileriz.

Robert Kiyosaki

Çalışma Oturumu

Sonsöz

Özet

Robert'ın bu kitabı yazmasının başlıca nedeni, eğitilerek yükseltilen finansal zekânın, hayatın pek çok genel sorununu çözmek üzere nasıl kullanılabileceğiyle ilgili içgörülerini paylaşmaktı.

Çocuklarının eğitimi için yeterli para biriktirebilme konusunda sıkıntı yaşayan bir arkadaşını örnek olarak paylaşmaktadır. Arkadaşı Phoenix'te bir eve başlangıç olarak 7900 dolar ön ödeme yapabilmiş, bu öngörü birkaç yıl sonra ayda 3000 dolar gelir sağlamıştır. Başlamak için çok az para ve finansal zekâ gerekmiştir.

Parayla ilgili eğitim ve bilgelik önemlidir. Erken başlayın. Bir kitap satın alın. Bir seminere gidin. Uygulama yapın. Elinizdekinin ne olacağına, bildikleriniz karar verir. Para yalnızca bir nosyondur.

Muhasebe dünyasında, üç tür gelir vardır: Kazanılan, portföy ve pasif gelir. Birçok durumda pasif gelir, emlak yatırımlarından elde edilen gelirdir. Portföy geliri, borsa ve tahvil gibi kâğıt üzerindeki aktif varlıkların getirisidir.

En yüksek vergi, kazanılan gelir için, en az vergi ise pasif gelir için ödenir. Zengin baba şunu söylemiştir: "Devlet, çok çalışarak elde ettiğiniz gelirden, paranızın çok çalışarak getirdiği gelire göre daha fazla vergi alır."

Robert ikinci kitabı, *Zengin Baba'nın CASHFLOW Quarter*'nde, iş dünyasını oluşturan dört farklı tip insanı ve bunların bulundukları çeyreği nasıl değiştirebileceklerini tanımlamaktadır. Ç- çalışan, S- serbest meslek sahibi, İ- iş adamı, Y- yatırımcı.

"Zengin Baba" serisinin üçüncü kitabı, *Zengin Baba'nın Yatırım Rehberi*'nde Robert, kazanılan geliri pasif ve portföy gelirine dönüştürme konusunda daha fazla ayrıntıya girmektedir.

Bunların yanı sıra Robert ve Kim'in oyunları bu eğitimi devam ettirmekte, kitapların öğretemediğini öğretmektedir. Yetişkinler için *CASHFLOW* oyunları ve Çocuklar için *CASHFLOW* oyunu, oyunculara kazanılan geliri pasif ve portföy gelire dönüştürmeyi öğretmek üzere tasarlanmışlardır.

CASHFLOW 202, CASHFLOW 101'in ileri düzeyde uyarlamasıdır, teknik yatırım ilkelerini öğretmektedir. Teknik yatırım, kısa zamanda satma, önceden belirlenmiş fiyattan satın alma, satım opsiyonu, çift opsiyon işlemi gibi alım satım tekniklerini içerir. İleri düzeydeki bu teknikleri anlayan kişi, piyasalar yükseldiğinde olduğu gibi, düştüğünde de para kazanabilir.

Üç tür gelir arasındaki farkları bilmek ve farklı gelirlerin nasıl elde edileceği konusundaki yatırım becerilerini öğrenmek, büyük servet sahibi olmak ve finansal özgürlüğe erişmek üzere çabalayan herkes için temel eğitimdir. Finansal özgürlük az kişinin bildiği özel bir özgürlük türüdür.

Hepinize verilmiş iki armağan var: Aklınız ve zamanınız. İkisiyle de ne yapacağınız size kalmış. Elinize geçen her bir dolarlık banknotla siz, yalnızca siz, kaderinizi belirleme gücüne sahipsiniz. Her gün her dolarla, zengin, yoksul ya da orta sınıf olma kararını verirsiniz. Bu bilgiyi çocuklarınızla paylaşmayı seçerseniz onları gelecekleri için hazırlamayı seçmiş olursunuz.

İlave Sorular

1. Bu çalışma rehberini bitirdiğinizde, yapacağınız ilk şey nedir?
2. Ne bekliyorsunuz?

ROBERT T. KIYOSAKI

Tüm zamanların en iyi kişisel finans kitabı olarak bilinen *Zengin Baba Yoksul Baba*'nın yazarı Robert Kiyosaki, meydan okudu ve dünya genelinde on milyonlarca kişinin para hakkındaki düşüncelerini değiştirdi. O, girişimci, eğitimci ve yatırımcıdır ve dünyanın iş yaratacak daha çok girişimciye gereksinimi olduğuna inanmaktadır.

Parayla ve yatırımla ilgili bakış açısı genellikle geleneksel akılla çelişen Robert, direkt konuşması, genel kabullere değerlere aykırı söylemleri ve cesareti nedeniyle uluslararası ün kazanmış ve finansal eğitimin hırslı ve açık sözlü savunucusu olmuştur.

Robert ve Kim Kiyosaki bir finansal eğitim şirketi olan Zengin Baba Şirketinin kurucuları ve *NAKİT AKIŞI* oyunlarının yaratıcılarıdır. 2014 yılında şirket, Zengin Baba oyunlarını, cep telefonu ve bilgisayar oyunları olarak piyasaya sürmekle, yeni ve çığır açan bir buluş sunarak küresel başarı elde etmiştir.

Robert parayla, yatırımla, finans ve ekonomiyle ilişkili karmaşık kavramları, nosyonları basitleştirme yeteneğine sahip, öngörülü bir kişi olarak selamlanmış, finansal özgürlük yolundaki kişisel yolculuğunu, her yaştan ve geçmişten kişiyle yankı yapan yollarla paylaşmıştır. "Eviniz aktif varlık değildir," "nakit akışına yatırım yapın," "tasarruf edenler kaybedenlerdir" gibi başlıca ilkeleri ve mesajları eleştiri ve alay konusu olarak ateş saçan tartışmalar başlatmıştır. Geçmiş yirmi yıldan sonra öğretileri ve felsefesi, hem sarsıcı hem kehanet gibi bulunarak dünya ekonomi sahnesinde rol oynamıştır.

Bakış açısı," üniversiteye git," "iyi bir iş bul," "para biriktir," "borçtan kurtul," "uzun vadeli yatırım yap" ve "değişik alanlara yönel" gibi "eski" öğütlerin, bugünkü hızlı iletişim ve bilgi çağında modası geçmiş olduğudur. Zengin Baba felsefesi ve mesajları statükoya meydan okudu. Öğretileri insanları, finansal eğitim almak ve geleceklerine yatırım yapmak konularında aktif rol almak için teşvik etmiştir.

Uluslararası satış rekorları kıran *Zengin Baba Yoksul Baba* dahil, 19 kitabın yazarı Robert, dünyanın her köşesindeki yayın organlarının öne çıkan misafiri olmuştur – CNN'den, the BBC, Fox News, Al Jazeera, GBTV ve PBS, *Larry King Live*'a, Oprah, People, *İnvestors Business Daily, Sydney Morning Herald, The Doctors, Straits Times, Bloomberg, NPR, USA TODAY* ve diğer yüzlercesi. Kitapları, yirmi yıldır uluslararası en iyi satanlar listesinde tepe noktasındadır. Öğretmeye devam etmekte ve dünya genelinde izleyicileri esinlemektedir.

En son kitapları: *Unfair Advantage: The Power of Financial Education, Midas Touch,* Donald Trump'la birlikte yazdığı ikinci kitap, *Why "A" Students Work for "C" Students, 8 Lessons in Military Leadership for Entrepreneurs, Second Chance, More İmportant Than Money ve Why the Rich Are Getting Richer.*

Daha fazla öğrenmek için, RichDad.com

Editör Notu

Değişen Zamanlar

Zengin Baba Yoksul Baba 1997 yılında ilk olarak yayımlandığından bu yana, ekonomi ve yatırım manzaramızda pek çok değişiklik olmuştur. Yirmi yıl önce Robert Kiyosaki geleneksel akıla, "eviniz aktif varlık değildir" cesur söylemiyle meydan okumuş, para ve yatırımla ilgili aykırı görüşleri kuşkuculuk, olumsuz eleştiri ve hakaretle karşılanmıştır.

2002 yılında Robert'in kitabı, *Rich Dad's Prophecy* (Zengin Baba'nın Kehaneti), çok yakın bir gelecekteki finans piyasası çöküşü için hazırlıklı olmamızı önerdi. 2006'da, Robert Donald Trump ile *Why We Want You To Be Rich* (Zengin Olmanızı Neden İstiyoruz) adındaki kitabı yazmak üzere güçlerini birleştirdiler. Kitabın esin kaynağı, Amerika'daki orta sınıfın küçülmesiyle ilgili kaygılarıydı. Robert, finansal eğitimin öneminin ve gücünün tutkulu savunucusu olmaya devam etmektedir. Bugün yüksek faiz fiyaskosu, yüksek ev ipotekleri ve şiddetle devam eden küresel ekonomik erime sonucunda, söylemleri yalnızca kehanet değil, ondan başka aydınlatıcıdır.

Robert, *Rich Dad's Cashflow® Quadrant*'ı, (Zengin Baba'nın Nakit Akışı Çeyreği) incelerken iki unsur farketti: Mesajlarının ve öğretilerinin zaman testine karşı direndiklerini ve yatırımcıların işlem yaptığı yatırım manzarasının çarpıcı şekilde değişmiş olduğunu. Bu değişimler Y (Yatırımcı) çeyreği içinde olanları etkilemiştir, etkilemeye devam edecektir ve Robert'ın bu kitaptaki önemli bir bölüm olan 5. Bölüm: Yatırımcıların Beş Düzeyi'ni güncelleme kararını desteklemiştir.

Önsöz

HAYATINIZIN HEDEFİ NEDİR?

"Büyüdüğünüzde ne olmak istiyorsunuz?" Çoğumuz bu soruyla karşılaşmışızdır.

Çocukluğumda ilgilendiğim pek çok şey vardı ve seçmek kolaydı. Bir şey heyecanlandırıcı ve çekici görünüyorsa onu yapmak isterdim. Deniz biyoloğu, astronot, deniz subayı, gemi komutanı, pilot ve profesyonel futbol oyuncusu.

Bu hedeflerden üçüne ulaşabilecek kadar şanslıydım: Deniz Kuvvetleri Subayı, gemi komutanı ve pilot.

Öğretmen, yazar ya da muhasebeci olmak istemediğimi biliyordum. Öğretmen olmak istemiyordum, çünkü okulu sevmiyordum. İngilizceden iki defa başarısız olduğum için yazar olmak istemiyordum. Ve MBA programını, muhasebeye dayanamadığım için bıraktım.

İşin garip yanı, şimdi yetişkin olduğumda olmak istemediğim her şeyi oldum. Okulu sevmediğim halde bugün bir eğitim şirketim var. Öğretmeyi sevdiğim için dünya genelinde bizzat öğretiyorum. Yazamadığım için İngilizceden iki defa kaldığım halde, en çok tanınan yazarım. Kitabım *Zengin Baba Yoksul Baba*, Amerika'da yedi yıldan fazla *New York Times* en çok satanlar listesinde tepede bulunan üç kitaptan biriydi. Onun önünde *The Joy of Sex* (Seks Eğlencesi) ve *The Road Less Traveled* (Az Seçilen Yol) adlarındaki kitaplar bulunuyordu. Başka bir gariplik de, *Zengin Baba Yoksul Baba* kitabımın ve *CASHFLOW* oyunumun, boğuştuğum başka bir konu olan muhasebeyle ilgili olması.

Öyleyse bunun "Hayatınızın hedefi nedir?" sorusuyla ne ilgisi var?

Cevap bir Vietnamlı keşişin ifadesinde bulunuyor, Thich Naht Hahn: "Yol, hedeftir." Diğer bir deyişle hayatta yolunuzu bulmak, hayattaki hedefinizdir. Yolunuz, mesleğiniz, ne kadar para kazandığınız, etiketiniz ya da başarılarınız ve başarısızlıklarınız değildir.

Yolunuzu bulmanın anlamı, bu dünyaya ne yapmak için getirildiğinizi keşfetmektir. Hayatınızın amacı nedir? Hayat denilen bu armağan size neden verilmiştir. Ve sizin karşılık olarak hayata verdiğiniz armağan nedir?

Geriye baktığımda, okula gitmenin hayatımın yolunu keşfetmekle ilgisi olmadığını anlıyorum. Askeri okulda dört yılımı gemi komutanı olmak için çalışarak ve eğitim görerek geçirdim. Standart Oil için çalışarak onların yağ tankerlerinde kariyer yapmış olsaydım ya da Deniz Kuvvetlerinde kalsaydım ya da hava yolları için uçuş yapsaydım hayatımın yolunu hiçbir zaman bulamayacaktım.

Gemi kaptanı olarak devam etseydim ya da pilot olsaydım hiçbir zaman uluslararası en çok satan bir yazar, *Oprah*'ın programına misafir, Donald Trump ile kitap yazan ya da dünya genelinde girişimcilik ve yatırımcılık öğreten uluslararası bir eğitim şirketi kuran birisi olmayacaktım.

Yolunuzu Keşfederken

CASHFLOW Çeyrek kitabı önemlidir, çünkü hayattaki yolunuzu keşfetmekle ilgilidir. Biliyorsunuz birçok insan hayatın başlangıcında şuna programlanmıştır: "Okula git ve bir iş bul." Okul iş bulmakla ilgilidir ve Ç (Çalışan) ya da S (Serbest Meslek) çeyreğindedir. Hayatınızın yolunu keşfetmekle ilgili değildir.

Hayatın başlangıcında ne yapacaklarını tam olarak bilen insanlar olduğunu fark ediyorum. Doktor, avukat, müzisyen, golf oyuncusu ya da aktör olacaklarını bilerek büyüyorlar. Hepimiz olağanüstü yetenekleri olan harika çocukları duymuşuzdur. Yine de fark ettiyseniz bunlar meslektir, tam olarak bir hayat yolu değildir.

Kişi Hayattaki Yolunu Nasıl Keşfeder

Cevabım şudur: Keşke bilseydim. Sihirli değneğimi sallayabilseydim ve hayatınızın yolu sihirli bir şekilde görünseydi o zaman bilirdim.

Sihirli değneğim olmadığına göre, size ne yapacağınızı da söyleyemem. Yapabileceğim en iyi şey size ne yaptığımı söylemektir. Ve yaptığım, sezgime, kalbime ve cesaretime güvenmekti. Örneğin 1973 yılında savaştan dönerken yoksul babam, okula geri dönerek daha yüksek dereceler almamı ve devlet için çalışmamı önerdiğinde beynim uyuştu, kalbim ağırlaştı ve içimden gelen ses "asla" dedi.

Standard Oil'deki eski işime dönmemi ya da havayollarında pilot olarak çalışmamı önerdiğinde aklım, kalbim ve içimden gelen ses hayır dedi. Gemi kaptanı ve pilot olmak önemli mesleklerdi ve oldukça yüksek ücret alacaktım, yine de biliyordum ki, onlarla işim bitmişti.

1973 yılında 26 yaşımda olgunlaşıyordum. Ebeveynlerimin öğütlerini dinlemiş ve okula gitmiştim, üniversite derecemi almıştım ve iki mesleğim vardı: gemi süvari ehliyeti ve uçuş ehliyeti. Sorun, bunların bir çocuğun hayallerini içeren meslekler olmalarıydı. Ve uçmayı öğrenmek istediğimde Deniz Kuvvetleri uçuş okuluna gittim, iki yıllık bir süreçti, pilot olmayanlar pilota dönüşüyordu. Sonraki eğitim sürecime başlamadan önce tedbirli davranarak, ne olacağımı bilmek istiyordum.

Geleneksel okullar benim için iyi olmuştu. Çocukluk mesleklerime erişmiştim. Yetişkinliğe varmak kafa karıştırıcıydı, çünkü yol gösteren işaretler yoktu. Ne yapmayı *istemediğimi* biliyordum, oysa ne yapmak *istediğimi* bilmiyordum.

Bütün istediğim yeni bir meslek olsaydı kolay olacaktı. Tıp doktoru olmak isteseydim tıp fakültesine, avukat olmak isteseydim hukuk fakültesine gidecektim. Ancak biliyordum ki hayatta, okula giderek yeni bir profesyonel yeterlilik belgesi almaktan daha çok şey var.

O dönemlerde fark etmedim, oysa 26 yaşında, hayattaki yolumu arıyordum, sonraki mesleğimi değil.

Farklı Bir Eğitim

1973'te, deniz kuvvetlerindeki aktif uçuş görevimin son yılında Hawaii'de evimin yakınına atanmıştım. Zengin babamın ayak izlerini takip etmek istediğimi biliyordum. Deniz piyadelerindeyken hafta sonları emlak ve iş idaresi kurslarına yazılmıştım, İ (İşadamı) ve Y (Yatırımcı) çeyreklerinde girişimci olmak üzere hazırlanıyordum.

Aynı zamanda bir arkadaşın tavsiyesiyle, gerçekte kim olduğumu keşfetmeyi umarak, kişisel gelişim kursuna yazıldım. Kişisel gelişim kursu geleneksel olmayan bir eğitimdi, çünkü kredi ya da derecelendirme için gitmiyordum. Emlak kurslarına yazıldığımda yaptığım gibi, ne öğreneceğimi bilmiyordum. Bütün bildiğim kendimi keşfetmek üzere kurs alma zamanının geldiğiydi.

İlk hafta sonu kursumda, eğitmen tahtaya bu basit şekli çizdi.

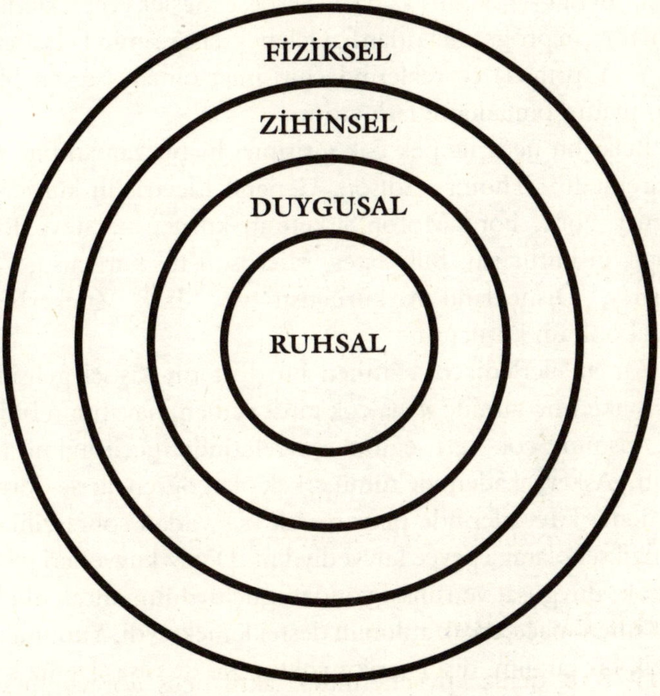

Şekli çizmeyi tamamladığında eğitmen döndü ve şunları söyledi: "Tam bir insan olarak gelişmek için, zihinsel, fiziksel, duygusal ve ruhsal eğitime ihtiyacımız vardır."

Eğitmenin açıklamasını dinlerken bana göre geleneksel okulların öğrencileri öncelikle zihinsel yönden geliştirdikleri barizdi. Bu nedenle okulda başarılı olan çocuklar, gerçek hayatta, özellikle para dünyasında başarılı olamıyorlardı. Kurs hafta sonu boyunca ilerledikçe, okulu neden sevmediğimi keşfettim. Öğrenmeyi sevdiğimi, oysa okuldan nefret ettiğimi fark ettim.

Geleneksel eğitim "A" alan öğrenciler için harika bir çevre ancak bana uygun bir çevre değildi. Ruhumu eziyor, beni korku duygusuyla harekete geçirmeye çalışıyordu. Hata yapma korkusu, başarısız olma korkusu ve iş bulamama korkusu. Beni Ç (Çalışan) ya da S (Serbest Meslek) çeyreklerinde olmam için programlıyorlardı. Geleneksel eğitimin İ (İşadamı) ve Y (Yatırımcı) çeyreklerinde girişimci olmak isteyen birisi için uygun olmadığını fark ettim.

Belki bu nedenle pek çok girişimci hiçbir zaman bir okul bitiremedi – Thomas Edison, General Electric'in kurucusu; Henry Ford, Ford Motor Şirketinin kurucusu, Steve Jobs, Apple'ın kurucusu; Bill Gates, Microsoft'un kurucusu; Walt Disney, Disneyland'in kurucusu ve Mark Zuckerberg, Facebook'un kurucusu.

Zaman ilerledikçe, eğitmen bu dört tür kişisel gelişimin derinliklerine gitgide daha çok girdi ve ben, hayatımın büyük bir kısmını çok sert eğitim çevrelerinde geçirdiğimi fark ettim. Askeri akademide tümü erkek olan öğrencilerle dört yıl ve deniz kuvvetlerinde pilot olarak beş yıldan sonra zihinsel ve fiziksel olarak epeyce kuvvetliydim. Deniz kuvvetleri pilotu olarak, duygusal ve ruhsal yönden güçlüydüm, ancak gücüm tamamen maço erkek atılımını desteklemekteydi. Yumuşak ve nazik bir tarafım, dişi enerjim yoktu. Ne de olsa, Deniz kuvvetleri subayı olmak üzere eğitilmiştim, duygusal yönden baskı altında sakin, öldürmek üzere hazır ve ruhen, ülkem için ölmeye hazırdım.

Tom Cruise'ın başrolünü oynadığı *Top Gun* filmini seyrettiyseniz, erkek dünyasını ve askeri pilotların cesaret gösterisini bir an için görmüş olursunuz. O dünyaya bayıldım, orada iyiydim. Modern zamanların şövalyeler ve savaşçılar dünyasıydı. Muhallebi çocuklarının dünyası değildi.

Seminerde, duygularımın derinliğine vardım ve kısaca ruhuma dokundum. Çok ağladım, çünkü ağlayacak çok şey vardı. Seminer sırasında bir adama sarıldım, bu daha önce babamla bile yapmadığım bir şeydi.

Pazar akşamı bu kişisel gelişim çalıştayından ayrılmak zor oldu. Seminer yumuşak, nazik, sevecen, dürüst bir çevreydi. Pazartesi sabahı bir kez daha, genç, sürekli kendinden söz eden, kendini uçmaya adamış, öldüren ve ülke için ölen pilotlarla çevrelenmiş olmak şok ediciydi.

O hafta sonu seminerinden sonra, değişme zamanının geldiğini anladım. Kendimi duygusal yönden ve ruhen geliştirerek daha nazik ve daha sevecen bir insan olmak biliyordum ki yapabileceğim en zor şeydi. Askeri akademide ve uçuş okulundaki tüm yıllarım buna karşıt bir durumda geçti.

Geleneksel eğitime bir daha hiçbir zaman geri dönmedim. Rütbeler, dereceler, terfiler ve yeterlilik belgeleri için çalışmak istemiyordum. O andan itibaren bir kursa ya da okula gittiğimde, daha iyi bir insan olmak üzere öğrenmek için gittim. Artık rütbelerin, derecelerin ve yeterlilik belgelerinin peşinde değildim.

Bir öğretmenler ailesinde büyürken aldığınız notlar, mezun olduğunuz lise, üniversite ve yüksek lisans dereceleriniz her şeydi. Deniz kuvvetleri pilotunun göğsündeki madalyalar ve kurdeleler gibi yüksek lisans dereceleri, adı marka olmuş okullar sosyal durumlardı ve eğitimcilerin gömleklerinin üstüne taktıkları şeritlerdi. Onların zihinlerinde liseyi bitirmemiş insanlar, hayatın yıkanmamış, kayıp ruhlarıydı. Yüksek lisans derecesi olanlar, yalnızca lisans derecesine sahip olanlara aşağılayarak bakarlardı. Doktora derecesi olanlara

---

2009 yılında Robert, Peru, Lima'daki prestijli San İgnacio de Loyola'dan girişimcilik konusunda onursal doktora derecesi almıştır. Bu ödülü alan diğer birkaç kişi, İspanya eski başkanı gibi politik liderlerdir.

saygı gösterilir, el üstünde tutulurdu. 26 yaşımda, o dünyaya bir daha asla dönmeyeceğimi biliyordum.

Yolumu Keşfederken

Bazılarınızın şu anda "Geleneksel olmayan eğitim kurslarından bahsederek neden çok zaman kaybediyor" diye sorduğunuzu biliyorum.

Bunun nedeni, okuldaki eğitimden farklı olan ilk kişisel gelişim semineri öğrenme aşkımı alevlendirdi. O seminer bittiğinde bedenim, zihnim, duygularım ve ruhum arasındaki bağlantıyla ilgili, daha çok şey anlayan, seminerden seminere giden bir seminer bağımlısı oldum.

Daha fazla çalıştıkça, geleneksel eğitimi merak ederek, aşağıdaki sorular gibi sorular sormaya başladım.

- Pek çok çocuk okuldan nefret ediyor, neden?
- Okulu seven çocuk sayısı neden az?
- Birçok yüksek eğitimli insan gerçek dünyada neden başarılı değil?
- Okul sizi gerçek dünya için hazırlıyor mu?
- Okuldan nefret ettiğim halde öğrenmeyi neden seviyorum?
- Öğretmenlerin çoğu neden yoksul?
- Okullar bize para konusunda neden az şey öğretiyor?

Bu sorular beni, okul sisteminin kutsal duvarları dışında bir eğitim öğrencisi olmaya yönlendirdi. Daha fazla çalıştıkça, okulu neden sevmediğimi ve okulların birçok öğrencisine, hatta "A" alan öğrencisine bile hizmet etmekte neden başarısız olduğunu daha fazla anladım.

Merağım ruhuma dokundu ve eğitim konusunda girişimci oldum. Bu merak olmasaydı hiçbir zaman bir yazar ve finansal eğitim oyunları geliştiren birisi olamayabilirdim. Ruhsal eğitimim beni, hayattaki yoluma yönlendirdi.

Öyle görünüyor ki, hayattaki yollarımız zihinlerimizde keşfedilmiyor. Hayattaki yolumuz, kalplerimizde ne olduğunu anlamaktır.

Bunun anlamı, kişinin yolunu geleneksel eğitimde keşfedemeyeceği değildir. Eminim ki, pek çoğu başarmaktadır. Söylemek istediğim sadece, benim yolumu geleneksel eğitimde keşfedeceğimden kuşku duyduğumdur.

Yol Neden Önemlidir?

Hepimiz, çok para kazanan, ama işlerinden nefret eden insanlar tanırız. Ayrıca çok fazla para kazanmayan ve işlerinden nefret eden insanlar da tanırız. Ve hepimiz sadece para için çalışan insanlar tanırız.

Deniz Ticaret Akademisiden bir sınıf arkadaşım da, hayatını denizde geçirmek istemediğini fark etti. Hayatının geri kalanını denizde yol alarak geçirmektense, mezuniyetten sonra hukuk fakültesine gitti, avukat olmak üzere üç yıl daha okudu ve mesleğini icra ederek S (Serbest Meslek) çeyreğine girdi.

Elli yaş civarında öldü. Çok başarılı, ama mutsuz bir avukat olmuştu. Benim gibi, 26 yaşına geldiğinde iki mesleği vardı. Avukat olmaktan nefret ettiği halde devam etti, çünkü bir ailesi, çocukları, ipoteği ve ödenecek faturaları vardı.

Onunla ölmeden bir yıl önce New York'ta bir sınıf toplantısında karşılaştım. Sert bir adamdı. Şunları söyledi: "Bütün yaptığım senin gibi zengin adamların arkasını süpürmek. Bana hiçbir şey ödemiyorlar. Onlardan da, yaptığım işten de nefret ediyorum."

"Neden başka bir iş yapmıyorsun" diye sordum.

"Çalışmayı bırakmanın bedelini karşılayamam. En büyük çocuğum üniversiteye girmek üzere."

Kızı mezun olmadan arkadaşım kalp krizinden öldü.

Çok para kazandı, onun yanında profesyonel eğitimi vardı, ama duygusal olarak öfkeliydi, ruhen ölüydü ve çok geçmeden bedeni bunları izledi.

Bunun aşırı bir örnek olduğunun farkındayım. Çoğu kişi yaptıkları işten arkadaşım kadar nefret etmez. Yine de bir mesleğin içinde sıkışmış kalmış ve yolunu bulamaz duruma gelmiş bir kişinin sorununu göstermektedir. Bana göre bu, geleneksel eğitimin yetersizliğidir. Milyonlarca kişi, yalnızca sevmedikleri işlerin içine sıkışıp kalmak için okuldan mezun olmaktadır. Hayatta bir şeyin eksik olduğunu bilmekteler. Aynı şekilde birçok kişi finansal yönden sıkışıp kalmaktadır, sadece yaşamı sürdürmeye yetecek kadar kazanarak, daha fazla kazanmak isteyerek, ama ne yapacağını bilmeyerek.

Diğer çeyreklerin, İ ve Y çeyreklerinin farkındalığı olmadan, birçok kişi okula tekrar dönerek, Ç ve S çeyreklerinde yeni meslekler ve yüksek ücret ararlar.

Öğretmen Olma Nedenim

İ çeyreğinde öğretmen olmamın başlıca nedeni finansal eğitim sağlamak arzusuydu. Bu eğitimi öğrenmek isteyen herkes için, ne kadar paraları olduğuna ya da not ortalamalarına bakmadan, uygun kılmak istedim. Zengin Baba Şirketinin *CASHFLOW* oyunuyla birlikte başlama nedeni budur. Bu oyun benim hiçbir zaman gidemeyeceğim yerlerde öğretebilir. Oyunun güzelliği, insanların, insanlara öğretmesi üzerine tasarlanmış olmasıdır. Pahalı bir öğretmene ya da sınıfa gerek yoktur. Şu anda *CASHFLOW* oyunu on altı dilden fazla dile çevrilmiş bulunmakta ve dünya çevresinde milyonlarca kişiye ulaşmaktadır.

Bugün Zengin Baba Şirketi, kişinin finansal eğitimini desteklemek üzere, finansal eğitim kurslarının yanı sıra koçluk ve rehberlik hizmetleri sunmaktadır. Programlarımız, Ç ve S çeyreklerinin dışında, İ ve Y çeyreklerinde kendini geliştirmek isteyenler için özellikle önemlidir.

İ ve Y çeyreklerinde herkesin başarıya ulaşacağı garantisi yoktur, yine de istediklerinde o çeyreklerde nasıl ilerleyeceklerini bileceklerdir.

Değişim Kolay Değildir

Benim için çeyrekleri değiştirmek kolay değildi. Zihinsel yönden zor işti, ama duygusal yönden ve ruhen daha zordu. Ç çeyreğinde çalışan yüksek derecede eğitimli bir ailenin içinde büyürken onların eğitim, iş güvenliği, ek ücretler ve devlet emeklilik aylığı gibi değerlerini de taşıyordum. Ailemin değerleri geçişimi pek çok yönden zorlaştırdı. Onların girişimci ve yatırımcı olmamla ilgili uyarılarına, endişelerine ve eleştirilerine karşı kendimi hiçbir şekilde kapatamıyordum. Dikkate almamam gereken bazı değerleri şunlardı:

"Ama bir işin var."

"Çok fazla risk alıyorsun."

"Başarısız olursan ne olacak?"

"Yapman gereken okula dönmek ve yüksek lisans dereceni almaktır."

"Doktor ol. Çok para kazanıyorlar."

"Zenginler açgözlüdürler."

"Para senin için neden bu kadar önemli."

"Para seni mutlu etmeyecektir."

"Gelirinin altında güçlükle yaşa."

"Risk alma. Hayallerine kapılma."

Rejim ve Egzersiz Yapmak

Duygusal ve ruhsal gelişimden bahsetmemin nedeni, bunların hayatta kalıcı bir değişiklik için gerekli olmalarıdır. Örneğin fazla kilolu bir insana "yapman gereken az yemek ve daha fazla hareket etmektir" önerisinde bulunmak, ender olarak işe yarar. Rejim ve egzersiz zihinsel yönden mantıklıdır, ancak çoğu kilolu insan aç olduğu için yememektedir. Duygularının ve ruhunun içindeki boşluğu doyurmak üzere yemektedir. Kişi rejim ve egzersiz programına girdiğinde yalnızca zihni ve bedeni üzerinde çalışmaktadır, oysa duygusal gelişim ve ruhsal güç olmadan kilo fazlası olan kişi altı ay rejim yapabilir ve çok kilo verebilir, ancak sonra daha fazla kilo alacaktır.

Çeyrekleri değiştirmek için de aynısı geçerlidir. Kendinize İ çeyreğinde girişimci olacağım demeniz, sigara tiryakisinin "Yarın sigarayı bırakacağım" demesi kadar yararsızdır. Sigara içmek duygusal ve ruhsal zorlukların neden olduğu fiziksel bir bağımlılıktır. Duygusal ve ruhsal destek olmadan sigara tiryakisi her zaman sigara bağımlısı olacaktır. Aynı şey alkolik, seks bağımlısı yada alışveriş bağımlısı için de geçerlidir. Bağımlılıkların çoğu, insanların ruhlarında mutluluk bulma çabasıdır.

Şirketimin zihin ve beden için kurslar vermesi, aynı zamanda koçların ve rehberlerin duygusal ve ruhsal geçişleri desteklemeleri bu nedenledir. Çok az kişi yolculuğu yalnız yapabilmektedir ama ben onlardan biri değildim. Eğer zengin babam gibi bir koçum ve eşim Kim'in desteği olmasaydı yapamayacaktım. Bırakmak ve vazgeçmek istediğim pek çok zaman olduysa da Kim ve zengin babamın hatırı için devam ettim.

"A"Alan Öğrenciler Neden Başarısız

Şekle tekrar baktığımızda, pek çok "A" alan öğrencinin para dünyasında neden başarısız olduğunu görmek kolaydır.

Kişi zihinsel yönden yüksek derecede eğitimli olabilir ancak duygusal yönden eğitilmemişse korkuları bedenini, genellikle yapması gereken şeyi yaparken durduracaktır. "A" öğrencilerinin "analiz paraliz" içinde sıkışmalarının nedeni budur. Her küçük ayrıntıyı çalışırlar ama bir şey yaparken başarısız olurlar.

"Analiz paraliz" durumu eğitim sistemimizden, öğrencileri hata yaptıklarında cezalandırmaktan kaynaklanır. Düşündüğünüzde bunun nedeni çok basittir. "A" öğrencileri, çok az hata yaptıkları için "A" alırlar. Bu duygusal psikozla yaşa-

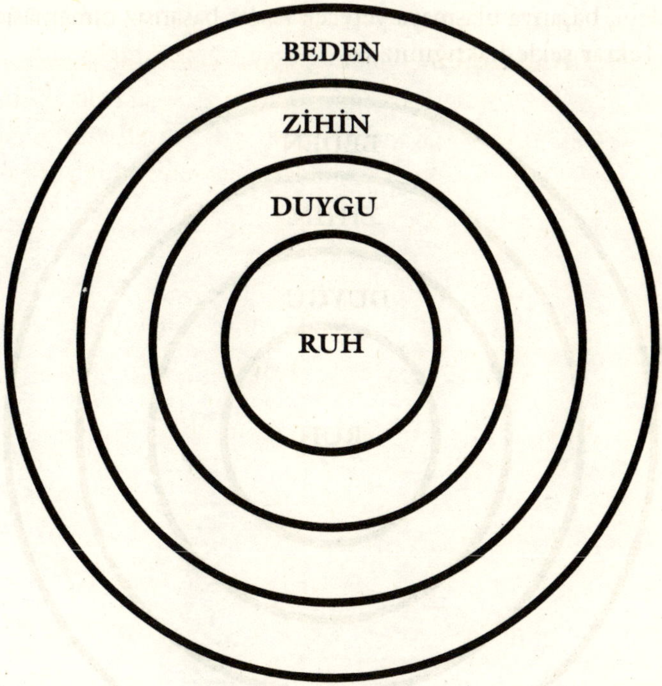

nan sorun şudur ki, gerçek dünyada eyleme geçen insanlar çok hata yaparlar ve hatalarından, hayat oyununda kazanmak üzere ders alırlar.

Şimdi Başkan Clinton ve Başkan Bush'a bakalım. Clinton seks yaptığını itiraf edemedi, Bush başkanlığı sırasında yaptığı hiçbir hatayı hatırlayamadı. Hata yapmak insancadır, ama hatalarınız hakkında yalan söylemek suçtur, bu suç davranışı, yalan beyan olarak bilinir.

Thomas Edison, ampulü yaratmadan önce 1014 hata yapması nedeniyle eleştirildiğinde şunu söyledi: "1014 kez başarısız olmadım, başarılı bir şekilde 1014 kez çalışmayanı buldum."

Diğer bir deyişle pek çok kişinin başarıya ulaşamamasının nedeni, başarıya ulaşmaya yetecek kadar başarısız olmamasıdır.

Tekrar şekle baktığımızda,

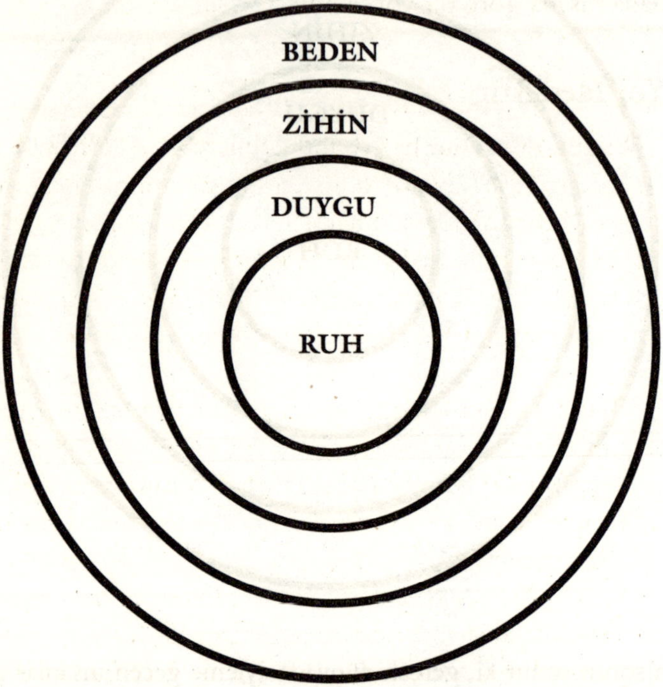

Pek çok kişinin iş güvencesine sıkıca sarılmasının nedeni, duygusal eğitimden yoksun olmasıdır. Korkunun onları durdurmasına izin vermektedirler.

Askeri okul ve Deniz kuvvetleriyle ilgili en iyi şeylerden biri, genç erkek ve kadınları ruhsal, duygusal, zihinsel ve fiziksel yönden geliştirmeleridir. Sert bir eğitim olmasına rağmen bizi berbat bir iş yapmaya hazırlayan eksiksiz bir eğitimdi.

NAKİTAKIŞI oyununu yaratma nedenim, oyunun insanı eğiterek eksiksiz, tam bir hale getirmesidir. Okuma ya da ders anlatma yollarından daha iyi bir öğretme aracıdır, çünkü oyuncunun bedenini, zihnini, duygularını ve ruhunu içerir.

NAKİTAKIŞI, oyuncuların parayla olabildiğince çok hata yapmalarını ve o hatalardan öğrenmelerini sağlamak üzere tasarlanmıştır. Bana göre bu, para konusunu öğrenmek için daha insana göre bir yöntemdir.

Yol Hedeftir

Bugün dünyanın her yerinde binlerce *CASHFLOW* kulübü vardır. *CASHFLOW* kulüplerinin önemli olmalarının bir nedeni, fırtınadan korunmak için bir barınak, hayat yolunda bir yol istasyonu olmalarıdır. *CASHFLOW* kulübüne katılarak kendiniz gibi insanlarla tanışır, değişiminde yalnızca konuşmakla kalmayıp kendini ona adamış insanlarla beraber olursunuz.

Okuldan farklı olarak, geçmiş akademik başarı gerektirmez. Bütün istenen, öğrenmeyi içtenlikle istemek ve değişimler yapmaktır. Oyunda farklı finansal durumlarda çok fazla hata yapacaksınız ve oyunu daha çok kullanarak hatalarınızdan öğreneceksiniz.

NAKİTAKIŞI kulüpleri çabuk zengin olmak isteyenler için değildir. Kişiye zor bir süreç geçirmek üzere gereksinimi olan uzun süreli zihinsel, duygusal, ruhsal, fiziksel ve finansal değişimlerde destek olmaktır. Hepimiz farklı hız oranlarında değişmekte ve gelişmekteyiz onun için oyun size kendi hızınızla yol almak için cesaret verir. Oyunu başkalarıyla birkaç kez oynadıktan sonra, bir sonraki basamağınızın ne olması gerektiği hakkında ve dört aktif türünden (iş, emlak, kâğıt aktifler ya da menkul ticari mallar) hangisinin sizin için en iyisi olduğu hakkında daha iyi fikir edineceksiniz.

Son Olarak

Kişinin yolunu keşfetmesi tam olarak kolay değildir. Bugün bile yolumda mıyım, değil miyim gerçekten bilmiyorum. Bildiğiniz gibi biz, hepimiz ara sıra yolumuzu kaybederiz ve geri dönüş yolunu bulmak her zaman kolay değildir.

Eğer kendinize uygun çeyrekte ya da hayat yolunda olmadığınızı hissederseniz size kalbinizi incelemeniz ve hayattaki yolunuzu keşfetmeniz için harekete geçmenizi öneriyorum. Eğer aşağıdaki ifadeleri söylüyorsanız değişim zamanının geldiğini anlayabilirsiniz:

- "Ölü insanlarla çalışıyorum."
- "Yaptığım işi seviyorum, ama keşke daha çok para kazanabilseydim."
- "Hafta sonunu bekleyemiyorum."
- "Kendi işimi yapmak istiyorum."
- "Şimdi istifa zamanıdır."

Kız kardeşim budist rahibedir. Yolu, hiçbir karşılık almadan Dalai Lama'yı desteklemektir. Ancak çok az kazanmaktadır. Rahibe olması, yoksul bir rahibe olmasını gerektirmez. Kendine ait kiralık mülkü, ayrıca altında ve gümüşte yatırımları vardır. Ruh gücü ve finansal yönden eğitilmiş zihni sayesinde hayatının yolunu, yoksulluk yemini etmeden izlemektedir.

Okulda aptal olarak etiketlenmiş olmam birçok bakımdan iyi oldu. Duygusal yönden her ne kadar acı verse de o acı bana, hayatımın yolunu öğretmen olarak bulma olanağı verdi. Ve bunun anlamı, rahibe olan kız kardeşimle ilgili söylediğim gibi sırf öğretmen oldum diye, yoksul bir öğretmen olmam gerekmediğidir.

Thich Naht Hahn'ın söylediğini tekrarlayalım, "Yol hedeftir."

Giriş
Hangi Çeyrektesin?

The Cashflow® Quadrant®, paralarının nereden geldiğini temel olarak insanları sınıflandırma yoludur.

Finansal yönden özgür müsünüz? Eğer hayatınız, yolda bir finansal çatala rastladıysa *NAKİTAKIŞI* Çeyreği sizin için yazılmıştır. Bugün yaptığınız işin denetimini, finansal kaderinizi değiştirmek üzere ele alırsanız bu kitap size yolunuzun haritasını çizmekte yardım edecektir.

NAKİTAKIŞI Çeyreği aşağıdadır. Her çeyreğin içindeki harfler şunları belirtir:

Ç çalışan
S serbest meslek
İ işadamı
Y yatırımcı

Her birimiz *CASHFLOW* quarter dört bölümünden birinde bulunmaktayız. Bizim nerede olduğumuzu nakitimizin nereden geldiği belirlemektedir. Pek çoğumuz maaş çeklerine güvenen çalışanlarız, diğerleri kendi işlerinde çalışmaktadır. Çalışanlar ve kendi işlerinde çalışanlar NAKİTAKIŞI Çeyreğinin sol tarafında bulunmaktadır. Sağ taraf, nakitlerini kendi sahip oldukları işlerden ya da yatırımlardan alan bireyler içindir.

CASHFLOW quarter, kişileri paralarının nereden geldiğini temel alarak sınıflandırmanın kolay yoludur. NAKİTAKIŞI Çeyreğindeki her çeyrek eşsizdir ve her çeyrek içindeki kişiler ortak özellikleri paylaşır. Çeyrekler size bugün nerede olduğunuzu gösterir ve size gelecekte olmak istediğiniz yere giden yolun haritasını çizmekte yardım ederler, çünkü finansal özgürlüğe giden yolu kendiniz seçersiniz. Finansal özgürlük dört çeyreğin hepsinde bulunabilirken İ ve Y çeyreklerinin becerileri size finansal hedeflerinize daha çabuk ulaşmanız için yardım edeceklerdir. Başarılı Ç'lerin, emeklilikleri sırasında güvence sağlamak üzere başarılı Y'ler olmaları gerekir.

Büyüdüğün Zaman Ne Olmak İstiyorsun?

Bu kitap pek çok bakımdan *Zengin Baba Yoksul Baba* kitabımın II. Bölümüdür. *Zengin Baba Yoksul Baba*'yı okumamış olanlar için belirteyim, iki babamın bana, para ve hayat seçimleri hakkında öğrettikleri farklı derslerdir. Biri kendi babam, diğeri en iyi arkadaşımın babasıydı. Biri yüksek derecede eğitimli, öbürü orta okuldan ayrılmıştı. Biri yoksuldu, diğeri zengin.

Yoksul Babanın Öğüdü

Ben büyürken yüksek eğitimli, ama yoksul babam her zaman şöyle söylerdi: "Okula git, iyi notlar al ve güvencesi olan bir iş bul." Aşağıdaki şekilde görülen hayat yolunu tavsiye etmekteydi:

Yoksul baba, iyi maaş alan bir çalışan ya da iyi geliri olan, tıp doktoru, avukat ya da muhasebeci gibi bir serbest meslek profesyoneli olmamı önerdi. Yoksul babam istikrarlı maaş çekleriyle, yan yardımlarla, iş güvencesiyle çok ilgiliydi. İyi maaşlı bir devlet memuru, Hawaii Eyaleti eğitim müdürü olmasının nedeni buydu.

Zengin Babanın Öğüdü

Eğitimsiz ama zengin baba çok farklı bir öğüt verdi. Şöyle söyledi: "Okula git, mezun ol, iş kur ve başarılı bir yatırımcı ol." Aşağıdaki şekilde görülen hayat yolunu tavsiye etmekteydi:

Bu kitap, zengin babanın öğütlerini izleyerek benim yaşadığım zihinsel, duygusal ve eğitimsel süreci anlatmaktadır.

Bu Kitap Kimin İçindir?

Bu kitap, çeyrekleri değiştirmeye hazır kişiler için yazılmıştır, özellikle şu anda Ç ve S sınıflamalarında olup İ ve Y sınıflamalarına geçmeye niyet eden bireyler içindir. Bu kitap, iş güvencesinin ötesine geçmeye hazır, finansal güvenceye ulaşmaya başlayan kişiler içindir. Bu kolay bir hayat yolu değildir ancak yolun sonundaki finansal özgürlük ödülü, yolculuğa değer.

Zengin baba, ben 12 yaşıma geldiğimde, bana büyük servet ve finansal özgürlüğe giden yolda rehberlik eden basit bir hikâye anlattı. Bu hikâye NAKİTAKIŞI Çeyreğinin sol tarafi Ç ve S çeyrekleriyle, sağ tarafi İ ve Y çeyrekleri arasındaki farkın, kendi yoluyla açıklamasıydı. Hikâye şöyleydi: Bir zamanlar acayip küçük bir köy vardı. Yaşamak için harika bir yerdi, ama önemli bir sorun vardı. Köyde yağmur yağmadığı sürece su yoktu. Bu sorunu kesin olarak çözmek için köyün yaşlıları, müteahhitlerden, köye günlük su getirmek için teklif vermelerini istediler. İki kişi işi almaya gönüllü oldu ve yaşlılar ikisiyle de kontrat yaptı. Küçük bir rekabetin fiyatları düşüreceğini ve suyun tedarikinde destek sağlayacağını düşündüler.

"Kontratı kazanan birinci kişi Ed, ivedilikle harekete geçti, iki galvanize çelik kova aldı ve bir aşağı bir yukarı koşarak bir mil uzaktaki göle gidip gelmeye başladı. Sabahtan alacakaranlığa kadar iki kovasıyla gölden su çekerek çalıştığı için hemen para kazanmaya başladı. Taşıdığı suyu köyde bulunan sağlam depolama tankına boşaltıyordu. Her sabah köydeki herkesten evvel uyanarak insanlara yetecek kadar su olduğundan emin olmak zorundaydı. Zor bir işti ama o, para kazandığı ve bu iş için yapılmış olan iki ayrıcalıklı kontrattan birine sahip olduğu, için mutluydu.

İkinci kazanan müteahhit Bill, bir müddet ortadan kayboldu. Aylarca görünmedi, Ed bu nedenle çok mutluydu çünkü rakibi yoktu.

Bill, Ed'le rekabet etmek üzere iki kova alacağına, iş planı hazırlamış, ortaklık yaratmış, dört yatırımcı bulmuş, işi düzenleyecek bir yönetici tutmuş, altı ay sonra inşaat personeliyle geri dönmüştü. Bill'in takımı bir yıl içinde, köyü göle bağlayan, geniş hacimli paslanmaz çelik boru hattını kurmuştu.

Büyük açılış kutlamasında Bill, kendi suyunun Ed'in suyundan temiz olduğunu duyurdu. Köylülerin suyun temiz olmadığına dair şikâyetlerini biliyordu. Bill ayrıca günde 24 saat, haftada 7 gün köye su tedarik edeceğini ilan etti. Ed hafta sonları çalışmak istemediği için suyu yalnızca hafta içindeki günlerde getiriyordu. Bill sonra daha yüksek kalitede, daha güvenilir olan bu suya, Ed'in aldığı fiyattan 75 sent daha ucuz fiyat isteyeceğini duyurdu. Köylüler çığlık atarak, Bill'in boru hattının sonundaki musluklara koştular.

Ed rekabet etmek amacıyla fiyatını 75 sent düşürdü, iki kova daha satın aldı, kovalarına kapaklar ekledi ve gidiş gelişte dört kova su taşımaya başladı, oğullarını kendisine gece nöbetlerinde ve hafta sonları yardım etmeleri için ücretle tuttu. Çocukları üniversiteye gitmek için ayrıldıklarında çabuk dönmelerini, çünkü bu işin daha sonra onlara ait olacağını söyledi.

Her nedense iki oğlu hiçbir zaman dönmedi. Sonunda Ed'in çalışanları ve sendika sorunları oldu. Sendika yüksek ücret, geliştirilmiş yan yardımlar ve üyelerinin her seferinde yalnızca tek kova su taşımalarını istedi.

Bu sırada Bill, eğer o köyün suya gereksinimi varsa, diğer köylerinde gereksinimi olabileceğini fark etti. İş planını tekrar hazırladı ve yüksek hızlı, yüksek hacimli, düşük fiyatlı, temiz su getirme sistemini dünyanın her yerindeki köylere satmaya gitti. Getirilen sudan, kova başına yalnızca bir peni kazanıyordu ama her gün bilyon kova su getiriyordu. Çalışsa da, çalışmasa da miyarlarca insan, milyarlarca kova su tüketiyordu ve tüm bu para banka hesabına akıyordu. Bill kendine para, köylere su getirmek üzere de boru hattı kurma planı geliştirmişti.

Bill ondan sonra daima mutlu olarak yaşadı. Ed hayatının geri kalanında çok çalıştı ve sonuna kadar her zaman finansal sorunları oldu. Son.

Bill ve Ed'in hikâyesi bana yıllarca rehberlik etti. Hayatımın karar verme sürecinde bana yardımcı oldu. Genellikle kendime sorarım.

"Boru hattı mı kuruyorum, kovayla su mu taşıyorum?"

"Çok mu çalışıyorum, akıllıca mı çalışıyorum.?"

Ve bu sorulara verdiğim cevaplar beni finansal yönden özgür kılmıştı. İşte bu kitabın konusu budur. İ ve Y olmak için gerekenler hakkındadır. Kovalarca su taşımaktan bıkmış, ceplerine nakit akıtmak üzere boru hatları kurmaya hazır insanlar içindir.

Bu Kitap Üç Bölümdür

Birinci Bölüm: Birinci bölüm, dört çeyrek içindeki insanlar arasındaki başlıca farklara odaklanmaktadır. Bazı kişilerin neden bazı çeyreklere düştüğünü ve genellikle orada takılıp kaldıklarını farketmediklerini göstermektedir. Size bugün çeyrek içinde nerede olduğunuzu ve beş yıl içinde nerede olmak istediğinizi tanımlamakta yardımcı olacaktır.

İkinci Bölüm: Bu bölüm, kişisel değişimle ilgilidir. Ne yapmanız gerektiğinden daha çok, kim olmanız gerektiği hakkındadır.

Üçüncü Bölüm: Üçüncü Bölüm, başarının NAKİTAKIŞI Çeyreğinin sağ tarafında nasıl bulunacağını açıklamaktadır. Başarılı İ ve Y olmak için gerekli beceriler konusunda zengin babamın sırlarının çoğunu paylaşacağım. Bu size finansal özgürlüğe doğru kendi yolunuzu seçmekte yardımcı olacaktır.

Zengin Baba'nın NAKİTAKIŞI Çeyreği'nin başından sonuna kadar, finansal zekânın önemini vurgulamaya devam edeceğim. Eğer sağ tarafta, İ ve Y çeyreklerinde işlem yapmak istiyorsanız, sol taraf, Ç ve S çeyreklerinde olduğunuzdan daha akıllıca davranmak zorundasınız. İ ve Y olmak için nakit akışınızın yönünü denetlemeniz gerekmektedir.

Bu kitap iş güvencesinin ötesine geçmeye ve finansal özgürlüğe ulaşmak için kendi boru hatlarını kurmaya başlayarak, hayatlarında değişimler yapmaya hazır insanlar için yazıldı.

Finansal ödül için hiç olmadığı kadar fazla fırsat sunan bilgi çağı içindeyiz. İ ve Y becerilerine sahip olan bireyler, o fırsatları tanımlayabilecekler ve yakalayabilecekler. Kişi, bilgi çağında başarılı olmak üzere, dört çeyreğin tümünden bilgi toplamalıdır. Maalesef okullarımız hâlâ Endüstri çağındadır ve öğrencileri yalnızca NAKİTAKIŞI Çeyreğinin sol tarafı için hazırlamaktadır.

Eğer bilgi çağında ilerlemek üzere yeni cevaplar arıyorsanız bu kitap sizin içindir. Sorularınızın tümünü cevaplayamaz, ancak benim Ç ve S çeyreği tarafından, İ ve Y tarafına yolculuk yaparken kazandığım derin kişisel içgörüleri ve rehberlik bilgilerini sizinle paylaşacaktır.

ÇEVREM

İSİM....................................Çeyrek...............................

İSİM....................................Çeyrek...............................

İSİM....................................Çeyrek...............................

İSİM....................................Çeyrek...............................

İSİM....................................Çeyrek...............................

İSİM....................................Çeyrek...............................